台湾研究系列

2008年以来的美国涉台政策及其变化趋势

林冈 王伟男——著

九州出版社 JIUZHOUPRESS | 全国百佳图书出版单位

图书在版编目（CIP）数据

2008年以来的美国涉台政策及其变化趋势／林冈，王伟男著. --北京：九州出版社，2024.5

ISBN 978－7－5225－2831－1

Ⅰ.①2… Ⅱ.①林… ②王… Ⅲ.①中美关系－研究 ②台湾问题－研究 Ⅳ.①D822.371.2②D618

中国国家版本馆CIP数据核字（2024）第078877号

2008年以来的美国涉台政策及其变化趋势

作　　者	林　冈　王伟男　著
出版发行	九州出版社
责任编辑	王　宇　田　梦
地　　址	北京市西城区阜外大街甲35号（100037）
发行电话	(010) 68992190/3/5/6
网　　址	www.jiuzhoupress.com
电子信箱	jiuzhou@jiuzhoupress.com
印　　刷	北京捷迅佳彩印刷有限公司
开　　本	720毫米×1100毫米　16开
印　　张	16.75
字　　数	283千字
版　　次	2024年5月第1版
印　　次	2024年5月第1次印刷
书　　号	ISBN 978－7－5225－2831－1
定　　价	58.00元

目　　录

第一章　导　　论

　　自 20 世纪 90 年代中期以来,"台湾问题是中美关系中最重要最敏感的核心问题"一直是中国领导人在中美高层交往时经常表达的基本观点。之所以说它是核心问题,是因为与中美关系中的其他问题相比,台湾问题具有以下两个明显特征:首先,它涉及中国的领土主权核心利益,也涉及中国东南部区域大部分国土和领海领空的战略安全;第二,美国既是这个问题的始作俑者,也是这一问题的持续介入者,且介入的基本手段一直是国际关系中最激烈的一种,即军事方式:在中美建交前是直接驻军台湾地区,在中美建交后则是以"与台湾关系法"(Taiwan Relations Act)为依托的对台军售和其他形式的军事合作。正是这两个特征决定了台湾问题一直是中美关系中最重要的核心问题。

　　台湾问题在中美关系中的敏感性衍生自它的重要性,主要表现在长期以来它是唯一可能对中美关系造成"牵一发而动全身"效应的重大战略因素。在中美关系史上,它确实曾多次影响到两国在军事、政治、经济、文化等诸多方面的正常交往。"美国对华政策陷入长期困境,就是因为纠缠在包含各种复杂因素的棘手的台湾问题上。"① 当然,不必讳言的是,由于台湾问题并不涉及美国的领土主权核心利益,更不涉及其领陆领海领空的战略安全,所以美方从来都没有把它表述为"美中关系中最重要最敏感的核心问题"。为此,"台湾问题是中美关系中最重要最敏感的核心问题"只是中方单方面的认知与表述。②

　　本书基于两位作者对美国涉台政策的前期研究,重点探讨 2008 年以来

---

　　① 袁明、[美]哈里·哈丁主编:《中美关系史上沉重的一页》,北京:北京大学出版社,1989 年版,第 465 页。

　　② 需要指出的是,在国际外交领域,不同的主体从各自的利益和立场出发,对同一事实产生不同的认知,做出不同的表述,本来就是正常现象,甚至在认知相同的情况下,也可能做出不同的表述。

的美国涉台政策及其变化规律。[①] 本章作为本书的导论，第一节将首先说明本书的研究缘起。第二节对现有研究成果进行文献综述，讨论相关理论及其对本书的借鉴意义。第三节说明本书的分析框架、主要观点及篇章结构。

第一节　研究缘起

自从中美两国于 1979 年元旦建交以来，美国一直与台湾维持着名为民间、实为"准官方"的密切关系。美方强调台湾问题应该由海峡两岸和平解决，反对任何一方单方面改变现状，以维持两岸"不统、不独、不武"的现状。虽然中美两国政府于 1982 年签署了规范美国对台军售行为的《八一七公报》，但美国仍以"与台湾关系法"为依据，坚持对台出售武器，其售台武器的数量和质量更是迭创纪录，使得《八一七公报》事实上成为一纸空文。1995—1996 年台海危机后，美国在鼓励两岸通过和平对话解决争端的同时，加强了与台湾的军事交流。2000 年台湾地区发生第一次政党轮替后，小布什政府一度表示要竭尽所能"协防台湾"，对台提供前所未有的大批量军售清单。其后美国因为在全球范围内的"反恐"行动，以及解决朝鲜核危机之类的地区热点的需要，重新将中国大陆视为"战略合作者"，甚至是现存国际体系的"利益攸关方"；同时也因为陈水扁当局刻意冲撞一个中国原则，美方致力于阻止台湾当局通过"公投""制宪""正名""入联"等方式，单方面改变台海现状，同时寄希望于国民党重新执政，以维持台海局势的稳定。

2008 年以来，无论是全球战略格局、美国的全球战略和亚太区域战略，还是美国的对华政策和台海两岸关系，都发生了一系列深刻的变化，两岸关系、中美关系、美国涉台关系几乎同时进入了一个新的历史时期。就两岸关系来说，随着承认"九二共识"的国民党重新在台湾岛内执政，两岸关系得以摆脱以往四年一度的周期性危机的困扰，进入和平发展的新时期。[②] 两岸之间的政治互信初步建立，海峡两岸关系协会（海协会）和海峡交流基

---

① 参见林冈：《台湾政治转型和两岸关系的演变》，北京：九州出版社，2010 年版，第六章（台湾政治转型与美台关系）；王伟男：《中美关系中的台湾问题（1948—1982）》，济南：山东人民出版社，2007 年版。

② 林冈：《台湾政治转型与两岸关系的演变》，北京：九州出版社，2010 年版，第 1 页。

金会（海基会）在最短的时间内恢复协商，并在此后的几年时间内相继签署23项合作协议，两岸关系步入了和平发展的良性轨道，不但实现了全面"三通"，还呈现出政治对话的机会之窗。由于两岸关系的和平发展和台海危机的消除，台湾问题在一定时间内不再是美国决策圈和学术界的热点议题。

就中美关系来说，巴拉克·奥巴马（Barack Obama）在2008年的美国总统大选中胜出并于2009年1月就职，结束了共和党的八年执政，但没有像冷战结束以来历次政党轮替那样对中美关系造成强烈的负面冲击，而是直接进入相互示好的良性氛围。在由美国次贷危机诱发的全球金融风暴中，中国的经济持续高速增长。中国大陆作为亚太地区包括日本、韩国、澳大利亚等诸多重要经济体在内的最大贸易伙伴，正逐渐代替美国作为亚太经济外部引擎的角色。与此同时，美国的国力相对衰退，在亚太地区的影响力下降，霸权地位有所松动。世界金融危机对美国经济的冲击，为中美两国的经济和战略对话，提供了现实诱因。与此同时，奥巴马总统致力于振兴国内经济，摆脱对伊战争和恐怖主义的羁绊，调整其全球战略和亚太区域战略，提出并实施再平衡战略（strategic rebalance），将其战略重点转向亚洲（pivot to Asia）。共和党籍的特朗普（Donald Trump）总统入主白宫后，基本延续这一全球和区域战略思路，但提出改头换面的"印太战略"以示不同。真正的区别是：美国在国际场域更多摆脱多边主义的羁绊，在双边交往中更为强势而不惜得罪盟友，并将中国定位为美国的战略竞争者。

从美国涉台关系来看，马英九上台后致力于经营所谓"零意外"的对美关系，台湾当局很快摆脱了陈水扁时期造成的"麻烦制造者"的负面形象，与美国之间的互信程度有了相当大的提高，以至于台湾当局政要多次表示，马英九上台以来是台美关系自1979年"断交"以来的"最好时期"。①马英九作为台湾地区领导人出访相关"友邦""过境"美国时，美方给予马英九的礼遇明显高于当年的陈水扁。在马英九任内美国出售给台湾的武器质量上有新的突破。美国多位部长级高官近年来相继访问台湾。进入2015年

---

① 例如，马英九在2013年12月3日会见"美国退伍军人协会"总会长戴林吉（Daniel M. Dellinger）伉俪暨美国妇女会总会长伯朗派克（NancyBrown - Park）时说，他上任五年来台湾与美国关系改善，已到比"断交"前还密切的程度。参见联合早报网：http://www.zaobao.com/real-time/china/story20131203 - 283874。

以来，又先后发生台湾当局驻美机构双橡园升旗事件①和美国官方给予台湾当局驻美机构公务车辆"外交"牌照待遇。② 这些都是马英九上任以来美国涉台关系得到大幅提升的佐证。但在另一方面，随着两岸关系的和平发展和中美战略合作关系的加深，美国的涉台关系更多地受到两岸关系和平发展的趋势和中美新型大国关系的牵动，台湾问题对美国的重要性也有所下降。不过，2016 年台湾地区领导人选举导致岛内出现第三次政党轮替。民进党在没有根本调整其"台独"立场的情况下再次上台执政，并在 2020 年 1 月的"二合一"选举后继续执政。2016 年后两岸政治关系的"冷和平"状态延续至今，台湾的"国际空间"更为紧缩。与此同时，特朗普入主白宫后，加大了打"台湾牌"的力度，美台之间的"准官方"和"准同盟"关系持续升级，不断冲击一个中国原则和中美建交的基础。2019 年本来是中美建交的"不惑之年"，但却成了美国涉台关系频频出格的"多事之秋"。从"美国在台协会（American Institute in Taiwan，AIT）"台北办事处处长郦英杰（Brent Christensen）公开拜访台外事部门负责人，到"北美事务协调委员会"（Coordination Council for North American Affairs，CCNAA）改名为"台湾美国事务委员会"（Taiwan Council for U. S. Affairs，TCUSA）；从台湾地区领导人蔡英文"过境"美国夏威夷时与美方将领会晤，到美方公开宣称其海军陆战队早已入驻"美国在台协会"台北办事处；从美国军舰频繁穿越台湾海峡，到对台军售的常态化；这些都可视为美台勾连、干扰两岸关系和平发展的最新动作。概言之，2008—2016 年期间出现的两岸关系、中美关系、美国涉台关系相对平稳的状况已经为近年两岸关系和中美关系同步紧张、美台关系不断拉近的新趋势所取代。现在是对 2008 年以来的美国涉台

---

① 2015 年 1 月 1 日，台湾当局驻美机构在其驻地双橡园公开举行升挂伪旗仪式。事件发生后，马英九当局高调褒扬促成这场升旗仪式的台湾当局驻美机构及其负责人沈吕巡。沈吕巡本人也强调正是由于"台美双方的协调和默契相当好，才有这场元旦升旗"。随后中国大陆向美国提出抗议和交涉，美国才通过其驻台机构"美国在台协会（AIT）"发出声明，表示"美方未批准也不知情双橡园升旗一事"，并希望台湾"确保这类事件不再发生"。一般认为，台湾当局试图借升旗事件来证明它与美国之间的"密切关系"。而美国在事态扩大后企图撇清自身责任，是不愿在涉台问题上过分刺激中国大陆。

② 据台湾"中央社"报道，美国国务院已于 2015 年年初向台湾当局驻美机构的 20 多辆公务车辆核发"外交"车牌。台湾媒体称，自 1979 年以来台湾当局驻美官员终于能比照世界其他国家和地区的外交人员，享有同等待遇。台湾当局外事部门负责人林永乐称，这表明"台美关系没有生变，而是持续向前走"。美国通过这种"暗度陈仓"式的小动作实质提升美台关系，但对中美关系来说不啻是一种损害。

政策进行全面评估的时候了。

面对 2008 年以来两岸关系起伏变化的新局面，美国采取何种因应措施，来延续其在台湾问题上的影响力？美国在两岸统与"独"、战争与和平等重大问题上的政策立场是什么？美国对中国和平统一或两岸可能发生的军事冲突采取何种政策应对？对于两岸的政治对话，美国究竟是乐观其成，还是从中作梗？面对两岸政治关系紧张、经济社会融合发展的新趋势，美国有无可能加快与台湾签订自由贸易协议的步伐？是否会继续加强对台军售和美台军事交流的力度，以平衡两岸经贸交流与合作的进程？美台军事关系、尤其是美国对台军售将如何发展？美国对于岛内不同政党的政治偏好，将发生何种微妙变化？随着美国新一轮总统选举的开始，美国将如何应对台湾政局和两岸关系的可能变化？美国民主党和共和党在涉台政策上有无差异？美国内部相关权力部门和利益群体在涉台决策上如何互动？美国在亚太地区的再平衡战略和印太战略将对其两岸关系政策带来何种深远影响？美国在台湾问题上的双轨政策，将发生何种变化？……对这些问题进行深入探讨，有助于我们把握美国涉台政策的未来走向，推进两岸关系与中美关系的正常发展。

第二节　文献综述

国内外学术界近年来对美国涉台关系的研究，主要集中在两个议题上：第一是美国对台湾问题的基本政策立场，包括对台湾的统"独"走向、两岸和平发展或军事冲突的应对策略；第二是美国涉台政策与美国国内政治、中美关系以至美国亚太战略的关系。

美国官方和主流学者均宣称，美国对台湾问题的基本政策立场，是以"维系台海和平"为最高原则。虽然美国也讲"一个中国政策"，但其位阶是低于"和平解决"原则的。曾经长期在美国国务院担任要职、随后担任美国史汀生中心（The Henry L. Stimson Center）东亚项目主任的容安澜（Alan Romberg）在《悬崖勒马：美国对台政策与中美关系》（*Rein In at the Brink of the Precipice*：*American Policy toward Taiwan and U. S. - PRC Relations*）一书中坦承，美国虽然实行"一个中国政策"，不支持台湾"独立"，但又"隐晦挑战"（implicitly challenge）中华人民共和国对台湾的主权主张，反对大陆对台使用武力；一旦台海发生军事冲突，不能排除美国直接介入的可能性。也就是说，美国对中华人民共和国政府对台湾的主权主张，不是全盘接受的。① 容安澜认为，美国对两岸关系的最终解决方案的具体形式并不关心，只要决定台湾前途的进程是和平的，并且解决方案符合两岸人民的共同意愿就行。换言之，美国并不反对两岸和平统一，但如果大陆诉诸武力实现统一，就触犯了美国"和平解决台湾问题"这一"最高原则"。根据英国学者罗达菲（Dafydd Fell）的观察，尽管有人指责美国反对两岸统一，甚至暗中支持台湾"独立"，但美国官方多次重申美国"可以接受有关台湾前途的任何结果，只要可以避免战争，而且台湾方面又接受这一结果的话"。不过，罗达菲认为，对美国来说最理想的政策目标其实就是"永远维持现状"。在他看来，反对两岸统一是台湾的主流民意，其分歧点只在于是维持台湾"事实独立"的现状（continuing de facto independence），或是最终走向"法理台独"（eventually moving toward de jure independence）。② 既然台湾目前无法接受统一，大陆又无法接受"独立"，维持现状便成了两岸都能接受的次佳选择，也符合美国的利益。③ 根据美国学者陈迪安（Dean P. Chen）的说法，美国的最终目标很清晰，就是在长远甚至是没有限期的未来，和平解决台海冲突问题（a peaceful resolution of the Taiwan Strait conflict in the long, and perhaps, indefinite, future）。④ 据此看来，美国对台湾问题的基本立场，是维持两岸"不统、不独、不武"的现状。这一"三不"政策以"不战"为主轴，彼此相辅相成：美国不以两岸统一作为政策目标，但原则上又不反对两岸和平统一；美国不支持台湾"独立"，避免被迫卷入台海军事冲突，但又不明确反对台湾"独立"；美国不希望台海出现军事冲突，但在中国大陆对台动武的前提下，又不排除介入冲突的可能性。其核心目标是以此遏制大陆对台采取军事手段、哪怕是以武力制止台湾"独立"，以避免出现美国在台海发生军事冲突时所面临的两难选择。

如果说，寻求台湾问题的和平解决是美国学术界的主流意见的话，在两

① Alan D. Romberg, *Rein In at the Brink of the Precipice: American Policy toward Taiwan and U. S. - PRC Relations*, Washington, D. C. : Henry L. Stimson Center, 2003, p. 7.

② 需要说明的是，相当数量的台湾民众并不反对在特定条件下的统一。例如，在被问到是否同意"如果大陆和台湾在经济、社会、政治各方面的条件相当，则两岸应该统一"时，有三分之一甚至更多的受访者表示赞成统一。引自林冈：《台湾地区政党政治研究：以社会分歧与选举制度为分析视角》，北京：中国社会科学出版社，2014 年版，第 41—43 页。

③ Dafydd Fell, *Government and Politics in Taiwan*, London England and New York: NY: Routledge, 2012, p. 152.

④ Dean P. Chen, *U. S. Taiwan Strait Policy: The Origins of Strategic Ambiguity*, Boulder, CO: First Forum Press, 2012, pp. 6 - 7.

岸和平统一是否符合美国的国家利益问题上，学界的观点则存在比较明显的分歧。《即将到来的对华冲突》（*The Coming Conflict with China*）一书的作者理查德·伯恩斯坦（Richard Bernstein）和孟罗（Ross H. Munro）就认为：如果台湾人民同意与大陆和平统一，将使中国获得另一个巨大的经济利益。由于台湾位于美国在亚洲最重要的盟国日本获得石油和原料的海上通道中间，中国的完全统一将进一步"破坏"亚太地区的力量平衡，大大增强中国的经济和军事实力。① 与此相反，美国哥伦比亚大学教授黎安友（Andrew Nathan）撰文指出："美国在台湾的利益是相当大，但这种利益尚不足以说是'不可取代的'"；如果台湾问题能够和平解决，美国仍然可以获得许多其他方面的利益。② 曾在美国国务院供职的原乔治敦大学教授唐耐心（Nancy Bernkopf Tucker）也认为，美国应该对中国统一的可能前景采取开放立场，如果海峡双方选择和平统一，美国不应该持有异议。她认为："虽然和平统一有可能带来很多负面效应，但却有一个压倒性的好处：这个热点问题的终结将会消除华盛顿和北京之间的不和以及潜在的冲突。统一无疑会损害美国的某些利益，但总比中美之间爆发战争要强。"③ 在唐耐心看来，两岸统一本身对美国是不利的，但其负面效应低于其他对美国更为不利的情况，也就是"两害相权取其轻"。曾任美国助理国务卿帮办的美国普林斯顿大学教授柯庆生（Thomas Christensen），在任职国务院之前也曾撰文指出，如果海峡两岸选择和平统一，美国将不持异议，也无力反对。他甚至明言，两岸和平统一符合美国的利益，因为"美国在中国大陆的政治自由化过程中享有长期的安全与道义利益；台湾作为'中国式民主样板'的地位——保留在条件具备时与大陆统一的前景——可以成为推动大陆自由化的强大动力"。④ 与此类似，美国普林斯顿大学教授白霖（Lynn White）认为，如果中国大陆在政治上继续走向多元化，两岸可以携手复兴中华文明，美国也没有必要在

---

① Richard Bernstein and Ross H. Munro, *The Coming Conflict with China* (New York, NY: Alfred A. Knopf, 1997), p. 6.

② 参见中国社会科学院台湾研究所等编：《台湾问题重要文献资料汇编》，北京：红旗出版社，1997 年版，第 1237 页。

③ Nancy Bernkopf Tucker, "If Taiwan Chooses Unification, Should the United States Care?" *The Washington Quarterly*, Vol. 25, No. 3, Summer 2002, pp. 15 – 28.

④ Thomas Christensen, "The Contemporary Security Dilemma: Deterring a Taiwan Conflict," *The Washington Quarterly*, Vol. 25, No. 4, Autumn 2002, p. 16; pp. 19 – 20.

维护台湾安全和发展中美关系之间进行两难选择。① 在上述四位学者中，黎安友和唐耐心接受两岸和平统一的立论，基本上属于现实主义的范畴（虽然黎安友整体上属于美国的自由派学者，而且从不避讳自己的民主党属性）；柯庆生和白霖的观点，则更多地带有自由主义色彩。

虽然美方宣称和平解决是处理两岸政治纷争的最高原则，但对两岸政治和谈的态度，并不是始终如一的。鉴于 1995—1996 年的台海危机，曾任美国国家安全委员会亚太事务资深主任和美国布鲁金斯学会约翰·桑顿中国中心（John L. Thornton China Center）主任的李侃如（Kenneth Lieberthal）从 20 世纪 90 年代后期就开始撰文指出，两岸可以签署"台湾不'独立'，大陆不动武"的"中程协议"（Interim agreement），以维持台海现状。在这一协议终止时，双方可以就台湾的最终地位（final status），亦即两岸的永久性关系（permanent relationship）问题进行谈判。② 李侃如事后特别说明，他所说的中程协议没有任何既定的统"独"导向。③ 其实，他当年既然建议台湾明白宣示其为中国的一部分，并将"中华民国"改名为"中国·台湾"，很难说没有含有预期中国未来将走向统一的心理取向。与此类似，美国著名中国问题专家、原乔治·华盛顿大学国际关系学院院长何汉理（Harry Harding）也于 1999 年 4 月建议两岸通过对话协商，签署不排除两岸最终统一的"临时协议"（Modus Vivendi）。④ 曾任"美国在台协会"理事主席和美国布鲁金斯研究所东北亚问题研究中心主任的卜睿哲（Richard Bush），在《解开困结：开创台海和平》（*Untying the Knot：Making Peace in the Taiwan Strait*）一书中阐述了美国促进台海和平的政策立场。卜睿哲认为，如果海峡两岸能够解开政治上的困结，可以避免因政治纷争而导致战争；可惜的是双方领导

① Lynn White, "PRC, ROC, and U. S. Interests: Can They Be Harmonized?" in Shiping Hua, ed., *Reflections on the Triangular Relations of Beijing - Taipei - Washington since 1995*, New York: Palgrave MacMillian, 2006, pp. 195 - 228.

② 《联合报》1998 年 2 月 10 日；Kenneth G. Lieberthal, "Cross - Strait Relations," paper presented at the "International Conference on the PRC after the Fifteenth Party Congress: Reassessing the Post - Deng Political and Economic Prospects," Taipei, INPR and MAC, February 19 - 20, 1998.

③ 李侃如还对笔者表示，他在 1998 年之所以提倡"中程协议"，就是因为两岸无法就台湾的最终地位达成协议。他在 2004 年有关提议中的唯一变化只是不再硬性规定 50 年时间框架，而是视双方的意愿而定。笔者面访记录，2006 年 8 月 26 日，美国华盛顿。

④ 《世界日报》1999 年 4 月 10 日。

人受到内部力量的制约，相互猜疑对方的动机，缺乏达成交易的政治意愿。① 在卜睿哲看来，尽管中国大陆和台湾方面对美国有着不同的期望，但美方不愿充当两岸纷争的调解人。不过，美国可以积极推动两岸的信息沟通，将一方的意见转达给另一方，从而减轻双方的错误认知。卜睿哲所阐述的美方立场，与美国里根政府在20世纪80年代两次婉拒中国领导人邓小平推动国共政治谈判的要求，形成反差，呈现出美国在"促和"问题上的政策灵活性。在美方看来，80年代的国共政治谈判是以统一为内容的和平谈判，故没有必要积极推动。而90年代中期以后的和平谈判的主要内容，则是维持台海现状，防止台湾走向"独立"而导致两岸兵戎相见，造成美国的政策选择困境，因而是符合美国基本利益的。从80年代的"四不"（"不统、不独、不战、不和"）到90年代"三不"（"不统、不独、不武"），反映出美国在两岸和平谈判的语境发生变化情况下的政策微调，其核心点同样是维护美国的国家利益。

　　一旦两岸发生军事冲突，美国将采取何种应对策略？美方学者在这个问题上有不同的看法。唐耐心在《危险的海峡：美国—台湾—中国关系危机》（*Dangerous Strait*：*The U. S. - Taiwan - China Crisis*）一书中认为，对于可能发生的两岸危机，美国在是否军事介入问题上，应当维持其传统的战略模糊（strategic ambiguity）策略。其理由是没有人能预知一切可能的突发情况；如果美方决策者详细说明美国在特定境况下将采取何种对策，只会限制其在未来危机中的政策选项。由于美国国内的政治情况和两岸交战的起因及战争态势，将决定美国对危机的反应方式，没有一个领导人愿意受到预设政策选项的限制。与此类似，美国军方人士在面对一场可能发生的战争时，也希望可以基于国家利益，自由地使用武力。② 在《海峡对谈：美台关系与涉华危机》（*Strait Talk*：*United States - Taiwan Relations and the Crisis with China*）一书中，唐耐心继续申论美国在是否介入台海军事冲突，以及在何种情形下介入这种冲突的问题上，应继续维持战略模糊。中国大陆不应低估美国军事介入台湾问题的可能性。与50年代期间虽然美台双方对是否应该防守离岛立场不一，但美国仍出动军舰"协防"台湾相类似的是，美国虽然对李登辉

---

　　①　Richard Bush, *Untying the Knot*：*Making Peace in the Taiwan Strait*, Washington, D. C.：Brookings Institution Press, 2005, chap. 1.

　　②　Nancy Bernkopf Tucker, *Dangerous Strait*, New York：Columbia University Press, 2005, pp. 205 – 207.

在 1995 年操纵美国政治制度、实现高调访美不满,但并不妨碍在 1995—1996 年台海危机时出动航空母舰到台湾海峡附近以威慑中国大陆。① 美国一方面吓阻北京对台使用武力,另一方面又以"可能放弃台湾"威胁台北不得宣布"独立",得以在维持台海和平与稳定上发挥关键性(pivotal)的威慑功能。② 陈迪安在《美国台海政策:战略模糊的起源》(U. S. Taiwan Strait Policy: The Origins of Strategic Ambiguity)一书中,说明战略模糊是贯彻美国强势外交(coercive diplomacy)的重要策略(tactic)。美国选择这一策略,是基于现实主义的理性计算,其意图是吓阻两岸开启战端,影响台海和平。战略模糊凭借"双向威慑"(dual deterrence)手段,对大陆和台湾的决策过程注入不确定的因素。美国之所以可以发挥这一功能,既是因为其享有在经济和军事能力方面的绝对优势,也是因为两岸存在着很深的敌意(deep-seated animosity),美国可以轻易地拉拢一方打压另一方。③ 根据布勒特·本森(Brett Benson)和牛铭实(Emerson Niou)的观察,美国刻意不说明卷入台海冲突的特定前提,就是希望处于争端的双方因为不确定美国的意图而不会主动挑起事端。④

另外一部分学者认为,"战略模糊"的策略有误导性,美国应该明确表示,其对台湾的安全承诺是有条件的:如果因为台湾"独立"导致两岸战争,美国不会介入。美国国防部原助理部长傅利民(Chas Freeman)在 1995 年卸任后,曾接受政府委托,组织多位中国问题专家进行一项研究,其结论之一就是:"除非美国准备与中国设立长期的敌对关系,否则华盛顿不能给台湾一个它'拥有一张可以用美国人的鲜血填写的空白支票'的印象。"⑤ 何汉理长期以来一直认为,美国应该维系战略清晰、策略灵活

① Nancy Bernkopf Tucker, *Strait Talk: United States – Taiwan Relations and the Crisis with China*, Cambridge, Mass. : Harvard University Press, 2009, p. 3.

② Timothy Crawford, *Pivotal Deterrence: Third – Party Statecraft and the Pursuit of Peace*, Ithaca: Cornell University Press, 2003, p. 187.

③ Dean P. Chen, *U. S. Taiwan Strait Policy: The Origins of Strategic Ambiguity*, Boulder, Colorado: First Forum Press, 2012, p. 45.

④ Brett Benson & Emerson Niou, "Comprehending Strategic Ambiguity: U. S. Policy toward the Taiwan Strait Security Issue," March 7, 2000, accessed on www. duke. edu/web/pass/pdf/working/strategicambiguity. pdf.

⑤ "Ambassador Chas Freeman Offers Insights into U. S. – China – Taiwan Relationship," accessed from http://www. iis. stanford. edu/InterActions/Spring. 96. 1, 转引自苏嘉宏,《中国的自许与美国的期待:美国晚近的美中关系研究之取向》,台北:五南图书出版公司,1998 年版,第 107 页。

(strategic clarity, tactical flexibility) 的政策，只对台湾安全做出有条件的承诺。① 在 1997 年纽约美华协进社的一次演说中，何汉理表示："一个潜在的危险是，如果美国顶不住某种压力，逐渐把原则上反对中国对台动武的政策，具体化和绝对化到'反对中国在任何情况下对台湾动武'，则中美爆发战争的可能性将大大增加，因为中国已经明确表示，如果台湾宣布'独立'，一定要诉诸武力。"② 曾任美国国防部助理部长的约瑟夫·奈（Joseph Nye）在次年发表专文，也主张美国放弃过去所抱持的战略模糊态度，清楚地宣示如果台湾宣布"独立"，美国将不会承认，也不会协助防卫，而且还要促使其他国家不要承认台湾的"独立"。奈认为，"与台湾关系法"虽然承诺维持台湾自卫的能力，但没有承诺一旦台湾遭到大陆攻击时，美国将协助防卫。鉴于主张台湾"独立"的民进党在 1997 年赢得县市长选举和未来台湾政局的可能变化，如果美国再继续推行这种刻意模糊的政策，恐将引起灾难性的后果。③ 2000 年民进党上台后，随着两岸政治关系紧张状态的加剧，上述主张在美国政策专家和学术界人士中引起更多的回响。不少人呼吁美国改变战略模糊政策和双向威慑手段，采取战略清晰政策，仅对台湾安全做出"有条件的承诺"。正如柯庆生在 2002 年所指出的，"对台湾安全做出明确而有条件的承诺可能最符合美国的利益"，"如果台湾选择宣告'独立'而不顾美国的利益，美国将不会为台湾而战"。④ 基于理性选择理论，何汉理为美国对台湾安全有条件承诺的政策选项提供了另一个理由。根据他的看法，没有一家人寿保险公司会为自杀的人做出赔偿，更不用提这一客户只支付了最低的保险费；同样，台北方面贸然推动"法理台独"并且不愿购买足够的美国武器，美国就不能保证对台湾提供无条件的安全承诺。⑤ 围绕战略模糊和战略清晰的争论，反映了美国学术界和政策圈在涉台政策领域的多元声音。

随着中国大陆的和平崛起与中美经济相互依赖的加深，美国一些前政府

① 《中国时报》记者冉亮专访何汉理，中时电子报，1998 年 7 月 2 日。

② 《侨报》，1997 年 12 月 3 日，第 1 版。

③ *Washington Post*，March 8，1998.

④ Thomas Christensen, "The Contemporary Security Dilemma: Deterring a Taiwan Conflict," *The Washington Quarterly*, Vol. 25, No. 4, Autumn 2002, pp. 19 – 20.

⑤ 作者对何汉理的访谈记录，2006 年 8 月 27 日，美国华盛顿。

官员和专家学者开始重新思考美国对台政策的调整问题。① 美国退役海军上将、参谋长联席会议前副主席比尔·欧文斯（Bill Owens）于 2009 年 11 月撰文指出，世界正在迅速变化，不出 30 年，中国将成为与美国旗鼓相当的世界大国。"美中关系的出路不是两面下注（hedging），不是相互竞争或者相互戒备，而是合作、公开化和信任"，作为美国对台出售武器法律依据的"与台湾关系法"不完全符合美国的利益，"已经过时"，必须进行彻底评估。② 与此同时，美国彼得森国际经济研究所（Peterson Institute of International Economics）所长弗里德·伯格斯滕（Fred Bernsten）在美国《外交事务》撰文，以 G-2 形容中美两国在克服世界经济危机中的双领导地位。上述两位人士的观点引起了国内外学术界的关注，"弃台论"（Taiwan abandonment）和 G-2 也因之成为近年研究美国涉台关系和中美关系的关键词。③ "弃台派"认为，两岸政治纷争是冷战的产物，随着两岸关系从经济整合走向政治整合，可以让台湾问题自行得到解决，而不应该让其继续作为导致中美关系紧张的一个根源。反之，如果美国继续支持台湾，介入中国内战的最后阶段，将产生一系列负面结果。虽然美国的主流学界既不赞成"弃台论"，也不接受 G-2 的说法，但这两个说法却存在着内在联系，意味着美国对台湾的安全承诺与中美在全球战略问题上的互动之间存在着内在的张力。简言之，美国越是需要中国在全球战略事务上的合作，就越可能更多地考虑中国政府在台湾问题上的核心利益。④

与"弃台派"针锋相对的是主张继续"打台湾牌"（playing the Taiwan card）的"冷战派"。持这种观点的人士认为，台湾是美国的"准盟友"，一个"事实上独立"的台湾，对美国的军事战略价值远远超过了中美两国之间的经济利益。中国的崛起必将挑战美国在亚太地区的霸权地位。一个"被中国大陆吞并的台湾无疑将成为军事化的台湾"，成为中国海空力量的基地。在东亚发生冲突的情况下，这艘"不沉的航空母舰"将为中国大陆提供战略纵深，控制通过台湾海峡的外来船只，轻易威胁到日本的南部侧

---

① 陶文钊：《近来美国智库关于美对台政策的争论》，载《现代国际关系》2012 年第 2 期，第 1 页。

② Bill Owens, "America Must Start Treating China as a Friend," *Financial Times*, November 17, 2009.

③ 林冈：《"弃台论"与美国台海政策争论》，载《台海研究》2014 年第 2 期，第 60 页。

④ 林冈：《美国对解决台湾问题的政策取向》，载《美国研究》2008 年第 3 期，第 66 页。

翼。他们认为，中日之间在战略、经济、民族利益上的冲突，预示着未来两国关系将更加敌对，如果中国大陆以台湾和东海为依托，对日本进行军事威胁，日本及其盟友美国将更难对付。对于中国大陆来说，控制台湾海峡是必要的，可以借此伸张对南海的主权要求，阻止外国军事力量介入这一海域，控制连接南海和菲律宾海域的吕宋海峡，进而威胁关岛和夏威夷。"冷战派"认为，中国崛起增加了对其周边国家，包括许多美国盟国的压力。在这种情况下，美国应该作为它们可靠的安全伙伴。否则，亚太地区很可能陷入无谓的军备竞赛。"冷战派"批评小布什政府和奥巴马政府没有向台湾出售其所最需要的武器，对陈水扁当局推动"台独"的行为予以太多限制，在2009年《中美联合声明》中美方对中国大陆方面做出了太多让步，却没有清晰地站在台湾一边。[1]

　　上述两种观点反映了美国内部不同人士对中美关系本质的不同评估。"弃台派"强调的是中美两国的共同利益与合作前景，"冷战派"强调的则是中美两国在战略利益上的根本冲突。居于二者之间的是将中美关系视为非敌非友、亦敌亦友的"主流派"学者。他们主张维持台海现状，在不对中美关系造成严重影响的前提下，维系和提升美国涉台关系，防止台湾被迫接受中国大陆的统一方案，改变政权的民主性质，甚至成为中国大陆对外投放军力的战略基地。与"冷战派"不同的是，"主流派"学者不强调或者不认为台湾对美国具有军事战略价值，只是担心统一后的台湾可能成为中国大陆"不沉的航空母舰"。根据容安澜的观点，如果两岸和平统一后大陆将台湾作为部署军力的基地，就意味着北京真正跨越了美国的政策底线。[2]

　　从宏观的角度观察，美国涉台政策与美国国内政治、中美关系的大格局和美国亚太战略均有密切关系。从多元主义的理论视角来看，美国涉台关系难免受到美国国内政治和两岸内部政治的影响。北京大学教授张清敏借助"理性行为者""官僚政治"等分析模式，揭示了美国国内诸多因素和机构在售台武器决策过程中所发挥的作用。[3] 美国加利福尼亚大学伯克利分校教

　　[1]　Michael Mazza,"Why Taiwan Matters"（March 8, 2011）, accessed on July 10, 2013, http://www.aei.org/article/foreign-and-defense-policy/regional/asia/why-taiwan-matters.

　　[2]　Alan Romberg,"U. S. - Taiwan Relations: Looking Forward," paper presented at CSIS conference on US-Taiwan Relations in a New Era: Looking Forward 30 Years after the Taiwan Relations Act, April 22, 2009, Washington, D.C.

　　[3]　张清敏：《美国对台军售政策研究：决策的视角》，北京：世界知识出版社，2006年版。

授罗德明（Lowell Dittmer）认为，美国在战后对海峡两岸的政策受到国内两类因素的影响：其一是战略和经济利益，其二是道德价值（包括反共意识形态和对人权、民主、自由市场经济的支持）。在冷战结束以前，美国的台海政策主要是由战略利益决定的，后者又是基于美国、苏联、中国战略大三角关系性质的变化。例如，尼克松（Richard M. Nixon）、基辛格（Henry Kissinger）与中国的和解显然就是牺牲反共意识形态，接受现实政治的逻辑（the logic of real politics）。在后冷战时代，从 1991 年到 1995 年期间，两岸关系比较缓和，美国基于人权和民主的价值考量，在处理两岸关系上比较偏向台湾方面，但在 1995 年到 2008 年两岸关系比较紧张的时期，美国又主要基于战略利益的考量，在两岸之间扮演更为积极的平衡角色。[①] 罗德明的研究表明，美国在处理对华以及涉台政策上，主要考虑的还是现实利益，而不是道德价值。事实上，美方在 1991 年到 1995 年期间比较强调人权问题，就是因为苏联垮台后，美国一时尚未重新确立中美两国之间的战略和经济利益的共同点。这意味着在国际关系领域，现实主义还是比自由主义更富有解释力一些。

从现实主义的理论视角来看，美国涉台关系的发展趋势取决于美国的全球战略与中美关系的大框架。不少学者曾以三角关系理论研究美国与海峡两岸的关系。[②] 罗德明基于美、俄、中大三角关系推论美台关系的未来走向，认为如果未来美俄交恶，中美关系就会大为改善，同时对美台关系带来负面影响。[③] 苏格从中美关系的大格局出发，全面分析了美国在台湾问题上的政

---

① Lowell Dittmer, "Washington between Beijing and Taipei: A Triangular Analysis," in Cal Clark ed., *The Changing Dynamics of the Relations among China, Taiwan and the United States*, Newcastle upon Tyne, UK: Cambridge Scholars Publishing, 2011, p. 4.

② 参见 Lowell Dittmer, "Policy Implications of Cross – Strait Relations for the United States," paper presented at *Cross – Straits Relations and Policy Implications for the Asia – Pacific Region*, Conference sponsored by Institute for National Policy Research, International Convention Center, Taipei, March 27 – 29, 1995; Yu – Shan Wu, "Exploring Dual Triangles: The Development of Taipei – Washington – Beijing Relations," *Issues & Studies*, Vol. 32, No. 10 (December 1996), pp. 26 – 52; 吴玉山：《非自愿的枢纽：美国在华盛顿—台北—北京之间的地位》，载（台）《政治科学论丛》，第 12 卷第 7 期（2000），第 189—222 页；罗致政：《美国在台海两岸互动所扮演的角色——结构平衡者》，载（台）《美欧月刊》，第 10 卷第 1 期（1995），第 37—54 页；包宗和：《战略三角角色转变与类型变化分析——以美国和台海两岸三角互动为例》，载包宗和、吴玉山主编：《争辩中的两岸关系理论》，台北：五南图书出版股份有限公司，1999 年版，第 337—364 页。

③ Lowell Dittmer, "Bush, China, Taiwan: A Triangular Analysis", in *Reflections on the Triangular Relations of Beijing – Taipei – Washington since 1995*, pp. 229 – 254.

策演变过程。① 卡尔·克拉克（Cal Clark）在其新著《变动中的中美台关系》（*The Changing Dynamics of Relations among China，Taiwan and the United States*）中，对 60 年来美国与海峡两岸三方关系的显著变化做了宏观的历史性观察。就两岸政治关系而言，从 1949 年到 1981 年，双方处于冷战性质的敌对状态（Cold War Hostility）；从 1981 年到 1995 年，双方取得了和平共存的默契（tacit agreement for peaceful coexistence）；从 1995 年到 2008 年，双方主权之争更具有冲突性，出现了周期性的危机；2008 年以来，双方实现了和解（Rapprochement）。就中美关系而言，从 1949 年到 1972 年属于冷战敌对时期，1972 年到 1989 年因为联合反苏处于缓和时期（anti‑Soviet détente），1989 年后则因为双方利益既有相同面又有分歧点而更具变动性。就美国涉台关系而言，1950 年到 1979 年属于美台正式结盟时期，1979 年到 1999 年属于非正式结盟（informal alliance）时期，1999 年到 2008 年因为美国不满李登辉和陈水扁的挑衅行为而导致双方关系的紧张，2008 年后美台关系恢复到非正式的结盟状态。② 在克拉克的分析框架中，进入后冷战时期后，中美关系的变动相对不如两岸关系和美国涉台关系的变动那么剧烈，1999 年李登辉的"两国论"和 2008 年国民党重新主政对中美关系影响不大，中美关系对美国涉台关系的影响也仅限于 1972 年和 1989 年的两次重大转折，而 2008 年美国涉台关系的变化则主要是岛内政治变化的产物。至于中美新型大国关系和两岸关系和平发展对美国涉台关系的影响，尚有待深入研究。

第三节　研究设计

上述研究成果，对于我们把握美国涉台政策的核心要素，推论其未来发展趋向，具有重要的启迪意义。特别是美国一些前政府官员或与政府关系密切的学者的前期研究成果，尤其具有参考价值。

本书主要研究新时期的美国涉台政策及其变化趋势。这里所说的"新时期"涵盖两岸关系起伏变化的两个发展阶段，分别以 2008 年和 2016 年台

---

① 苏格：《美国对华政策与台湾问题》，北京：世界知识出版社，1998 年版。

② Cal Clark，ed.，*The Changing Dynamics of the Relations among China，Taiwan and the United States*，Newcastle upon Tyne，NE6 2XX，UK：Cambridge Scholars Publishing，2011，p. 1 – 3. 需要指出的是，在 2001 年 1 月小布什总统上任后到当年 911 事件发生前，美台关系其实显现出某种"准结盟"的趋势。

湾地区两次政党轮替为起点。前一个阶段以两岸关系和平发展为主轴,后一个阶段则以两岸政治关系紧张、民间经济社会融合发展为特征。由于 2005 年国共平台的建立和马英九主政后对两岸关系"不是国与国关系"的确定,两岸得以在"九二共识"基础上恢复协商,达成了 21 项协议,民间交流热络,官方对话也开始浮上台面。从世界格局来看,2008 年由美国次贷危机诱发的全球金融危机,尤其是世界主要国家对这场危机的具体应对,突显了世界第二大经济体中国对世界经济发展的重要性。而以"全球安全提供者"自居的美国,在反恐、防核扩散、防止区域武装冲突、应对全球变暖、维护现存国际政治经济秩序等区域或全球问题上,显得左支右绌,难以多头兼顾。两岸关系和世界秩序的新变化,难免影响到美国的对华政策,包括涉台政策的变化。2016 年民进党重新执政后,海协会和海基会的协商管道中断,两岸关系在政治上陷入"冷和平"状态,在军事上甚至还有"冷对抗"的意味,但在民间层面则延续了经济社会融合发展的路径。2017 年 1 月美国总统特朗普入主白宫后,中美两国之间的战略合作面缩小,竞争面增大,美方加强了打"台湾牌"的力度,台湾当局则进一步倒向美国。两岸关系和中美关系同步下滑与美台关系的不断拉近构成这一阶段的发展特征。

1979 年中美建交后,美国与台湾维持名为民间、实为"准官方"的关系,并实行美方所界定的"一个中国政策"。对于一个中国的刚性原则,美方以"创造性模糊"(creative ambiguity)予以应对。就是"美国在台协会"(American Institute in Taiwan)的名称在用词上也有讲究,"Institute"一词准确翻译应该是机构,后者在语义上含有官方机构和民间机构双重含义。我们现在习惯使用的"协会"这一字眼,则只含有民间色彩。但这一所谓的"民间"机构与美国国安会和国务院保持密切的工作关系,服务于这些机构的人员之间流动频繁。例如现任"美国在台协会"理事主席莫健(James Moriarty)就曾任美国白宫国安会亚太事务高级主任(senior director),前任台北办事处处长郦英杰在出任该职前也任职美国国务院中国科(China Desk),而在中国科内还设立了负责台湾事务的协调员。"美国在台协会"设在紧挨华盛顿特区的罗斯林(Rosslyn)地铁站附近,与邻近国务院的乔治·华盛顿大学(The George Washington University)地铁站只有一站距离,国务院与"协会"之间还有定期穿梭巴士运行,以便人员交流。

美国对华政策包括了其处理涉台事务的政策,即涉台政策;美国涉台关系,也属于广义上的中美关系的内容。本书使用"美国涉台政策"和"美国涉台关系"的概念，分别与美国对华政策和中美关系相对应，正是基于上述考虑。这样的界定便于我们在研究美国涉台政策时，透过美国对华政策这一中间变量，把握其与美国对外政策和全球战略的关系。正如理查德·格力米特（Richard Grimmet）所指出的那样："美国的对外政策并不是在真空中创造出来、作为由单一的宏观设计而产生的不可分割的整体；对外政策的制定实际上是一个漫长的过程，其中涉及许多行为者，由数十个针对不同国家、地区和功能性问题的个别政策所综合而成。"① 根据这一界定和美国的"一个中国政策"，美国涉台政策便是美国针对台湾这一特定地区所采取的个别政策，属于美国对外政策（foreign policy）的一部分。

美国对外政策可根据政策主体的不同区分为四种类型。② 第一是宣示性的政策（Declarative policy），例如克林顿总统就曾宣布："我们将继续拒绝将使用武力作为解决台湾问题的方式。我们也将继续绝对清晰地表明，北京和台湾之间的问题必须和平解决，并取得台湾人民的同意。"③ 第二是行政举措（Executive action），例如尼克松的秘密访华之行，事后宣布中美关系开始走向正常化。第三是立法（legislations），例如美国国会通过的"与台湾关系法"。第四是条约和协议（treaties，agreements），例如 1972 年的中美上海《联合公报》。这为我们研究美国涉台政策，提供了一个便于分析的概念框架。

本书的主要立论是，美国涉台政策的变化趋势是由中美关系与两岸关系的大格局所决定的。而中美关系与两岸关系的大格局，又取决于中国在国际体系中的地位，尤其是与美国的实力对比状况，以及美国对这种状况的主观认知与应对，包括美国亚太再平衡和"印太战略"的先后提出和实施。正如卡尔·克拉克所观察的，历史上美台正式结盟的存废，本来就是中美关系

① "U. S. foreign policy is not created in a vacuum as some sort of indivisible whole with a single grand design. Rather, making foreign policy is a prolonged process involving many actors and comprising dozens of individual policies toward different countries, regions, and functional problems." See Richard F. Grimmett, *Foreign Policy Roles of the President and Congress*, Washington, D. C.：Congressional Research Service, June 1, 1999, p. 1.

② Shelley Rigger, remarks at a forum on Taiwan Studies in the World hosted by Center for Taiwan Studies, Shanghai Jiao Tong University, July 17, 2013, Shanghai.

③ As President Bill Clinton said, "We'll continue to reject the use of force as a means to resolve the Taiwan question. We'll also continue to make absolutely clear that the issues between Beijing and Taiwan must be resolved peacefully and with the assent of the people of Taiwan." See Rigger, Shelley. *Why Taiwan Matters：Small Island, Global Powerhouse.* Boulder：Rowman and Littlefield, 2011, p. 181.

由对抗走向缓和的产物。而美台"准官方"关系的顺畅与否,跟两岸关系是否处于紧张状态也有很大的关系。如果说,20 世纪 90 年代初期中美关系的低潮,并不影响两岸关系缓和的话,从 90 年代中期到 2008 年两岸关系的多次危机,则直接导致了白宫对民进党当局的不满和美国涉台关系的紧张。前者说明了两岸关系的相对独立性,后者则反映出两岸关系对于美国涉台政策具有一定的主导性。2008 年后美国涉台关系回归常态,与其说是因为岛内再次发生政党轮替,不如说是因为马英九的大陆政策有利于两岸关系的和平发展,使美国得以摆脱台海危机的周期性困扰。与此同时,中美新型大国关系的发展,也难免影响到美国涉台政策的变化趋势。2016 年以来美台勾连急剧发展的根本原因是两岸关系和中美关系的同步下滑。换句话说,这里的自变量是两岸关系和中美关系,因变量则是美国涉台政策。

两岸关系的起伏和中美战略竞合度的变化,共同重塑了美国在台湾问题上的政策思维。在 2008 年之前两岸关系的动荡期,美方的政策重点是避免两岸发生军事冲突。为此,美方采取战略模糊、双向威慑(dual deterrence)、鼓励对话的策略,不支持台湾"独立",反对台海任何一方单方面改变现状,以维系台海两岸"不统、不独"的冷和平(cold peace)状态。①2008 年两岸关系进入和平发展时期后,美国涉台政策的重点是维系美台军事关系,增加对台军售,以增强台湾对大陆的抗压能力和在两岸政治对话中的筹码;支持台湾扩大"国际空间",启动与台湾的贸易和投资协议谈判,以平衡两岸经济、文化交流迅速发展对美国涉台关系的影响;并对两岸关系和平发展的可能结果予以密切关注。此外,由于两岸关系的和平发展,台湾海峡不再是亚太地区的动荡之源,也导致了台湾问题在美国决策者心目中的地位有所下降。但 2016 年以来两岸关系再次陷入政治"冷和平"、军事"冷对抗"局面后,台海安全问题再次引起美方相关人士的更多关注。美国将中国视为竞争对手的战略定位,助长了美台勾连的发展势头。

虽然美国主张维持台海现状,但这不等于美国现行涉台政策就可以一成不变。事实上,海峡两岸的关系从来就不是固守不变的,而是不时受到统、"独"两个因素的牵动,游离于紧张和宽松两种状态之间。从某种意义上可

① 所谓"双向威慑"指的是台湾不应该指望美国为"台独"卷入台海军事冲突,大陆也不能指望美国不会介入台海战争,哪怕后者是因为"台独"而引起的。参见 Lin Gang, "U. S. Strategies in Maintaining Peace across the Taiwan Strait," *Issues and Studies*, Vol. 43 (2007), No. 2, June 2007, pp. 217 - 236.

以说，台海现状本来就是海峡两岸与美国三方之间在统、"独"、张、弛纵横轴所构成的四个象限之间反复博弈的暂时性结果。如下图所示，在由和平统一、武力统一、和平分离、战争分离所构成的四个象限中，以往大陆提出的"解放台湾"和国民党提出的"反攻大陆"均属于武力统一的范畴；目前大陆的政策是推动两岸关系和平发展，推进祖国的和平统一进程，台湾地区国民党的政策是维持两岸"不统、不独、不武"的现状，民进党所主张的"台湾共识"，以维持"两岸主权互不隶属"的所谓"现状"为目标，所追求的是"事实台独"。谢长廷的"宪法共识"试图通过对"宪法领土"和"政府有效管辖领土"相区隔的办法，在接受"一中"法域的同时，将台湾的现行"主权"范围限定于台、澎、金、马地区。[①] 美国的政策导向，就是在岛内各种力量和两岸的不同立场之间，寻求对其有利的最佳平衡点。

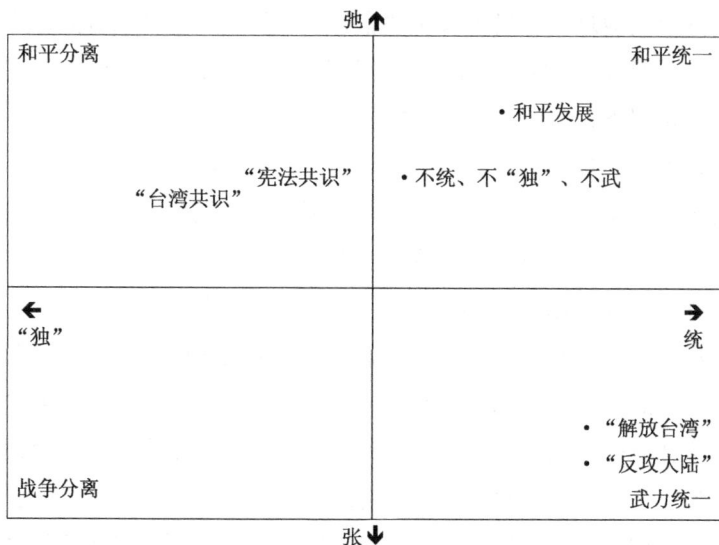

和平分离　　　　　　　　　　　　　　弛 ↑　　　　　　　　　　　和平统一

　　　　　　　　　　　　　　　　　　· 和平发展

　　　　　　　　"宪法共识"　　· 不统、不"独"、不武
　　　　　　　　"台湾共识"

←　　　　　　　　　　　　　　　　　　　　　　　　　　→
"独"　　　　　　　　　　　　　　　　　　　　　　　　统

　　　　　　　　　　　　　　　　　　· "解放台湾"
　　　　　　　　　　　　　　　　　　· "反攻大陆"

战争分离　　　　　　　　　　　　　张 ↓　　　　　　　　　武力统一

统、"独"、张、弛象限与两岸三方立场图

　　虽然美国希望与海峡两岸的关系可以同步发展，但美国涉台关系难免受到中美关系大框架的制约。事实上，美国在台海的利益是从属于美国在亚太地区乃至全球范围内的更大利益的，后者包括中国大陆对国际经济体系的继

---

① 林冈：《台湾地区政党政治研究：以社会分歧与选举制度为分析视角》，北京：中国社会科学出版社，2014 年版，第 267—268 页。

续参与，以及对西方自由民主体制和国际秩序的最终接受。① 奥巴马政府对华政策的主轴是接触与防范（engaging and hedging）两手并用，与其前任并无本质上的不同。不同的是，小布什政府上台之初曾强调中国是美国的战略对手，表示将"竭尽所能协防台湾"，而后因为国际反恐、反核扩散等方面的需要才加强了与中方的战略合作。而奥巴马政府上台之初就强调与中国的合作与接触，到第二年又因为韩国天安舰事件和南海海洋纠纷，强调与亚太其他国家交往合作（re-engaging with Asia - Pacific countries），并随着美国在伊拉克和阿富汗的逐渐脱身，将更多的资源转移到亚太地区，悄悄地进行所谓的"再平衡战略"（strategic rebalancing），来防范一个新的强势的中国（to hedge against a newly assertive China）。② 这一政策思路旋即为特朗普总统的印太战略所承接，后者包括将中国视为竞争对手的战略定位。如果说台湾在奥巴马的亚太战略新布局中有所缺席的话，那么，在特朗普的印太战略中则可以清楚看见这一"准同盟者"的角色。展望未来，只有在中美战略合作面扩大的情况下，台湾问题在美国决策者心目中的地位才有可能下降，台湾问题的最终解决也才有可能摆脱外力的干预与影响。

从美国的视角出发，虽然台湾问题并不直接涉及美国的领土主权核心利益，也不涉及其领土领海领空的战略安全，但其涉台政策仍然受到诸多内外因素的牵绊。美国在国际社会中的道义与声望、其对亚太区域的战略与外交、涉台经济与文化利益等要素，都曾在不同的历史时期，或同一时期但在不同程度上，成为华盛顿制定涉台政策时的重点考量对象。③ 换言之，美国的涉台政策作为一个因变量，历来受到美国的全球战略、国家安全战略、亚太区域战略、对华政策、台海两岸关系，以及美国决策层内部的争论与博弈、来自海峡两岸对这种争论与博弈的不同形式介入等重要变量的直接或间接影响。事实上，美国涉台政策是美国行政、立法、学界、利益集团等部

① Blumenthal, Dan. "The United States and Cross - Strait Relations," paper presented at the conference Cross - Strait Relations in a New Era of Negotiation, hosted by Carnegie Endowment for International Peace, Washington, D. C., July 7, 2010, http://carnegieendowment. org/2010/07/07cross-strait-relations-in-new-era-of-negotiation/lz7k; accessed on September 16, 2012.

② Douglas Paal, "The Rise of China and Alliance in East Asia: Implications for Diplomatic Truce," keynote remarks at the 39th Taiwan - American Conference on Contemporary China, Taipei, December 9, 2010; Robert Sutter, "Taiwan's Future: Narrowing Straits," *NBR Analysis*, pp. 15 - 16.

③ 参见王伟男：《试析影响美国对台决策的若干基本因素》，载《台湾研究集刊》2007 年第 1 期，第 51—58 页。

门、群体甚至亚群体（如学界中的不同流派）之间相互博弈的结果。

本书共七章。第一章为导论，主要说明研究的缘起，并在文献综述的基础上，提出本书的主要观点和分析框架。第二章分析奥巴马和特朗普时期的美国全球战略、亚太战略和对华政策，展现美国涉台决策的宏观政策背景。第三章和第四章围绕统、"独"、张、弛四个象限所构成的涉台政策议题展开。第三章探讨美国在统"独"问题上的政策立场，包括美国接受中国和平统一的前提条件，美国不支持台湾"独立"的政策考量，以求美国所寻求的最佳台海现状。第四章讨论美国在两岸和战问题上的政策立场，包括美国支持两岸和平对话的政策内涵和美国避免台海军事冲突的基本战略，美国应对台海危机之模糊战略的利弊得失及其可能的调整方向。第五章探究影响美国涉台政策的内部因素，包括美国政党政治、白宫—国会关系、利益团体和学术界意见领袖对决策过程的影响。第六章研究影响美国涉台政策的外部因素，包括美国的全球战略布局，中美关系的合作与冲突，两岸关系的和平发展前景以及台湾岛内政治对美国涉台政策的影响。第七章为结论，主要是对本书中的主要观点进行集中和系统的梳理，并对美国涉台政策的未来发展趋势进行展望。

本书所使用中英文资料包括学界同行的著作和论文、平面和电子媒体资料、闭门学术会议的记录资料和第一作者对部分美国政策专家的个人访谈资料。唯本书之观点概由笔者个人负责，不当之处，敬请同行批评指正。

第二章　美国政府的亚太战略及对华政策

本章以美国亚太再平衡战略的概念辨析为起点，在分析美国战略传统与战略文化的基础上，对其再平衡战略和对华政策展开初步探讨。冷战结束后迄今，亚太地区持续蓬勃发展，世界力量重心从欧洲—大西洋地区向亚太地区转移，美国却由于种种原因而实力相对衰落，尤其是自"9·11 事件"以来迭遭"反恐"战争拖累和金融危机打击，重振经济已成为美国实现"维持全球霸权地位"这一最高战略目标的必然选择和当务之急。在此最高目标之下，美国亚太再平衡战略包含三个具体目标：一是借重亚太地区的繁荣态势与发展前景，重振美国经济，夯实美国全球霸权的物质基础；二是实现在美国主导下亚太地区的所谓"秩序与繁荣"；三是防范中国崛起为对美国不友好，甚至敌对的全球大国。为此，美国主要从经济、政治/外交、军事安全三个领域实施再平衡战略，但在这三个方面都存在着明显的局限性。

第一节　奥巴马总统的对华政策

亚太再平衡战略是奥巴马总统上台后实施的最重要的国际战略之一。中国是无可争辩的亚太国家，对华政策长期以来就是美国亚太区域战略的重要组成部分。奥巴马总统上台后，亚太区域战略在美国全球战略总体设计中的地位空前提高。这与亚太地区近年来持续快速的经济增长与区域经济一体化进程密切相关。同样地，随着近年来中国综合实力的快速增长，它对自己所处的亚太地区的经济繁荣与和平稳定发挥着日益关键的作用，中国因素成为美国实施亚太再平衡战略的主要诱因之一。笔者判断，美国对华政策有可能演化为对华"遏制"战略，正如冷战时期美国的对苏政策几乎等同于对苏"遏制"战略一样。当然，今天的中美关系与当年的美苏关系在性质、内容与形式等方面都存在着天壤之别。

一、美国的战略文化

要从根本上理解美国的这一战略动向，就离不开对美国战略文化的探究，正如要理解中国当代的"和平发展"战略，就不能不对中国的传统文化进行探究一样。美国是一个极具战略传统的国家。它在世界上第一个成立国家安全委员会。该机构与美国国务院政策规划署、国家情报委员会等机构一起，构成一个完整的国家安全战略研究与决策体制。① 事实上，早在建国之初，美国的开国元老们就根据当时的国际形势，形成了以孤立主义为内核的国家安全战略思维。随着国家实力的逐渐增强，美国的国家利益延伸到当时的美国国土以外，"门罗主义"应运而生，美国"自我孤立"的范围也从美国国土之内扩展到整个美洲大陆。到了 19 世纪末期，美国又通过与西班牙的战争，把"自我孤立"的范围扩展到亚太地区的菲律宾。这个时期的美国孤立主义越来越带有讽刺意味：以"孤立"为幌子，扩张领土和势力范围。在两次世界大战中成长为全球最强大国家后，新的利益认知与分布格局促使美国精英阶层抛弃孤立主义大旗，转变为"国际主义者"。② 美国全球战略的终极目标也日益清晰，那就是维持全球超级霸权的地位，并与对这种地位的挑战者展开各种各样的斗争。

值得注意的是，冷战开始前虽然美国已经发展出成熟的战略思维逻辑，但并没有出现能够完整体现这种战略思维逻辑的战略规划文献。这样的文献直到二战结束后美国对苏冷战酝酿阶段才正式出现。

众所周知，冷战时期美国对付苏联阵营的战略名为"遏制"。时至今日，"遏制"已成为一个具有特定含义的战略术语。而标志着美国对苏"遏制"战略正式成型的官方文献，就是美国国家安全委员会于 1950 年 4 月 14 日向白宫正式提交的第 68 号文件（NSC－68 号文件）。这份文件首先分析了美国面临的国际环境，主要就是苏联向外扩张的基本态势及其可能引发的严重后果，然后对美国的国家利益进行界定，并对美国国家利益面临的主要

---

① 参见周建明主编：《美国国家安全战略解密文献选编（1945—1972）》（第一册）前言，社会科学文献出版社，2010 年版，第 4 页。

② 当然，这不意味着孤立主义已经在美国彻底消失。希拉里·克林顿在《美国的太平洋世纪》一文中，就含蓄地指出："美国政坛上有些人叫我们不要重新定位，而是掉头回家。他们寻求减少我们的国外参与，主张优先解决紧迫的国内问题。……六十多年来，美国顶住了此类'回家'论调的诱惑和这些论点所隐含的零和逻辑。"该文载《外交政策》（*Foreign Policy*）2011 年 11 月号。

威胁进行分析。在此基础上，该文件提出了美国国家安全战略所要实现的目标，为实现这些战略目标而需要的战略资源，以及运用这些战略资源实现战略目标的具体途径。① 此后，"界定国家利益→分析国家利益面临的主要威胁→制定应对威胁以维护国家利益的战略目标→盘点美国所拥有的可用战略资源→根据战略资源确定实现战略目标所能采取的手段或途径→战略的实施"就成为美国战略精英阶层在进行国家战略谋划时一个近乎程式性的思维逻辑。其实也不难理解：任何一项国家战略都是为了维护或增进特定的国家利益，只有首先确定了自身国家利益的边界，才能知道"为何而战"；对国家利益面临的主要威胁进行分析，则主要是为了确定"向谁开战"；制定切实可行的战略目标，则是为了确定"何时止战"；盘点可用的战略资源，主要是为了确定"凭何去战"；对战略手段进行选择则是要明确"如何去战"。纵观冷战期间和冷战后历届美国政府发布的国家安全战略文献，上述思维逻辑清晰可见。②

如果说，具有成熟和清晰的战略思维逻辑是美国战略文化的一大特色，那么，根据不同地理层次制定不同的战略与政策就是美国战略传统与战略文化的另外一大特色。根据笔者长期以来的观察和研究，美国在不同时期总会有一个或清晰或模糊的全球战略。一旦有了全球战略，美国的战略精英阶层就会针对世界不同地区制定不同的"配套"区域战略。而区域战略一旦形成，就会有进一步的国别战略与政策。区域战略直接服务于全球战略，国别战略或政策直接服务于区域战略，并间接服务于全球战略。例如，美国在冷战时期的全球战略是对苏"遏制"战略，它先后在欧洲实施的"马歇尔计划"、在亚洲进行的朝鲜战争和越南战争都直接服务于这个战略。在亚太地区，不管是早期的对华冷战，还是后来的中美关系解冻与正常化，也都是服务于美国遏制苏联的亚太战略和全球战略。长期以来，美国的对台政策更是服务于其对华政策和亚太战略。在笔者看来，美国在战略谋划上的这种鲜明

① 该文件原文出处为 FRUS, 1950, Vol. 1, pp. 237–292, 中文译文可参见周建明主编：《美国国家安全战略解密文献选编（1945—1972）》（第一册），第51—103页。

② 20世纪90年代后期，当时的克林顿政府成立了一个跨党派的"国家利益委员会"，对美国的国家利益进行全面界定，并区分为"生死攸关的利益""非常重要的利益""重要利益"和"次要利益"等不同层次。根据这种利益认知，克林顿政府确立了三项美国国家安全战略目标：增进美国安全，促进经济繁荣，提升国外的民主和人权。也确定了实现这些战略目标的基本途径——"接触"，即通过参与、合作、威慑等多种手段，努力使对象国成为美国所主导的国际体系中的负责任成员。可以这样说，克林顿政府把美国的战略思维逻辑和战略传统发挥到了极致。

层次性和主从特性，正是现代西方文明注重逻辑与理性的体现。①

最后需要指出的是，在美国的战略文化中，"战略"一词多用于全球和区域层面，较少用于国别层面。国别层面一般只称为"政策"，如对华政策、对日政策、对朝政策等。只有当某个国家在美国的国家利益认知中具有较大程度的重要性时，美国才有可能针对该国制定出专门的"战略"。例如，冷战时期苏联是美国的首要对手，"遏制"战略就是专门针对苏联"量身定做"的。美国对于它的盟国，包括像德国、英国、日本这样的重要盟国，也只有区域层面上的"盟国战略"，而没有什么"对德战略""对英战略"或"对日战略"。甚至对于中国这样重要的冷战时期的对手之一，美国也没有正式形成过所谓的"对华战略"，而只有"对华政策"。90年代的克林顿政府虽然曾经制定针对全球新兴力量的"接触"战略，但它的对华政策也只是对华"接触政策"，而非对华"接触战略"。

二、美国的亚太战略变迁

上述对美国战略传统与战略文化的简单梳理与辨析，有助于我们在下文对美国亚太再平衡战略的深入理解。正如许多论者，包括美国官方人士所指出的那样，美国其实从来就没有离开过亚太。美国亚太再平衡的真实含义在于，美国确实曾经重视过这一地区，并投入过相当多的战略资源，后来由于种种原因而有所忽视。如今新的国际格局的出现，也包括美国国内出现的一些新情况，促使美国再次重视这一地区。亚太地区在美国全球战略格局中的地位得到大幅提升。

美国首次把战略触角实质性伸入到亚太地区，始于1898年美西战争后美国从西班牙手中夺取菲律宾，并使之成为美国的殖民地。但美国此后经营菲律宾的目的，主要在于把它作为进入东亚其他国家，尤其是中国大陆和东南亚的桥头堡。二战期间，日本不仅攻占中国东北、华北、华东和华南大部分地区，使美国长期推行的对华"门户开放"与"利益均沾"政策遭受致命打击；而且还直接占领美国的殖民地菲律宾，阻遏美国在亚太地区的势力扩张。再加上当时美国罗斯福政府与英国丘吉尔政府共同制定了"先欧后亚"的全球战略方针，美、英、苏等主要盟国把欧洲战场作为反法西斯的

---

① 当然，"理性"一词在东西方文化语境中的含义也有差别。西方的"理性"似乎更注重眼前的利益算计，东方的"理性"更重视中长期的得失。

首要战场，亚太战场的任务只为拖住日本，使其不向东扩展以确保美洲大陆的安全，不向北扩展以确保苏联远东地区的安全。也就是说，二战期间美国全球战略的重点在欧洲，在于尽快击败德国和意大利的法西斯势力。它的亚太战略要从属于它的全球战略，这种从属性表现为它在欧洲战场采取攻势，而在亚太战场采取守势。

二战结束后不久，以美苏为首的东西方两大集团之间的冷战很快上演。此时美国的全球战略就是遏制苏联"共产主义势力"的扩张，而欧洲作为西方文明的发源地，作为美利坚民族的文化与精神之根，也由于其虽遭战争破坏但仍算坚实的工业基础，自然成为美国全球战略的首要重点区域。这体现在战后初期美苏两国围绕德国问题而展开的战略博弈上。同一时期，中国内战的结果也逐渐明朗，美国鉴于其战略重点在欧洲不在亚洲的考虑，也包括对即将成立的新中国在美苏冷战中保持中立地位的期待，遂制定了从中国脱身、逐步"弃蒋弃台"的战略部署。① 虽然在朝鲜战争爆发后，美国也意识到亚太地区未来在美国整个全球战略中的重要地位，并投入了相当多的战略资源，包括直接参与朝鲜战争，但这场战争的过程与结果都表明，超出自身资源和能力的战略目标是无法实现的。因此，美国在朝鲜战争结束后再次致力于欧洲地区的稳定。

从朝鲜战争结束到 60 年代初这段时期，美苏两大国经过多次博弈，在欧洲的均势逐渐形成，双方的攻守界线基本明确，其标志便是 1961 年"柏林墙"的建立。相应地，亚太地区的动荡始终持续。这一方面在于该地区绝大多数国家和人民的民族意识觉醒，展开了争取国家独立的斗争；另一方面也在于美国试图填补英、法等老牌殖民主义国家退出亚太地区后留下的权力真空。这种态势集中体现在美国对越南事务的逐步介入上。美国在战后最早介入越南事务，始于 1955 年艾森豪威尔政府在南越扶植吴廷琰建立亲美政权。但此时美国仍致力于在欧洲与苏联的对抗，并没有在越南事务上投入很多资源。从 1961 年开始，在欧洲的对苏冷战陷入僵局的情况下，美国意识到亚太地区在遏制苏联扩张方面的潜在重要性，对该地区，尤其是越南战场投入的资源快速增加。美国历任总统先后提出"特种战争"和"局部战争"理论，逐步升级越战规模，客观上使亚太地区成为仅次于欧洲的另一

---

① 关于美国在新中国成立前后对华政策的制定和摇摆，可参见林利民：《遏制中国：朝鲜战争与中美关系》，北京：时事出版社 2000 年版，第一章、第二章。

战略重点地区。可以说，美国对越南问题的介入与干涉，形成战后美国重视亚太地区的一个高峰。

　　然而，美国在越南的经历再次表明，有限的战略资源与过高的战略目标之间存在先天的、无法克服的紧张关系。美国不仅没能帮助亲美的南越政权打败拥有中、苏支持的北越，反而导致国内财政空虚，以美元本位为核心的战后布雷顿森林体系趋于崩溃，美元的国际信誉遭到沉重打击，国内抗议运动风起云涌，美国无论是在西方阵营内部还是在整个世界上的实力地位都相对下降。正是在这种情况下，1969 年上台的尼克松政府制定并实施了美国历史上首次从亚太"脱身"的战略。当然，这个名为"战争越南化"的"脱身"战略并非意味着美国要从亚太地区"全身而退"，而是进行有选择的战略收缩，把美国先前"大包大揽"的某些战略包袱甩给它的地区盟友，美国只在战略规划和方向拟定上对它的盟友提供指导和监督。在这种情况下，从 70 年代起，美国对亚太地区的实际战略资源投入大幅下降，形成对该地区的相对忽视。从 1972 年中美关系正常化到 1979 年中美建交，虽然意味着美国对亚太地区的某种程度的回归，但仍以借力使力的大国外交为主，而非通过增加资源投放的直接介入。美国在 70—80 年代的亚太战略都保持着这样一种基本态势。

　　以 1989 年 11 月"柏林墙"倒塌为标志，冷战的结束作为一个过程快速展开，并以 1991 年 12 月苏联的解体为终结。就在 1989 年 5 月，时任美国总统乔治·布什（即老布什）意识到一个新的时代将要来临，适时提出"超越遏制"战略，作为美国应对"后冷战"时代国际格局的大政方针。在这个仓促形成的新的全球战略中，苏联仍然被置于首要位置。它意在引导苏联同过去彻底决裂，鼓励苏联朝着开放社会方向演进，实行持久的政治多元化和尊重人权。其实施路径是：美国在保持军事实力以防止苏联重新扩张的同时，抓住苏联进行改革的时机，运用美国的优势，着重采取经济、政治、文化和意识形态手段，特别是以经济援助为诱饵，促使苏联向"政治多元化和自由市场经济"发展，最后把苏联融合到西方的政治、经济体系中。①随着苏联解体的前景日益明确，布什政府不失时机地于 1990 年 9 月提出"世界新秩序"主张，试图把美国的全球战略重点从苏联和欧洲地区转向在国际社会普遍建立以法治和自由市场经济为主导的全球政治经济"新秩

---

① 潘同文：《超越遏制战略初析》，载《国际问题研究》1990 年第 1 期，第 30 页。

序"。在此背景下，布什政府削减了在日本、韩国和菲律宾的军事力量，关闭了若干军事基地，并要求盟国分担防务开支。这说明，随着冷战的结束，布什政府继续在战略投放上忽视亚太地区。

1993 年克林顿上台后，提出了"接触与扩展"战略（engagement and enlargement strategy，也有人译为"参与和扩展战略"），在其任期末期又正式更名为"接触"战略。这个战略基于这样一种认识：后冷战时代美国国家利益所面临的威胁既有来自传统方面的因素，包括像中国这样的新兴大国的崛起对美国区域霸权的可能挑战，以及中等强国之间的冲突可能引发的地区动荡；也包括来自非传统方面的因素，如恐怖主义、毒品走私、武器扩散、跨国移民与人口贩卖、环境恶化、经济社会发展停滞等。传统的"遏制"战略无法全面应对这些威胁，而需要一种综合性的新战略。"接触"战略就是这样一种新战略，它致力于参与到全球各个层面的事务中，包括介入到对象国的内部事务，通过在各国建立民主、法治和自由的秩序以实现稳定与发展。当然，美国对这种介入保留着最后的选择权：它可以选择柔性介入，也可以在柔性介入失败后决定是否进行武力干涉。因此，保持美国军事实力的强大与策略的灵活，保持美国经济的持续繁荣，就成为美国实施"接触"战略的物质前提。从执行情况来看，虽然克林顿政府也意识到亚太地区的蓬勃发展对美国来说是一个重要机遇，而中国则是这股发展浪潮中的中坚力量，因而把中国作为其"接触"战略的重点对象之一，但就整个 90 年代美国在全球范围内的战略行动来看，欧洲和苏联地区依然是重点区域，美国在这些地区进行的北约东扩及武力干涉前南斯拉夫行动，在客观上占用了最大比例的战略资源，使得它即使想把战略重心移向亚太地区，也会由于资源的有限性而显得有心无力。一个明显的实例就是，在开始于 1997 年 7 月的东亚金融危机期间，美国采取了一种袖手旁观的态度，实际上暴露出美国的战略资源不足以提供支撑其冷战后全球霸主地位所需的"公共物品"的窘迫状态。

如果说克林顿政府的"接触"战略显示出他的自由主义国际政治理念的话，那么随后于 2001 年上任的小布什政府则是典型的现实主义者。小布什的团队与克林顿政府一样，也意识到了亚太地区蓬勃的发展势头对美国的战略含义，但小布什政府更重视中国的发展带给美国的负面挑战。在小布什上任之初，经过老布什和克林顿两任总统的努力，美国已基本实现它在欧洲的主要战略目标，包括北约东扩有了实质进展，巴尔干和前南斯拉夫地区已处于美国和北约控制下的基本稳定，俄罗斯继续处于一种"弱而不乱"的对美有利状态。而美国在克林顿政府八年的领导下经历了史上罕见的长期繁荣，引领全球信息时代的到来。在这个过程中，美国的经济、科技、军事和文化等方面的软硬实力都达到了越战结束以来的新高峰。正是在这种情况下，小布什政府决心把美国的战略重心从欧洲转到亚太地区。由此我们看到，2001 年刚上台的小布什政府开始大幅调整美国的全球战略部署，战略东移的态势十分明显。这集中体现在小布什政府对中国的强硬态度，包括2001 年 4 月 1 日发生的中美南海撞机事件，以及小布什总统公开表态将"不惜一切代价协助台湾自我防卫"。

然而，2001 年 9 月 11 日伊斯兰极端势力对美国发动的恐怖袭击事件，彻底打乱了小布什政府的战略东移计划。牛仔风格明显的小布什总统在盛怒之下，先后发动阿富汗和伊拉克两场"反恐"战争。① 此后近十年间，美国战略东移的脚步就在中东地区暂时停了下来，亚太地区在客观上继续"被忽视"。两场"反恐"战争极大地消耗了美国的战略资源和国家实力。这种不利情况由于 2007 年 8 月以来的次贷危机及其引发的金融海啸而更是雪上加霜。与此同时，亚太地区以中国为首的新兴经济体保持着 90 年代以来的快速增长势头，发展前景依然广阔，对区域层面甚至全球层面的地缘政治、地缘经济和地缘安全的影响日益增加。正是在这种情况下，奥巴马政府上台后不久就提出要"重返亚太"，实施亚太再平衡战略，实际上是重新启动小布什政府上台初期因"反恐"战争而耽误的战略东移计划。从这个角度来说，奥巴马政府的亚太再平衡战略实际上是美国的全球战略而非亚太区域战略。只是由于亚太区域在其全球战略格局中的地位得到大大提升，亚太区域战略与其全球战略之间也就有了更大的重合度。

三、"遏制"与"接触"之辨

自美国宣布"重返亚太"，实施亚太再平衡战略以来，如何定性美国的对华政策，一直是国内国际学术界和政界人士争论的焦点之一。"遏制"（containment）抑或"接触"（engagement）？这是争论得最多的一个命题。"遏制"论者重视美国在"重返亚太"过程中对中国不利的一面，尤其看重

---

① 国际社会一般都认可阿富汗战争作为"反恐"战争的正当性，但对此后的伊拉克战争则多持保留态度。

美国在亚太地区的军事动向。"接触"论者更看重中美两国在经贸领域的高度相互依存关系,更重视中国持续发展带给美国的巨大经济利益,也看重中美两国在双边、区域和全球层面上进行战略合作的必要性。当然,也有人认为奥巴马政府的对华政策是"接触加遏制"(congagement)或"防范"(hedge,有的译为"两面下注""避险"或"对冲")。

目前来看,中国舆论界和学术界对于美国战略重心东移的认知存在较大分歧,尤其是在对华政策的意图和目标上。若仅从美国政要的重要发言和美国官方的重要文献来看,奥巴马政府的对华政策基调与当年克林顿政府相似,体现在两个方面:一是合作,二是防范。例如,美方表示:"我们将继续寻求与中国建立积极、建设性和全面的关系。我们欢迎中国与美国及国际社会一道,在推进经济复苏、应对气候变化与不扩散等优先议题中,担当起负责任的领导角色。我们将关注中国的军事现代化,并做好准备以确保美国及其地区和全球性盟友的利益不会受到负面影响。"① 但从 2011 年以来美国在亚太地区的政治外交尤其是军事安全方面的一系列实际动作来看,与中国合作的意愿令人质疑,而对华防范却步步升级,以至于中国国内有相当多的人认为,这些正是美国遏制——而不仅仅是防范——中国的重要举措。事实上,自从 2011 年美国开始逐步实施以重心东移为实质内容的全球战略调整以来,中国国内认为"美国要遏制中国"的战略判断主要来自某些具有军方背景的专家学者②以及像《环球时报》和某些门户网站之类的大众媒体。③ 显然,认为美国意欲遏制中国的论者,强调的是美国在战略调整过程中对华不利的一面,他们尤其看重美国在亚太地区的一系列军事动向对中国的负面含义。

不过,仔细梳理 2010 年以来中国国内重要的国际关系/国际政治类学术期刊,真正认为美国要对中国实施全面遏制战略的文献几乎没有。相反,认为美国全球战略调整背景下的对华政策或战略在本质上并非遏制的学者大有人在。例如,陈健认为,奥巴马政府的对华政策是围堵而不是遏制。"围堵

---

① *National Security Strategy of the United States of America*, Washington, D. C. : The White House, May 2010, p. 43.

② 这些专家学者发表观点的主要渠道是中国中央电视台中文国际频道(CCTV -4)。当然,我们应充分理解军事和战略学者先天具有的风险与忧患意识。

③ 《环球时报》上经常出现类似"中美对抗""美国遏制中国"这样的字眼,其官方网站环球网上认为美国要遏制中国的评论文章更是俯拾皆是,其他重要门户网站如新浪、搜狐等也大量转载来自环球网的文章。

确实比先前的'防范'走远了一步，但还不是遏制。围堵的目的是为了确保强大后的中国是一个'负责任的大国'，即遵守一切现行游戏规则、不挑战美国的大国"，围堵虽然"缩小了中美合作的空间，但合作尚存"，而遏制意味着"中美合作空间消失，两国走向对抗"。① 牛新春也从中美合作的角度进行解读，他认为"没有中国的参与，美国不可能独自解决任何全球重大问题，在这种情况下美国怎么可能遏制中国呢？当然，美国认为中国的未来具有不确定性，担心中国在韬光养晦后突然挑战美国。但是这种担心并不足以让美国目前就放弃合作带来的巨大利益，转而采取以遏制为主的政策"。因此他的结论就是，"至少到目前为止，美国对华政策中合作、协调是第一位的，防范、遏制是第二位的"。② 王帆明确提出，奥巴马政府的对华政策是"合作型施压"，在本质上就是"接触加遏制"："在美国接触与遏制的战略中，两者有效的结合就是合作型施压。原本对立的两种政策——接触与遏制——被统合起来，且与合作和竞争交织的现实相吻合"；"对于美国而言，遏制并不能封堵中国的对外交流活动和获取海外利益。单纯使用阻断式的遏制政策已经不符合中美关系的现实，中美利益交织的现实状况早已使美国无法采用物理隔绝的方式来划清两国间的利益边疆，而必须采取跨越地理界线的接触方式来实施其影响，这是美国合作型施压的一个前提"。③朱锋则认为，奥巴马政府的对华政策在本质上仍属"两面下注"——既准备应对中美关系出现最坏的可能性，又争取在引导和影响中国的同时寻求两国合作发展的合理现实，原因在于，美国受制于国内经济低迷和巨额预算赤字的困扰，即便其全球战略进行了重大调整，短期来看奥巴马政府在相应举措上仍难免捉襟见肘。中美在经贸和金融领域广泛而深入的相互依赖关系也决定了美国的对华政策难以"一刀切"地将对华关系变成简单的"接触"或"遏制"。美对华政策仍将继续保持政治上接触、经济上合作以及战略上"防范"和"看管"的基本态势。④

要判断美国全球战略调整背景下的对华政策或战略是遏制还是接触，或

---

① 陈健：《中美关系发展的思考》，载《世界经济与政治》2012 年第 6 期，第 155 页。

② 牛新春：《中美关系的八大迷思》，载《现代国际关系》2011 年第 5 期，第 7 页。

③ 王帆：《不对称相互依存与合作型施压——美国对华战略的策略调整》，载《世界经济与政治》2010 年第 12 期，第 35—36 页。

④ 朱锋：《奥巴马政府"转身亚洲"战略与中美关系》，载《现代国际关系》2012 年第 4 期，第 7 页。

者是它们某种形式的混合体，或者是它二者之一的某个"变种"，首先要求我们从根源上弄清楚什么是遏制、什么是接触，它们的原始含义是什么。因为以原始含义为基础进行的讨论更有参照意义。

我们首先考察"遏制"。"遏制"是一个具有特定含义的战略术语，狭义的"遏制"专指冷战时期美国的对苏政策与战略。前文提到的 NSC－68 号文件首次对"遏制"做出严格定义："'遏制'是这样一种政策，它谋求通过除战争以外的一切办法，实现以下目标：一是阻止苏联力量的进一步扩张，二是揭穿苏联外交的欺骗性质，三是敦促苏联收缩它的控制和影响，四是在苏联制度内部培养破坏性的种子，使得苏联至少得改变其行为，以适应普遍接受的国际准则。"[1] 事实上，单从"遏制"一词的英文"contain"来看，它就带有"使对手的力量由大变小，至少不能继续增长，要限制其发展"的含义。自杜鲁门政府以降，历届美国政府在推行对苏政策中尽管有着各自特点，但始终都以"遏制"为基本特征，即针对苏联的扩张，构建军事、经济和政治的"壁垒与抵销力"。[2] 在具体操作过程中，军事威慑、经济制裁、政治对抗、形象丑化、"隐蔽战线"等，都曾是"遏制"战略的主要实施工具。直接对抗——无论是口头上的还是行动上的——是"遏制"战略的鲜明特色。广义的"遏制"则是指针对某一战略对手，运用除直接开战以外的所有手段，阻止其实力和能力的增强。直接对抗仍然是广义"遏制"的鲜明特色。

反观奥巴马时期的亚太再平衡战略的实施，其中针对中国的意涵确实明显，但与中国直接对抗，尤其是要阻止或"抵销"中国继续发展的意图并不明显，事实上美国也做不到。与冷战时期美国推行对苏"遏制"不同的是，当年美苏两国领导人在针对对方的公开讲话中常常杀气腾腾、恶语相向，而奥巴马时期无论是美国领导人还是中国领导人，在针对对方的讲话中更多的是安抚和解释。美国政要在阐述美国的亚太战略时，更多地强调亚太地区的持续发展与繁荣对美国未来的重要性，强调与中国合作及中美关系的重要性，辩解美国"重返亚太"并不是针对中国，尤其多次强调美国"无意"遏制中国，强调与中国"接触"的重要性与途径。不管美国政要的此

---

① 参见周建明主编：《美国国家安全战略解密文献选编（1945—1972）》（第一册），第51—103页。

② 刘金质：《从遏制战略到超越遏制战略》，载《国际政治研究》1989年第4期，第28页。

类表态有多少是"真情流露",又有多少仅仅是外交辞令,其与冷战时期美苏两国领导人动辄恶语相向相比,存在质的区别。更重要的是,美国政要的这种表态,确实建立在以下事实基础之上:今天的中国不是以前的苏联,今天的中美关系更不是以前的美苏关系,前者要比后者复杂得多、丰富得多。中美之间每年的巨额贸易和资本互动(包括相互投资和债务关系),因旅游、留学、探亲、工作等原因而引发的大量人员往来,远非冷战时期美苏间的冷战隔绝状态所能比,美国(当然也包括中国)从中获得巨大的经济、政治、文化等方面的利益。如果美国决心"遏制"中国,那么它就必然要丧失大部分既得利益。即使从眼前来看,"遏制"中国也将导致美国"重返亚太"的初衷——借重以中国为龙头的亚太地区的繁荣势头来重振美国经济——很可能会落空。这不是一个理性的现代政府所能做出的战略选择。因此,我们看不出美国在目前阶段对中国实施"遏制"战略的合理性与可行性。

那么,美国"重返亚太"是要像90年代克林顿政府那样继续"接触"中国吗?这又需要理解"接触"的原本含义。克林顿时期的接触战略(engagement strategy)①首先是一项全球战略,而非区域战略或国别政策。它致力于积极参与全球各个层面的事务,包括介入到对象国的内部事务,通过在各国建立美国认可的"民主、法治和自由",实现美国认可的稳定与发展。接触战略以"预防性外交"(preventive diplomacy)为理论基础,强调用诸如推广民主、经济援助、海外军事存在、在多边谈判中保持与相关国家的军事沟通等非战争手段,协助相关国家解决现实问题,缓解紧张局势,防止矛盾恶化为危机和冲突。②我们看到,接触战略的实施手段中包括海外军事存在、军方的介入,甚至也包括美国学界曾讨论过的"预防性防务"

---

① 在克林顿第一任期(1993年1月至1997年1月)的三份NSS报告中,其全球战略被命名为strategy of engagement and enlargement。在其第二任期(1997年1月至2001年1月)的四份报告中,其全球战略被定名为engagement strategy。中国学者有人把它翻译为"参与战略",也有人翻译为"接触战略",本文采用后者。但当指称克林顿政府的对华政策时,笔者把它翻译为"接触政策",以区别于全球和区域层面上的战略概念。

② The White House,"A National Security Strategy of Engagement and Enlargement", July 1994, P. 5.

(preventive defense)，① 这表明接触战略并不排除军事手段的运用，主要起到威慑、胁迫以及消除威胁的作用。换句话说，军事手段也是接触战略的有机组成部分。

克林顿总统之所以提出对华接触政策，按照美国学者罗伯特·罗斯（Robert Ross）的研究，当时克林顿政府主要基于以下认识：中国力量的崛起将是内在的经济发展的结果，在很大程度上美国无法控制；美国也不能隔绝中国同其他发达国家的经济联系，欧洲和日本都有同中国发展经济关系的极大兴趣；即使中国在经济上被孤立，也只是减缓而不能阻止中国的现代化进程和国际地位的相应提高；而美国若采取孤立中国的政策，将导致中国在变得更为强大后把美国当作一个对手；因此，为阻挠中国崛起而要求美国采取预防性军事措施，对于美国领导层和公众来说是不可接受的。② 然而，当时美国国内的对华强硬人士又对中国崛起抱持一种先天的敌视态度，他们担心"中国力量不可抗拒的崛起，将使弱小的邻国依附中国，由此将美国从东亚事务中排除出去"，这种结果在美国国内同样"不可能获得甚至最低程度的支持"。③ 因此，克林顿政府的对华接触政策就是在上述两种认识间取得某种平衡的结果。它基于这样一种可能：如果美国将中国作为伙伴来对待，那么它将不会变成一个敌人；况且美国已经加强了同日本的盟友关系，也加强了在亚洲的战略存在，能够运用战略优势同中国进行一种基于实力地位的接触，由此最大限度地提高美国鼓励中国采取合作政策对待地区秩序的能力。④

具体说来，克林顿总统主要通过国际、国内两个方向，在政治、经济、安全和社会文化等多个层面，以双边、多边和"社会牵绊"等多种方式同

<hr />

① "预防性防务"的概念由克林顿政府时期曾任国防部副部长的威廉·佩里（William F. Perry）提出，其要义是：与冷战时期美国对苏遏制战略应对的威胁相对单一、目标相对明确不同，冷战后的接触战略应对的威胁具有多样化和高度不确定性的特征，因而"预防性防务"的基本方针包括三点：一是预防威胁的出现，二是对已出现的威胁加强威慑，三是如果预防与威慑均告失效，就动用军事力量加以消除。参见 William F. Perry, "Defense in an Age of Hope," *Foreign Affairs*, Vol. 75, No. 6, 1996, PP. 64–79。

② [美] 罗伯特·罗斯：《美国对华政策中的接触》，载 [美] 阿拉斯泰尔·伊恩·约翰斯顿、罗伯特·罗斯主编，黎晓蕾、袁征译：《与中国接触》，北京：新华出版社，2001 年版，第236 页。罗伯特·罗斯的中文名字是陆伯彬，这里根据的是中文文献的习惯用法。

③ [美] 罗伯特·罗斯：《美国对华政策中的接触》，载《与中国接触》，第236 页。

④ [美] 罗伯特·罗斯：《美国对华政策中的接触》，载《与中国接触》，第239 页。

时展开。① 在政治领域，主要体现在中美两国政府高官乃至国家元首在多边和双边场合的会谈、专门的国事访问等，包括一年一度的 APEC 领导人会晤、1995 年庆祝联合国成立 50 周年时江泽民主席与克林顿总统的会谈、1997 年 10 月江泽民主席访美与 1998 年 6 月克林顿总统访华、1999 年 4 月朱镕基总理访美。在经济领域，美国主要着力于让中国以美国认为适当的条件融入多边国际经济体制（包括加入 WTO），通过提高中国经济对美国市场和资金的依赖程度，从而"套牢"中国，使中国更有兴趣保持同美国的合作，达到维护美国全球利益的目的。在军事安全领域，美国对华"接触"措施主要包括：通过在常规武器销售、导弹和核技术扩散、对台军售等重大安全问题上与中国进行双边沟通或博弈，调整双方的利益；促使中国加入国际多边安全机制，制止中国的所谓"扩散"行为；在中美两国的军事官员和部门之间开展跨机构的交流活动，包括双边安全对话、相互收集有关对方军事行动的信息、举行联合救灾和人道主义救援行动和演习，增进对对方军事运作程序和战略意图的了解，从而避免产生误解和误判，并促使中国提高军事透明度。② 事实上，有人认为克林顿政府的对华政策是"接触加威慑"，其中"威慑"的部分就是指军事方面对华不利的因素。笔者认为，"威慑"本身就是"接触"政策的有机组成部分，无须再单独列出。

　　纵观 20 世纪 90 年代中期以来的美国对华政策，其基本思路就是：既要充分利用中国崛起带给美国的机遇，又要防止崛起后的中国成为美国全球霸权的威胁。美国对华政策的根本目标，在于把中国的崛起纳入美国的全球战略轨道中。有人认为美国基于"民主和平论"，要通过把中国"西化"，确保崛起后的中国不是美国的威胁，而是美国的朋友或伙伴。换言之，美国不能容忍的不是中国的崛起，而是正在崛起或崛起后的中国对美国的霸权利益和价值体系构成实质性威胁。这正是克林顿政府当年推行对华"接触"政策的初衷。然而，由于当时美国并未把战略重心真正放到亚太地区，其对华"接触"政策的效果实际上很难评定。例如，若从中国参与国际规制（regime）的程度，从而也是接受国际规制"约束"的程度来看，"接触"

---

　　① 按照罗伯特·罗斯的解释，"社会牵绊"强调以长远的中美社会和机构合作关系来影响中国行为的重要性，将中国套入一个复杂的关系网，中国的领导人或许会倾向于容忍一个不是最满意但可接受的国际秩序。

　　② ［美］阿拉斯泰尔·伊恩·约翰斯顿、罗伯特·罗斯著，黎晓蕾、袁征译：《与中国接触》，第 241—259 页。

政策似乎取得了很大成功。因为与克林顿政府刚刚上台时相比,到克林顿八年任期结束时,无论是政府间组织还是非政府间组织,无论是经济领域、社会文化领域还是敏感的安全领域,中国的参与程度都已接近发达国家的水平。但从中国的角度来看,它对许多国际规制的参与并非完全因为美国的压力,也有中国出于其经济和社会发展需要而与国际"接轨"的考量。在军事安全方面,中国在台湾、南海等领土主权问题上确实保持着相当克制的态度,但这与其说是"接触"政策中的威慑因素起了作用,毋宁说是中国基于营造安全的发展环境和周边环境而做出的现实选择。换句话说,即使美国不同中国"接触",或者在"接触"的同时不对中国施加各种压力,中国仍有可能加入某些有利于中国自身发展的国际规制中去,仍有可能努力寻求领土主权问题的和平解决途径。至于元首互访、高官会谈、热线联系等,更是各取所需;而且这些政治接触既没有一劳永逸地解决中美之间的老问题,也没有避免两国间层出不穷的新问题,充其量是多了一些双方进行沟通以及探讨解决问题办法的渠道。至于中国内部的政治和社会发展进程,由于其自身的复杂逻辑和中国的现实国情,"接触"政策在这方面的影响更难准确判定,需要更长时期和更深入的观察与研究。①

纵观奥巴马政府上台以来(同时也是美国提出"重返亚太"以来)中美关系发展的基本脉络,我们可以发现,两国元首、政府首脑和高级官员之间在双边和多边场合的会谈频率远远高于克林顿政府时期,两国间制度化的直接沟通管道已经多达 100 余条,涵盖政治、经济、军事、社会、文化等方方面面,其中包括举世瞩目的始于 2009 年的一年一度"战略与经济对话"(S & ED)。在经济领域,中国已经不仅是几乎所有重要的全球性经济合作规制的重要参与者,还是其中许多重要国际经济组织或合作进程的领导者之一。自 2008 年全球金融海啸爆发以来,中国在全球经济治理议程中的地位急剧上升,在国际货币基金组织和世界银行中的股权比例有了较大提高,中国学者林毅夫还首次成为世界银行副行长兼首席经济学家。中美两国在全球性经济类机构与规制中的密切合作,已经成为全球经济克难攻坚、早日走出危机阴影的基本要求,也是这些机构与规制本身顺利运转的必要条件。中美

① 笔者曾在《江南社会学院学报》(季刊)2007 年第 4 期上发表《接触中国:美国对中国崛起的初步反应》一文,详细探讨了克林顿政府对华"接触"政策的背景、内容和效果。本节涉及克林顿政府时期对华"接触"政策的内容,主要引自该文。感兴趣的读者可以参考。

双边经贸、金融和债务关系更被世界舆论形容为无法分开、高度相互依赖的"连体婴"结构。但在军事安全领域，两国两军之间的相互猜疑和提防情绪却有增无减，美国对台军售屡屡成为影响中美关系大局的关键负面因素。美国对中国沿海进行近距离侦查活动几十年来从未中断。最近几年美国对南中国海争端的高调介入首先针对的就是中国。从美国"重返亚太"战略在军事领域的主要举措来看，其中针对中国的意味更是明显。

四、从"接触"到"超越接触"

通过上述对遏制战略和接触战略进行的比较以及对克林顿和奥巴马两届美国政府的对华政策进行的比较，笔者认为，奥巴马政府的对华政策在本质上仍属接触的范畴，但又不是仅仅停留在克林顿时期的早期接触，而是在新的全球战略格局、亚太区域形势与中美双边关系的条件下，对克林顿政府对华接触政策的继承与超越，笔者权且称之为"超越接触"（beyond engage-ment）。笔者在此使用"超越接触"一词，主要受到老布什时期美国对苏"超越遏制"（beyond containment）战略的启发。"超越遏制"战略的基本构想是：美国继续以军事实力为后盾，在不放弃对苏遏制的前提下，重点抓住苏联改革的契机，以经济援助为诱饵，把西方的政治和意识形态的影响扩展到苏联内部，促使其和平演变，最后融合到西方体系中。因此也有人把老布什的"超越遏制"战略称为"和平演变"战略。[①] 从某种意义上说，"超越遏制"是对遏制战略的继承和发展，是美国对苏遏制战略从主要依靠硬实力向更加注重软实力的转变。笔者之所以把奥巴马政府的对华政策称为"超越接触"，是因为它对当年克林顿政府的对华接触政策既有继承又有发展和超越，存在着从偏重软实力向更加注重硬实力转变的态势。

我们先从继承的角度来分析。首先，当前的奥巴马政府与当年的克林顿政府一样，都面临着一个快速崛起的中国，都希望通过对华接触把中国崛起的轨迹纳入美国的全球战略轨道上来，同时也都对中国崛起的过程保持防范心理和威慑措施。其次，奥巴马政府与克林顿政府一样，都意识到中国持续发展所带来的广阔市场前景，都期待着从中国崛起的过程中为美国争取最大限度的经济利益。最后，奥巴马政府与克林顿政府一样，都是从国际、国内

---

① 参见郗润昌：《论美国对苏的"和平演变"（超越遏制）战略》，载《世界经济与政治》1990 年第 1 期，第 1—7 页。

两个层面，在经济、政治、安全等多个领域，综合运用双边和多边途径，展开对中国的全方位接触。事实上，奥巴马政府认识到，"美中两国不会在每个问题上都达成共识……但意见不同不应妨碍双方在共同利益领域进行合作。务实而有效的双边关系，对于应对 21 世纪的主要挑战不可或缺"。① 正是对中美关系的这种认识，决定了奥巴马政府的对华政策在本质上是接触而非遏制。

再从"超越"的角度来看。第一，因中国实力持续上升导致全球和亚太格局发生变化，奥巴马政府的对华政策在其亚太战略乃至全球战略中的地位，明显超过了克林顿政府对华接触政策在当时美国亚太战略和全球战略中的地位。毫无疑问，美国战略重心东移的一系列重大举措表明亚太战略在美国全球战略布局中地位的提升。而奥巴马政府自上任以来在亚太外交运作、区域经济战略和军力调整方面明显针对中国的态势，显示出中国因素和对华政策在美国亚太战略和全球战略中的突出地位。这与中国近年来快速发展后在当前世界权力格局中的地位显著提高的现实相一致。如果说克林顿时期中国尚处于崛起的"初步阶段"的话，如今可以说已处于崛起的"中期阶段"。美国必然在对华政策上倾注更多精力与资源，未来的对华政策在其全球战略中将占据更加突出的位置。这是美国对华政策在其全球战略布局中分量上的"超越"。

第二，由于中国的综合实力与克林顿时期相比已有质的飞跃，美国对中国的借重程度与角度也有了很大不同。在克林顿担任美国总统最后一年的 2000 年，中国的 GDP（国内生产总值）总量尚不到当年美国 GDP 总量的 1/8；到 2011 年，中国的 GDP 总量已经约为美国 GDP 总量的一半。相应地，克林顿时期美国经济一路高奏凯歌，其增长动力更多地具有内生性，它在经济方面对中国的期待在于获取额外的商业利益。而 2008 年全球金融风暴后美国经济深陷困境，内部动力严重不足，急欲借助中国和亚太地区的繁荣态势实现经济脱困与重振，因此从中国获取利益的期待比克林顿时期高出很多。除了经济方面，美国在一系列地区和全球议题上也对中国抱有高度期待。诚如希拉里·克林顿所说，"中美合作不可能解决世界上的所有问题，但没有

---

① *National Security Strategy of the United States of America*, Washington, D. C.: The White House, May 2010, p. 43.

中美合作，世界上的任何问题都无法得到解决"。①

　　第三，在中国广泛参与全球治理体系的情况下，奥巴马政府不仅继续强调中国要接受国际规制的约束，还提出"公平贸易""负责任大国"等新的要求和标准，以进一步牵制中国的发展。即使在借重多边机制对中国施加约束方面，奥巴马政府也有新的举措。例如，克林顿政府虽然强调 APEC 机制在亚太地区促进自由贸易和技术合作中的作用，但在实际行动上对推动亚太经济合作进程几乎乏善可陈。奥巴马上任后，美国对东亚地区国家的自由贸易谈判却格外重视，把跨太平洋伙伴关系协定（Trans - Pacific Strategic Partnership Agreement，TPP）树立为新型自由贸易安排的典范，把意识形态和价值观因素作为加入该协议的重要指标，实际上把中国排除在外，这种做法被认为是有意"借助该机制来规范和约束中国的行为"，② 可谓美国利用双边和多边机制诱迫中国"就范"的又一创新。这些新的举措从一个侧面反映出奥巴马政府把美国主导下的国际秩序增列为美国国家利益的良苦用心，也可以看作美国在对华接触手段上的"超越"。

　　第四，在对中国内部政治进程的介入上，奥巴马政府在不放弃传统的政治说教和公开批评手段，支持主张分裂和反对政府的不同政见者之外，更加注重公共外交的运用。美国副总统约瑟夫·拜登（Joseph R. Biden）于 2011 年 8 月访华时在北京一家小餐馆的高调"就餐秀"，新任美国驻华大使骆家辉多次表演的"平民生活秀"，美国驻华外交机构主动发布中国相关城市的空气质量信息、收容中国国内的不同政见者、深入中国相关省份进行实地考察等，均成为美国在华宣扬其价值观、鼓动中国内部反对力量的案例。试图运用公共外交手段来"分化"和"西化"中国，可以看作奥巴马政府在对华接触手段上的又一个"超越"。

　　第五，最重要的是，奥巴马政府大大增强了军事威慑作为对华接触政策工具的地位，军力部署和调整呈现出高度的针对性、系统性、长期性和战略性。把美国驻亚太地区军力总量占美国军力总量的比重从 50% 提高到 60%，并以西太平洋地区为重点。为应对中国的"反介入"（anti-access）能力，美国军方提出"海空一体战"（Air - Sea Battle）等新型作战理念，并率先

---

　　① Hillary Clinton，"Remarks at the U. S. Institute of Peace China Conference"，Washington D. C.，March 7，2012，http：//www. state. gov/secretary/rm/2012/03/185402. htm，accessed on March 20，2012.

　　② 王光厚：《美国与东亚峰会》，载《国际论坛》2011 年第 6 期，第 31 页。

在新加坡部署"濒海战斗舰"（LCS）等新式武器装备。美国还利用亚太周边国家对中国崛起的疑虑和担心，采取一系列措施加强与亚太地区盟国的安全关系，在军事合作上提升与非盟国之间的伙伴关系，改善与某些长期敌对国家的关系，防范和牵制中国发展的战略意图十分明显。这与克林顿政府经过与中国的博弈与折冲最终确认要建立"面向 21 世纪的建设性战略伙伴关系"有很大不同，也与小布什政府在"全球反恐"战略下与中国达成的战略默契有很大不同。所有这些动作的背后，不只是反映出美国政府经过深思熟虑的战略谋划，也显示出美国部分战略精英按捺不住的对华遏制的战略冲动。从军事威慑在对华接触政策中的地位来说，奥巴马政府也实现了对克林顿政府的"超越"。

总之，笔者认为奥巴马政府的全球战略仍为接触战略，而亚太战略成为全球接触战略中的重点，其中的对华政策虽延续了接触的基本框架，但已不是对克林顿时期对华接触政策的简单延续，而是在新的全球战略格局、亚太区域形势与中美双边关系的条件下，对克林顿时期对华接触政策既有继承又有超越的"超越接触"；它在客观上将加深中美两国在经济利益上的相互依赖、在地区和全球事务中的相互倚重，但在主观上又将强化美国对中国的战略防范与牵制，是一种"升级版"或"增强版"的对华接触。

奥巴马时期，学术界较大的一个共识是：综合运用引导、规范、防范、制衡、威慑等手段，将是未来较长时期内美国对华政策的主要思路。美方的主流看法是：加强与中国的全方位接触，输出美国的自由民主价值观，在中国内部培植对美友好力量，同时不放松对中国的防范，警惕中国可能的"越轨"行为，在引导和规范失效时考虑采取终极应对措施。正如希拉里·克林顿所说，"我们在前进过程中，将继续把美中关系置于一个更广泛的地区性安全同盟、经济网络和社会纽带的框架内"。[1]"美国还将以往那种过多依靠单边和双边对华施压转变为更多地诉诸多边施压，试图透过某种国际压力迫使中国与其合作或对其让步、妥协"。[2]虽然目前奥巴马政府并没有像克林顿政府时期那样为其对华政策正式命名，但二者之间呈现出明显的既继承又超越的关系。正是在这个意义上，笔者把奥巴马政府的对华政策称为

---

[1] Hillary Clinton, "America's Pacific Century," *Foreign Policy*, November 2011, No. 189.

[2] 刘建华、于水欢：《多边施压：美国对华外交战略新动向》，载《现代国际关系》2010 年第 10 期，第 1 页。

"超越接触"。这虽然只是一管之见，但所要表达的核心意思就是：奥巴马的对华政策从本质上看不是"遏制"，而是"接触"；这种"接触"基于新的现实条件，采取了新的措施，是一种"增强版"或"升级版"的对华"接触"。

第二节　美国实施亚太再平衡战略的目的、途径及其局限性

自冷战结束以来，美国国家安全战略的最高目标，在于维护美国的全球唯一超级大国地位。无论是布什政府时期的"超越遏制"战略和"世界新秩序"主张，还是克林顿政府的"接触与扩展"和"全面接触"战略，还是小布什政府时期的"全球反恐"战略，以及奥巴马时期的"超越接触"和亚太再平衡构想，莫不如此。奥巴马在 2010 年年初发表的国情咨文中发出"美国决不做世界老二"的誓言，是有史以来美国精英阶层对其全球战略最高目标的最通俗易懂的一次表白。在此最高目标之下，美国亚太再平衡的战略目标还可以进一步梳理出若干具体目标。这些具体目标也可以看作是奥巴马政府提出并实施亚太再平衡战略的具体动因。

一、美国实施亚太再平衡战略的主要目的

首先，奥巴马政府要借重亚太地区的繁荣态势与发展前景，重振美国经济，夯实美国全球霸权的物质基础。美国的战略传统告诉我们，任何战略规划和战略目标都需要相应战略资源的支撑。没有相应战略资源支撑的战略规划和目标无异于空中楼阁。美国之所以在二战期间决定"先欧后亚"，在朝鲜战争结束后又迅速把关注重点移向欧洲，尼克松上台后又提出"战争越南化"和"尼克松主义"，其根本原因就在于美国无力同时把欧洲和亚洲当作战略重心，"一心难以两用"。即使是在经济发展高歌猛进、综合实力大幅增长的 90 年代，克林顿政府在推行"全面接触"战略时也不得不把重点放在东欧和苏联地区。新世纪头十年的两场"反恐"战争不仅拖住了美国战略东移的步伐，也极大地削弱了美国继续称霸全球的综合实力。2007 年开始的次贷危机及其后的金融海啸，令美国经济雪上加霜。而经济实力是战略资源中最核心、最基础的部分，军事、科技、文化、外交等方面的实力归根结底都以经济实力为基础，这对于具有相当大的领土和人口规模、又具有

战略雄心的大国来说，更是如此。美国要想继续保住全球霸权地位，首要的任务就是重振经济，夯实其全球霸权的物质基础。

近 20 年来，亚太地区经济保持着稳定而强劲的高增长势头，增速约为欧洲的 2—3 倍。这不仅大大缩小了亚洲与欧洲长期以来形成的历史差距，而且从长远来看大有超越欧洲的潜能。从美国与欧洲和亚太地区经济关系的相互依存度来看，美欧经济关系的相互依存度经过长期发展已接近极限，目前有相对下降的趋势。美国与亚太地区经济关系的相互依存度却因该地区不可限量的发展潜力而存在巨大发展空间，目前正处于相对上升阶段。具体来说，美国与欧洲和亚太地区的经济相互依存变化主要表现在以下几个方面：

一是美国与亚太地区的贸易总量已远超美国与欧洲的贸易总量。美国商务部的统计显示，2013 年美国与亚太地区主要经济体的贸易额为：出口 3884 亿美元，进口 7710 亿美元，总额 11594 亿美元；而同年美国与欧盟的贸易额为：出口 2623 亿美元，进口 3873 亿美元，总额 6496 亿美元。① 也就是说，美国与亚太地区的贸易额约为美国与欧盟贸易额的 1.8 倍。这说明，长期以来美欧贸易额高于美国与亚太地区贸易额的传统格局已被彻底颠覆，美国对亚太地区的经济依赖度远大于它对欧洲地区的经济依赖度。这种状况在冷战期间和冷战结束后初期是难以想象的。而奥巴马政府提出在 2010—2014 年期间实现出口翻番的宏伟目标，更是着眼于亚太地区的蓬勃发展前景及其与该地区国家间更紧密的经济关系。

二是亚太地区对美国国债的持有量已远超欧洲。根据美国财政部公布的数据，截至 2014 年 11 月亚太国家对美国国债的持有量约为 32341 万亿美元，欧洲国家约为 14881 万亿美元，前者约为后者的 2.2 倍。② 这意味着在美国国债的持有量方面，欧洲大于亚太地区的传统格局已被彻底打破，也意味着美国对亚太国家对美债券投资的依赖性空前增大。因此，亚太国家对美国国债的巨额投资对于美国经济的复苏、稳定与增长来说至关重要，甚至无可替代；对于美元作为世界货币来支撑美国的全球金融霸权地位来说，也是至关重要、无可替代。

---

① See "U. S. International Trade in Goods and Services", http://www. esa. doc. gov/economic-indicators/2014/02/us-international-trade-goods-and-services.

② See "Major Foreign Holders of Treasury Securities", http://www. treasury. gov/ticdata/Publish/mfh. txt.

三是亚太地区的发展潜力远大于欧洲，美国不得不高度重视这个潜力无限的超级大市场。从开发情况看，欧洲市场经过长期开发，目前已趋于相对饱和。而亚太地区市场拥有诸多具有后发优势的增长型经济体，尤其像中国这样世界级的增长型经济体，以及像印尼、越南、泰国等拥有大量人口且发展速度较快的中量级经济体。这对美国经济未来的增长和繁荣具有不可替代的借重作用。

因此，我们可以做出如下判断：如果全球经济重心从欧洲—大西洋地区向亚洲—太平洋地区转移的趋势是确定无疑，且不可扭转的话，那么美国的全球战略重心向亚太地区的转移也将是确定无疑、不可扭转的。[①] 不确定的只是具体过程、具体方式而已。

其次，奥巴马政府要实现在美国主导下亚太地区的所谓"秩序与繁荣"。美国不仅一直自称是"亚太国家"，更长期把自己看作是亚太地区的领导者和"大家长"。冷战时期，美国在亚太地区构筑起以自己为盟主、以双边为主要形式、包括多个国家和地区的同盟体系。冷战结束后的90年代到新世纪前10年的大部分时间里，这个同盟体系开始出现松散的迹象：第一，美国先后减少在若干盟国的军事力量，关闭了一些军事基地；第二，区域内长期存在的领土争端有升温的迹象，而美国仿佛"置身事外"；第三，中国日益取代美国，成为区域内许多国家（先是东南亚的中小国家，后是像日本、韩国、澳大利亚这样的发达国家，这些国家又大多是美国的传统盟国）的第一大贸易伙伴，区域经济一体化进程的主导权似乎由中国在"幕后掌控"。在这种情况下，美国日益感到亚太地区无论在经济、政治还是安全方面的事态发展都可能脱离美国的轨道。美国"重返亚太"，寻求再平衡，就是要重新夺回这个主导权。当然，美国自己的说辞是要维护该地区的"秩序与繁荣"。

不必讳言，亚太地区确实存在着影响稳定与发展的诸多"安全隐患"。首先是朝鲜半岛方面，多年来半岛局势持续紧张动荡，最近几年来发生的诸如朝鲜多次核试验、"天安舰事件""延坪岛事件"等，都曾引起国际舆论的高度关注。从宏观角度来看，朝鲜问题涉及中国、日本、韩国和美国的重

---

① 在我国战略学者王湘穗看来，全球经济重心向亚太地区转移的趋势是历史性的，因而确实是不可扭转的。参见王湘穗：《从大西洋同盟到太平洋世纪——全球力量重心转移的历史趋势》，载《现代国际关系》2012年第1期。

大战略利益（对韩国来说还是整个国家和民族的核心利益），但这几个主要利益攸关方中没有一家能够掌控半岛事态的发展，半岛事态恶化有可能将它们拖入到一场无法预计的军事冲突中。其次是日本作为一个与中国、俄罗斯、韩国（也可以说包括朝鲜）等邻国都存在领海、领土争端的地区大国，其国内军国主义思潮近年来不断抬头，整个日本社会朝右倾保守主义方向发展的趋势明显，同时它又是美国在亚太地区最重要的盟国，使得日本实际上也是亚太地区的一个潜在"乱源"。第三是台湾问题在短期内难有实质性突破。代表分裂势力的民进党继续执政，意味着两岸关系和平发展的局面仍有可能发生变化。而美国不放弃利用台湾问题干涉中国内政的冷战思维，不仅是制约中美之间建立战略互信的最大障碍，也是中美之间爆发冲突的现实根源。第四是在错综复杂的南中国海争议方面，区域外大国卷入的趋势日益明显，卷入的程度越来越深，使得区域内相关国家解决南中国海问题的思路越来越不切实际，伴随而来的就是越来越大的战略风险。

如果说，美国对于上述地缘政治和地缘安全范畴的事态发展是因为其"乱象丛生"而越来越缺乏安全感的话，那么，亚太地区另一个使美国感到不安和"不爽"的重大因素，却是近年来该地区国家在区域经济合作与一体化方面的井然有序和卓有成效。自冷战结束，尤其是 1997 年亚洲金融危机以来，东亚地区的经济合作进程在没有美国参与的情况下如火如荼，成绩斐然，形成了以东盟 10 国为支点、以 10 + X（中、日、韩等国）为杠杆、以 X 内部合作为必要补充的区域经济合作新模式。这种具有东亚特色的经济合作模式正是该地区经济总量和区域内贸易额多年来保持快速增长的主要原因。然而，美国方面更在意的是，这种井然有序和卓有成效居然是在美国缺席的情况下实现的，而且其中也有美国的传统盟国参与，这对于早已习惯为别国制定游戏规则、主导游戏秩序的全球霸主来说，难免会有"酸葡萄"心态。美国"重返亚太"的一个重要目标，就是夺取地区经济合作的主导权，使之为美国重振经济的宏伟计划服务。

当然，美国作为目前世界上唯一的超级大国，会根据具体情况对区域层面上的"乱象"或"有序"进行解读。如果某种适度的混乱能够"为我所用"，美国就可能维持这种乱象的存在，借机在各方势力之间纵横捭阖，乱中取利。长期以来美国在以色列和阿拉伯之间，以及在阿拉伯内部不同派别之间维持一种虽无战争但不和解的适度混乱状态，借此主导中东地区的局势发展。另一方面，如果某种秩序的存在不利于美国全球战略目标的实现，那么它既可能努力获得维护这种秩序的主导权，也可能在无法获得主导权的情况下破坏这种秩序，然后努力主导构建新的秩序。目前美国无视亚太地区既有的以 10 + X 为特征的经济合作秩序的存在，强力推销由它主导的 TPP，正是出于上述目的。

第三，奥巴马政府要防止中国崛起为对美国不友好，甚至敌对的地区和全球大国。冷战刚刚结束的 90 年代前期，美国战略界在"中国问题"上谈论更多的是中国何时"崩溃"，如何"崩溃"，"崩溃"后会造成何种影响，美国应该如何应对中国的"崩溃"，尤其是如何应对中国"崩溃"可能对美国造成的"负面影响"。进入 90 年代后期，特别是发生 1995—1996 年的台海危机后，美国战略界迅速转向，"中国威胁论"甚嚣尘上，至今不衰，且变种频出，如"中国经济威胁论""中国军事威胁论""中国环境威胁论"等。这个问题的核心在于，中国在政治体制和意识形态方面继续保持不同于美国和西方的自身特色情况下，不仅没有崩溃，反而继续保持稳定，经济和军事实力快速增长，对该地区其他国家（包括美国的传统盟国）产生极大的"磁吸效应"，在整个国际社会中产生极大的"模式效应"，强烈冲击着美国战略精英长期以来的自信心和优越感。而中国在亚太地区确实有着客观的利益诉求，这种利益诉求还可能与美国的利益认知发生冲突。美国需要在中国崛起为全球大国之前就采取措施，对这种风险进行管控。在意识到无法阻止中国崛起为全球大国的情况下，美国至少要做到确保崛起后的中国对美国是友好的、不具挑衅性的。美国要做到这一点，就必须来到亚太地区的现场进行"实地操作"，而不是远程操控。这是美国亚太再平衡的重要动因之一。

二、美国实施亚太再平衡战略的具体途径

自 2009 年奥巴马上台以来，美国就开始在亚太地区动作频频，逐步且高调地实施其亚太再平衡战略。多数观察家都把美国亚太再平衡的战略举措划分为经济、政治/外交和军事三大领域，事实上构成美国实施其"重返亚太"战略的三大途径。

首先是经济领域。经济方面的考量是美国实施亚太再平衡战略的首要动因。在亚太地区，日本、韩国、澳大利亚和东盟国家是美国的传统经济合作伙伴，它们之间的经济合作关系可以追溯到冷战刚刚开始的岁月。而中美之间的经济合作关系则起步于冷战后期，在 90 年代得到快速发展，至今则形

成了惊人的规模。美国与这些亚太国家之间的经济合作关系，直到奥巴马政府上台前，更多地还是一种靠市场力量驱动和国际多边规制（如 WTO）管理的关系。虽然亚太地区国家相互之间的经济合作与一体化进程确实带有浓厚的官方主导色彩，但美国对此趋势一直采取袖手旁观，有时甚至是一种负面的态度。例如，在 1997 年亚洲金融危机发生后，包括日本、韩国等美国盟国在内的东亚国家，曾提出建立"亚洲货币基金"的倡议，但因遭到美国的反对而胎死腹中。同样地，2009 年日本方面提出以中日韩为核心建设"东亚共同体"，也因遭到美国的反对而无疾而终。虽然美国也是"亚太经合组织"（APEC）的重要成员，但美国显然并没有把它作为经营的重点。

奥巴马上台后，美国对亚太地区经济合作进程的主导权被提升到前所未有的战略高度，其中最重要的举措便是全力推进 TPP，其前身是 2005 年 5 月由 APEC 的四个小规模经济体文莱、智利、新西兰、新加坡发起成立的"跨太平洋战略经济伙伴关系协议"（P4）。2008 年 2 月，当时的小布什政府宣布加入其中，但调门并不高，也没有强烈的欲望去充当谈判进程的主导者。奥巴马在 2009 年 1 月上台后，于当年 11 月正式提出扩大 P4 的计划，该组织也正式更名为 TPP。随着亚太地区更多经济体宣布加入 TPP 谈判，该组织成为美国战略工具的态势越来越明显。2011 年 11 月，在美国的强势主导下，TPP 纲要正式发布，详细阐述了 20 项谈判议题及部分领域的谈判成果，主要涉及公平竞争、跨境服务、环境保护、金融服务、政府采购、知识产权保护、劳工标准、法律法规对接等方面。这个纲要的突出特点，在于它对贸易投资自由化和区域经济一体化的要求，明显高于 WTO 及现行的各类 FTA，尤其是其中对成员国内部法律法规、机制体制甚至价值观的硬性规定，更是史无前例。如果 TPP 按照美国的意图顺利发展下去，那么它将不仅是一个区域经济合作组织，更是一个在政治利益方面"志同道合"者的共同体。有论者认为，美国在亚太地区强势推动 TPP 计划，主要有以下几个方面的战略意图：一是重塑全球经济治理的规则，二是夺取亚太地区经济、政治发展进程的主导权，三是借助亚太繁荣态势促进国内经济复苏与可持续增长，四是削弱或稀释中国在亚太地区既得的主导权。[1] 目前看来，外界普遍认为 TPP 已成为美国实施亚太再平衡战略的一个支柱性工具。除了

---

[1] 毕吉耀等：《美国推进跨太平洋伙伴关系协议及对我国的影响》，载《中国战略观察》2012 年第 1—2 期，第 50—51 页。

TPP 外，美国还积极参与亚太地区的其他一些合作安排，如与泰国、柬埔寨、老挝和越南探讨建立"湄公河下游行为计划"，更具体地参与到该地区相关国家的环境、教育、医疗等方面的建设中。总之，正如奥巴马总统在其2015 年 1 月 20 日发表的《国情咨文》中说的："亚太地区的贸易规则应由美国来制定，而非中国。"①

其次是政治与外交领域。自奥巴马上任以来，美国通过领导人讲话、政治宣传、外交运作等途径，唤起美国国内对亚太地区的关注，加大对该地区的政治投资，以此强化美国"重返亚太"的"合理性"与"可行性"，寻求国内公众舆论的支持。主要举措包括：

刻意强调美国的亚太属性，相对弱化美国传统的欧洲—大西洋属性，为美国亚太再平衡寻找地缘理论依据。奥巴马总统上任后不久，就在其对外政策演讲中以首任美国"太平洋总统"自居。希拉里·克林顿国务卿则在 2011年 APEC 预备会上明确指出，美国是一个"太平洋国家"。美国政要的类似表态自奥巴马上任以来一直不绝于耳。通过这种政治宣传，美国试图在国内和国际两个层面扭转长期以来人们把美国看作欧洲—大西洋国家的刻板印象，刻意塑造"美国也属于太平洋国家，美国的未来发展离不开亚太地区"这样一种新的印象，实际上是为美国亚太再平衡战略寻找地缘理论依据。

频繁出访亚太国家和地区，切实把外交重心转向亚太。奥巴马上任以来，不仅总统、副总统、国务卿、国防部长、财政部长、商务部长等高官成为亚太地区的常客，而且其他政要也接踵而至，多达 50 余次。这在美国—亚太关系史上实属罕见。这些访问的对象国不仅包括美国的传统盟国，也包括被美国定位为友好的非盟国或伙伴国，甚至还包括曾被美国敌视，迄今仍未解除制裁的国家（如缅甸）。奥巴马政府还一反小布什时期对亚太地区内的国际活动无所谓的态度，高调参加东亚峰会，参与 10 + X 体系的系列对话活动，向东盟派驻首任大使。另一方面，美欧之间的双边高层交往在奥巴马政府上任以来略显冷清。尤其令人不可思议的是，奥巴马总统居然不顾欧洲不满，拒绝出席原定于 2010 年 5 月在欧盟总部召开的、象征美欧关系冷热程度的峰会。此事在美欧两地都引起强烈反响。欧盟外交和安全事务高级

---

① Remarks by the President in State of the Union Address, see http://www. whitehouse. gov/the-press-office/2015/01/20/remarks-president-state-union-address-january – 20 – 2015, accessed on January 25, 2015.

代表阿什顿曾感叹，"欧洲已经不再占据美国战略重心的主要位置"。① 我们也可以这样理解这句话：亚太地区已经占据美国战略重心的主要位置。

全面介入亚太地区的既有争端，为其亚太再平衡战略寻找现实切入点。利用矛盾、"浑水摸鱼"，历来就是美国擅长的外交手段。自奥巴马上任以来，美国先后利用"天安舰事件""延坪岛事件"、中日东海划界争议和钓鱼岛争端、南海问题等既有热点，强化与盟国的同盟关系，增进与非盟国的政治谅解，高调显示美国在这一地区的力量存在，最重要的是强化对地区政治与外交关系的介入，争取获得对这一地区国际争端和热点问题的发言权、主导权甚至裁判权。

加强同亚太地区周边相关国家——主要就是印度——的外交关系，作为美国实施亚太再平衡的重要外围支点。印度也是一个新兴大国，拥有仅次于中国的人口规模和巨大的市场潜力。虽然同为"金砖国家"，但印度与中国之间存在的地缘矛盾（主要就是领土争端）长期无解。最近几年，印度推行"东向"战略，把触角伸向东南亚和南中国海地区，力图成为这个热点区域的新玩家。美国加强与印度的关系，除了借重印度的市场潜力为美国经济振兴计划服务外，开发并利用印度的"搅局"潜力恐怕也是重要原因之一。

第三是军事安全领域。有人说，"美元""美援""美军"是美国全球霸权的三大支柱。"美元"代表的是美国在全球经济领域的霸权地位，也是这种霸权地位的物质基础；"美援"代表的是美国利用其经济实力向全球提供"公共物品"的能力，也是其构建盟国体系的重要手段；"美军"代表的是美国强大的军事力量，是美国维护其霸权利益的最后手段或终极工具。② 在和平时期，军事力量更多地作为一种战略威慑而存在，其目的在于警示敌人或潜在对手不要轻易发动攻击行为，一旦这种攻击行为发生，就会遭到武力报复，甚至是灭顶之灾。因此，军事力量部署的变化，是美国战略重心发生转移的敏感而又确定的标志。

奥巴马上任以来，美国致力于在全球范围内收缩军事战线，包括从伊拉克和阿富汗逐步撤军，但美国海军在亚太地区的军力部署却有增加趋势。美国利用各种机会，巩固并强化它在亚太地区的军事同盟体系。朝鲜半岛局势

① 钱文荣：《奥巴马政府的全球战略重心东移初探》，载《外交》（季刊）2011 年第 2 期，第 108 页。

② 近年来，越来越多的人认同这样一种观点：由美国文化和价值观构成的所谓"软实力"也是美国全球霸权的重要支柱之一。

的动荡、南海争端的激化，都是美国善加利用的机会。奥巴马政府在利用这些机会不断强化美日、美韩双边军事同盟的基础上，加紧推进美、日、韩三边军事同盟关系的发展和深化。美国还将构建这一军事合作体系扩展到与东盟国家的双边和多边军事合作，力图最终形成由美国主导的、由日本韩国和东盟部分成员国及澳大利亚共同组成的、涵盖亚太地区多数国家的双边与多边互补交织的新型多边军事合作体系。美国还与亚太地区外围的印度加强军事合作，试图把印度对安全的关注点引入到以南海为核心的亚太地区。从军备情况看，美国在亚太地区的军力部署在数量和质量上已经超过在欧洲—大西洋地区的军力部署。据相关资料统计，美国已将其部署在全球各大洋的五支舰队中的三支调集到太平洋地区，且已将其总共 11 艘航母中的 6 艘调集到以关岛为中心的亚太地区。美国最先进的"弗吉尼亚"级和"俄亥俄"级战略核潜艇以及 B1、B2 战略轰炸机和 F - 22 隐形战机的部署，也以亚太地区为主要目标。从军事演习的规模和频率看，美国近年来对亚太地区的投入之多也让人刮目相看，堪比冷战时期对欧洲—大西洋的投入。美国军方在亚太地区动作频频，一度成为美国实施亚太再平衡战略的风向标。

三、美国实施亚太再平衡战略的局限性

美国在经济、政治/外交和军事安全三大领域的举措，构成美国亚太再平衡战略的三大实施途径。然而，战略学理论认为，任何战略规划及其实施都带有一定的风险或局限性，这种局限性既有来源于主观层面的原因，也有来自客观层面的原因。主观层面的原因主要包括：战略规划者对国家利益的界定过于宽泛或过于狭隘，对国家利益面临的威胁在认知上出现较大偏差，对可用战略资源的估计过高或过低，对总体或具体战略目标的设定脱离实际可用的战略资源与能力等。客观层面的原因则主要是指内外环境的不确定性，在战略学上被统称为"战争迷雾"（the fog of war）。① 美国亚太再平衡战略在经济、政治/外交和军事安全领域都面临着诸多的局限性。这些局限性从根本上说源自美国可用的战略资源与其宏大的战略目标之间的紧张关系。

在经济领域，美国自始便把推行 TPP 作为实施亚太再平衡战略的首要

---

① "战争迷雾"一词源自德国军事理论家克劳塞维茨（1781—1831）的名著《战争论》，原本是个战术概念，意指战场上普遍存在的不确定、不可知因素。后来被发展到战争与战略的高度，泛指影响重大决策过程和结果的各种不确定因素。

工具。一方面，美国对 TPP 寄予厚望，指望它在奥巴马政府的 2010—2014 五年内出口翻番、扩大就业等国内经济振兴计划中发挥关键作用；另一方面，也指望利用 TPP 为亚太地区的经济合作与一体化进程制定新的游戏规则，从而主导这个进程。国际政治经济学的规律告诉我们，扩大出口不仅意味着其他国家要增加对美国商品和服务的进口，更意味着美国也要相应扩大对其他国家商品和服务的进口，它必须是一个双向互惠的过程。从理论上说，这要求美国在相应时期内也要扩大自身的市场容量。然而，美国本身已经是一个过度消费的经济体，因过度消费而导致的家庭债务和公共债务长期居高不下，正是 2007 年发端于美国的次贷危机和席卷全球的金融海啸的直接原因。也就是说，美国国内的市场容量早已饱和，长期以来以消费为导向的经济发展方式需要更加注重投资对经济增长的拉动作用。这个过程恰恰是一个排挤市场泡沫、节制消费水平的过程。因此，如果美国只是打算扩大出口以增加本国就业机会，而不打算或者没有能力扩大进口以促进其贸易伙伴就业机会的增加，这在理论上是站不住脚的，在实践上也是行不通的。根据最新的统计数据，2014 年全年美国的出口规模约为 2.35 万亿美元，而 2009 年美国的出口规模为 1.58 万亿美元。按照当初奥巴马提出的 2010—2014 五年内出口翻番计划，2014 年美国的出口额须达到 3.16 万亿美元才算"达标"。也就是说，奥巴马政府当初提出的五年内出口翻番计划尚有 25.6% 的任务未能完成。[①]

从制定亚太地区经济合作与一体化游戏新规则的角度看，美国也面临着重重困难。前文提到的 TPP 纲要，是一个史无前例的高标准经济合作框架，其在劳工保护、环境保护、知识产权保护、法治水平等方面的要求，是某些成员（特别是发展中经济体）根本无法承受的。这些成员之所以加入这样的谈判，与其说是受到经济利益的驱使，倒不如说是出于某种政治/外交目的而采取的一种姿态。而且，这样的谈判要获得进展会面临很大难度，首先就是相关国家内部要进行幅度较大的改革。而一个国家的内部改革并不会一蹴而就，它往往意味着利益格局的调整、利益集团之间的冲突，甚至是文化观念的交锋。TPP 内的已发达经济体之间也并非没有矛盾，最明显的就是农产品开放对相关国家（如日本）的可能冲击。日本国内之所以存在反对 TPP 的巨大声浪，导致日本在这个议题上举步维艰，根本原因就在于日本国

---

① 《奥巴马出口倍增目标为何落空?》，载《经济参考报》2015 年 1 月 14 日，第 A4 版。

内农业利益集团担心接受 TPP 的条件后，他们的核心利益将受到严重损害。事实上，即使在美国内部，奥巴马政府一直未能获得国会的"贸易促进授权"（Trade Promotion Authority），这就意味着美国贸易谈判代表与外国所签署的任何贸易协议，送到国会后不能享受"全案表决"待遇，而必须接受逐条审查，国会的相关委员会添加任何一条修正案都可以让整个谈判结果推倒重来。所以在美国总统没有得到授权的情况下，很少有国家会认真与美国展开自由贸易谈判。而奥巴马政府规划中的 TPP 涉及众多发展程度各异的国家，其情况之复杂，远超双边性质的自由贸易协议（FTA）。而且，农产品市场开放与否在美国也是一个很大的政治问题。此外，日本会不会放弃争夺东亚地区经济合作的主导权，东盟国家是不是甘愿让美国主导亚太经济合作，这些都有待观察。在 2014 年 11 月于北京召开的 APEC 领导人非正式会议结束后的记者招待会上，中国国家主席习近平正式宣布，"亚太自由贸易区"（FTAAP）路线图获得通过，"亚太自由贸易区"进程启动。这被外界普遍解读为与美国主导下的 TPP 相抗衡的另外一种安排。① 虽然 FTAAP 对其成员同时参加 TPP 持开放态度，如果更务实的 FTAAP 先于 TPP 建成或取得成效，则 TPP 的吸引力将大打折扣。目前来看，TPP 更多地是个停留在概念层面的东西。即使参与谈判的各方达成协议，推出最终版本，未来的执行效果如何也仍将令人存疑。② 亚太地区某些国家之所以对 TPP 趋之若鹜，更在意的不是其经济意义，而是隐藏在其后的国际政治意义。

在政治/外交领域，美国目前在亚太的态势可谓纵横捭阖，似乎游刃有余。然而，在这些浮华与喧嚣的背后，存在着诸多美国难以克服的矛盾或现实障碍。虽然美国以东盟作为亚太再平衡的关键着力点，但东盟内部的情况非常复杂，美国如果把东盟作为铁板一块的整体来看待，对其实施亚太再平衡战略将毫无助益。目前来看，东盟内部对美国亚太再平衡战略持最热烈欢迎态度的只有菲律宾和越南。这两个国家恰恰也是近期在南海问题上与中国竞争最激烈的国家。而老挝、柬埔寨和缅甸则代表着东盟内部另外一种态度：他们对美国亚太再平衡战略并不很感兴趣，而是更看重与周边大国，尤

---

① 《中国博弈自贸区：FTAAP 还是 TPP？》，载《钱江晚报》2014 年 11 月 13 日，第 A22 版。

② 根据英国《金融时报》网站 2015 年 1 月 28 日报道，美国贸易代表迈克尔·弗罗曼宣称，"TPP 协定最终版本的轮廓正变得清晰起来"；美国决心在 2015 年上半年完成谈判，以便赶在 2016 年美国总统大选的竞选活动升温之前将该协定提交国会投票表决。参见：http://www.ftchinese.com/story/001060365。

其是中国的双边关系，也看重在东盟内部议题上合作进程的实质推进。虽然缅甸最近一段时期以来进行着令人注目的、在大方向上似乎符合美国期待的内部改革，但这种改革与其说受到了美国亚太再平衡战略的重大影响，倒不如说是缅甸国内政治、经济、社会发展的逻辑使然。新加坡的态度则代表着一种更为理性的声音。虽然新加坡对美国亚太再平衡持欢迎态度，甚至允许美国在该国设立军事基地，但新加坡政要也多次声明，新加坡和东盟不希望在中美两个大国之间"选边站"。新加坡外交部部长尚穆根在 2012 年 2 月上旬访问美国时，完整地表达了这一立场："我们欢迎美国与东亚加强联系，但美国接触亚洲的方式必须能被亚细安（即东盟——笔者注）及东亚国家所接受。美方不应以冷战言论来形容美国与亚洲的接触，这将引起反响，其他国家会开始盘算，需如何回应美国的表态。"① 也就是说，它们对美国亚太再平衡的欢迎是有选择、有条件的。这种态度在亚太地区国家和舆论中具有相当的普遍性和代表性。

　　虽然日本和韩国是美国的传统盟国，但这两个国家的国家利益也并非完全与美国的国家利益契合。一个不容回避的事实是，中国已经取代美国成为日、韩两国（也包括绝大多数东盟国家）最大的出口市场，其国内与中国有着密切商业联系的利益集团不会坐视中日/中韩双边关系的恶化。就韩国来说，其长远战略目标无疑是实现朝鲜半岛在韩国主导下的统一。中国作为与朝鲜保持着长期特殊关系的邻国和大国，对半岛事务的发言权是韩国必须面对的。与东盟多数国家一样，韩国不可能一边倒、无条件地支持美国的亚太再平衡战略。事实上，韩国方面已经认识到，韩国的未来发展与繁荣，将更多地与亚太地区的发展与繁荣联系在一起，而中国的未来发展情况将是决定亚太地区未来发展前景的关键。韩国方面甚至声称，中国的持续和平发展，是韩国以及中韩关系持续和平发展的最主要动力。② 目前来看，日本是对美国亚太再平衡战略支持度最高的亚太区域大国，中日之间在领海与岛礁、历史问题与民族感情等方面的长期争端应该是主要原因，而中日之间缺乏战略互信则是更深层次的原因。当然，日本国内也存在着理性的力量，例如倡导"亚洲货币基金""东亚共同体"概念和讨论"脱美入亚"问题等，

---

① 《尚穆根：美应放弃围堵中国论 免东南亚国家不自在》，新加坡《联合早报》2012 年 2 月 7 日。

② 韩国外长金星焕 2012 年 4 月 9 日在上海的演讲。该演讲由上海社科院和韩国驻上海总领馆联合举办。

都代表着这种理性力量的存在。虽然这种力量目前的影响力并不大，但只要它保持客观存在，就会对日本国内的保守势力构成一定的制约。

美国亚太再平衡战略在政治层面的局限性还表现在全球其他地区事务对美国精力与资源的牵制。美国作为一个极力保持全球霸权的国家，虽然在一定时期内的战略重心会有调整和转移，但它的利益覆盖面毕竟是全球性的。这就意味着，它必须把一部分资源预留给其他地区。如果这些预留资源不足以维持它与其他地区相关国家的经济、政治、安全等关系，就会导致这些国家不同程度的负面反应。例如，在美国的传统盟友聚集地欧洲，欧盟担心美国战略重心东移将导致美国减少对欧洲安全的承诺，削弱欧盟在地区和全球事务上的影响力；导致亚太地区的权力对抗，影响欧盟与亚太地区国家间的正常经贸关系。[①] 在大中东地区，美国决心结束"反恐"战争，尽量把主要精力和大量资源从该地区撤出。在 2011 年的利比亚战事过程中，美国一改先前当仁不让的领导作风，心甘情愿退居幕后。但形势比人强，大中东地区的"烂摊子"不会轻易让美国"想来就来、想走就走"。在久拖不决的叙利亚乱局中，在后穆巴拉克时代的埃及，美国的身影都清晰可见。2014 年年初爆发的乌克兰危机，使得美国不得不对俄罗斯祭出制裁的大棒，从而使美俄关系走向"新冷战"的边缘。俄罗斯采取的针锋相对措施必将使美国不得不拿出一定的精力和资源来应对这个新局面。同样在 2014 年，在伊拉克和叙利亚异军突起的"伊斯兰国"（The Islamic State，IS）组织，使得美国从伊拉克撤军的计划不得不暂停下来，甚至派遣地面部队进入动荡地区。此外，伊朗核问题对美国来说也是一个心头大患，美国需要随时准备应对局势的恶化。甚至在美国的"后院"拉丁美洲，随着近年来该地区经济的持续发展，以巴西、阿根廷等拉美大国为代表的拉美民族主义蓬勃发展，尤其是该地区的经济一体化出现了把美国排除在外的势头。如果美国想在自己的传统势力范围内继续发挥关键作用，它就必须正视该地区国家在实力增长后要求独立自主的呼声，就必须投入更多的战略资源。以上态势都会对美国在亚太地区政治和外交影响力的有效发挥构成相当程度的牵制。

在军事领域，美国最大的局限性，也是结构性制约，在于美国政府财政能力的不足，没有足够资源实现规划中的军力调整与部署。虽然奥巴马政府在 2013 年 1 月曾表示，其大幅削减军事开支计划不会影响到美军在亚太地

---

① 参见卢宝康：《跨大西洋伙伴关系正经受考验》，载《文汇报》2012 年 3 月 28 日。

区的强势存在，但至少从目前来看，美国在该地区的军事调整动作更多地属于对存量资源的重新配置。例如，把驻扎在冲绳的 8000 名海军陆战队员和几十架 F-15 战斗机移向关岛，派遣少量陆战队员（最多 2500 人）驻扎在澳大利亚达尔文港。甚至有人认为，美国把原先部署在第一岛链的部分军事力量转移到第二岛链，一方面出于中国军事力量的快速发展，"中国仅仅凭导弹力量就能在半天时间内让美国在第一岛链的军事基地失去功能"，另一方面也暗示美军实际上是"以战术进攻掩饰其战略退却"。[①] 如果这种判断成立，那就说明美国在表面上大张旗鼓地调整亚太军力格局的背后，是它对自身资源不足、对战略目标力有不逮的难言之隐。

奥巴马削减军费预算可谓不得已之举。美国的财政赤字和债务上限问题已经超出经济领域，成为一个严重的政治问题。即使美国现在规划在削减整体军费水平时不会减少在亚太地区的军力规模，美国海军在未来五年内也将不得不安排 9 艘军舰退役，16 艘新军舰的采购实际上也面临取消或推迟的命运。美国媒体据此认为，未来几年内美国海军在亚太地区执行任务时将面临军舰不足的问题。美国海军原计划在 2020 年将舰队规模从 285 艘扩大至 313 艘，但由于奥巴马削减预算，海军舰队仍然维持 285 艘的水平。这引来国会议员对国防部和海军官员的质疑：用少于预期数量的军舰如何完成奥巴马的亚太新战略？[②]

在军事领域的另外一个结构性制约，是多数亚太国家在经济与安全两个领域的"两极依赖"格局。所谓的"两极依赖"是指，多数亚太国家在经济发展上严重依赖中国和本地区范围内的经济合作，在军事安全上却打算依赖美国。中国已经是多数亚太国家的第一大出口市场，导致这些国家有一种深深的不安全感，担心受到中国的操纵，尤其是在特殊情况下的经济制裁，所以它们选择在军事安全上依赖美国，希望以此平衡对中国的经济依赖。美国也趁机加强与这些国家的军事关系。但这些国家在经济上对中国的严重依赖，又决定了它们在军事上对美国的依赖不会太深，而是要顾及中国的感受和利益。经济依赖毕竟是由客观的、市场化的物质利益所决定，调整起来非常困难，非常缓慢，甚至在短期内毫无可能。而军事安全上的依赖关系具有

---

① 陈建利：《美国为何高调重返亚太》，载《南方都市报》2012 年 1 月 15 日。

② Craig Whitlock, "Obama's Asia strategy gives Navy key role, fewer ships," *Washington Post*, February 16, 2012.

很大程度的主观性，可以在较短时间内进行调整。这种特性决定了美国在利用亚太国家对它的安全依赖遂行其战略任务时，难以做到随心所欲、予取予求。

总之，美国亚太再平衡战略主要依靠经济、政治/外交和军事安全三大途径来展开，但这三大途径都存在某种程度的局限性。这些局限性会对美国亚太再平衡战略造成一定的牵制作用，并最终体现在美国亚太再平衡战略的实际效果与过高期待之间的差距上。

第三节　从亚太再平衡到印太战略的变化轨迹

如上所述，美国的亚太战略是其全球战略的重要环节。美国的全球战略历来以欧洲为中心，但在奥巴马上任后开始对全球战略做出实质性调整，先后提出"重返亚太"（return to Asia – Pacific）、"移轴亚太"（pivot to Asia – Pacific）和亚太再平衡战略（Asia – Pacific rebalance strategy），把其全球战略的重心移向以东亚和西太平洋为中心的亚太地区，强调亚太地区在美国全球战略中的关键作用。特朗普上任后，在概念上扩大了再平衡战略的内涵与外延，以印太战略取代了亚太再平衡，突显印度作为美国战略伙伴的重要地位。其实，在奥巴马的亚太再平衡战略中并非没有印度的重要角色，特朗普对印度战略地位的强调，无非是为了更有效地平衡日益崛起的中国对美国的战略挑战。特朗普上台后，明确将中国视为美国的战略竞争对手，在贸易、科技、军事安全、意识形态、发展模式等方面加强了对中国的防范或排斥，将对华政策纳入所谓印太战略框架之中。

一、亚太再平衡战略的微调

美国高调宣称调整其亚太战略的背景是 2007 年 8 月美国爆发次贷危机，进而在 2008 年演化并扩大为全球性的金融危机，美国及其欧洲盟国元气大伤，亚太地区受到的冲击却相对较小；自 90 年代以来亚太地区经济持续蓬勃发展，在全球经济版图中的比重大幅提高，中国的经济地位不断上升；中国大陆开始采行更加积极的外交和安全政策，尤其是在东亚海洋争端中强势维护自身合法权益；日本、菲律宾、越南等亚太国家极力拉拢美国介入亚太地区争端。由于中国在亚太地区的迅速崛起，美国对中国的战略疑虑加深，故要极力保持自己在该地区乃至全球范围内的单极霸权地位。

　　奥巴马对亚太地区的高度重视在其上任之初就通过一系列外交活动表现出来。美国前国务卿希拉里·克林顿上任后，将首先出访的地区由欧洲改为东南亚。日本前首相麻生太郎（Asō Tarō）在奥巴马当局就任之初便于2009 年 2 月到美国"朝圣"，紧接着是韩国总统李明博（Lee Myung-bak）于当年 6 月访问美国；奥巴马作为总统也把亚洲作为其首访之地，在 2009年 11 月访问日本时高调宣称，美国"一直都是一个太平洋国家"，自己是美国的"第一位太平洋总统"（America's first Pacific president）。① 美国与东盟在 2009 年 7 月签署《东南亚友好合作条约》，尽管其具体内容迟至 2011年才被外界知悉。② 在 2011 年访问亚洲期间，奥巴马先后宣布美国海军陆战队将轮驻澳大利亚北部，美国将恢复与缅甸中断多年的外交关系，同时将加大推动"跨太平洋战略经济伙伴协定"（Trans – Pacific Strategic Partnership Agreement，TPP）谈判的力度，特别是与澳大利亚、新西兰、马来西亚和越南等国的谈判。美国国防部在 2012 年 1 月 5 日发表的"新军事战略指南"文件中宣布，要将 60% 的美国海军部署在亚太地区。事实上，截至2011 年美国在亚太地区实际服役的部队已达 83321 人，其中驻扎在日本的有 39222 人，韩国有 28500 人，在海上服役的 15599 人。③ 美国政府的上述政策宣示和实际作为影响了美国民众的观感。根据美国一家机构的调查，多数人支持美国政府把战略重心转向亚洲，因为 52% 的人认为亚洲比欧洲（47%）更重要，这是该机构自 1994 年开始在民调中询问"亚洲与欧洲哪个对美国更重要"这个问题以来的第一次。④

　　作为奥巴马政府亚太再平衡战略的主要建构者之一，国家安全顾问托马斯·多尼隆（Thomas E. Donilon）指出，亚太再平衡战略既是承认美国过去60 年里在亚洲持续存在，为该地区的战略稳定和社会经济发展发挥过重要作用，也是基于对未来美国在亚太地区的长期安全与经济利益的考量，是在

---

　　① Remarks by President Barack Obama at Suntory Hall, November 14, 2009. See http：//www. whitehouse. gov/the-press-office/remarks-president-barack-obama-suntory-hall.

　　② James Steinberg, "2012 – A Watershed Year for East Asia?" *Asia Policy*, No. 14（June 2012）, pp. 22 – 24; Hillary Clinton, "America's Pacific Century," *Foreign Policy*, No. 189, November 2011.

　　③ See U. S. Department of Defense, "Active Duty Military Personnel Strengths by Regional Area and by Country（309A），" September 30, 2011, http：//siadapp. dmdc. osd. mil/personnel/MILITARY/history/hst1109. pdf; and U. S. Department of State, "Background Note：South Korea," July 7, 2011, http：//www. state. gov/r/pa/ei/bgn/2800. htm; accessed on December 20, 2011.

　　④ 《调查：近七成美国人反对美武力介入台湾问题》，环球网，2012 年 9 月 12 日，http：//taiwan. huanqiu. com/news/2012 – 09/3111653. html，访问日期：2011 年 12 月 20 日。

权衡哪些地方投入过多、哪些地方投入不足后做出的战略决策。根据他的解释，美国亚太再平衡战略包括以下五大要素：加强与亚太地区安全盟友的关系；强化与新兴力量如印度之间的现有关系；建立全球与地区机制；寻求与中国建立稳定与建设性的关系；建设地区经济架构。① 根据国务卿希拉里·克林顿在 2011 年的说法，为适应不断变化的亚太形势，美国将遵循六个关键的行动方针：加强双边安全联盟；深化美国与包括中国在内的新兴大国的工作关系；参与区域性多边机构；扩大贸易和投资；营造一种有广泛基础的军事存在；促进民主和人权。② 而根据美国卡内基和平基金会资深研究员史文（Michael Swaine）的说法，美国亚太再平衡战略的三大政策支柱是：强化与亚太地区盟友和安全合作伙伴之间的双边关系；与中国、印度和印尼等亚太地区大国开展更为广泛深入的接触；更积极和直接地参与亚太地区多边机制的建设，特别是在经济、外交和安全领域。由此可见，亚太再平衡战略是一个包含外交、经济、军事和安全等多位一体的美国国家战略，其目标是让"美国在亚太格局及其未来的问题上拥有重要和长久的影响力"。③

再平衡战略的倡导者或支持者认为，亚太地区正在成为世界上最具有军事意义而又充满挑战的地区：中国的军事力量得益于数十年的两位数投资增长率，已经展现了很强的战斗力，其目标之一是在发生军事危机和冲突时拒绝美国进入西太平洋；同时，朝鲜继续发展核武器，也威胁到地区和平与稳定。美国的盟友日本、韩国和澳大利亚已经建立起富有战斗力的武装部队，足以与美军在不同程度上协同整合。其他地区伙伴和新的潜在伙伴，包括新加坡、印度、印尼和越南，近年也增加了军事投资。美方认为，在过去几十年中，美国在亚太地区的军事领导和统治地位维持了该地区的稳定，推动了地区经济发展和整合。航海自由是美国建国以来的外交政策和军事战略的核心内容，技术进步使这一准则得以扩大运用到世界各地。随着伊拉克和阿富汗战争的相继结束，美国制定了从旷日持久的中东战场脱身的计划；与此同时，东亚和西太平洋地区的领海争端日益激化，军事安全挑战愈发严峻，美

---

① Remarks by National Security Advisor Thomas Donilon, November 15, 2012 – As Prepared for Delivery, http://www. whitehouse. gov/the-press-office/2012/11/15/remarks-national-security-advisor-tom-donilon-prepared-delivery, accessed on March 25, 2020.

② *Hillary Clinton*, "*America's Pacific Century*," Foreign Policy, No. 189, *November* 2011.

③ 袁林：《美国"亚太再平衡"，中国作何反应?》，载《青年参考》2013 年 3 月 13 日，第 3 版。

国必须改变军力结构和部署态势。从这个角度来看，亚太再平衡战略乃是演变中的战略环境的自然产物。①

奥巴马政府多次强调，实行再平衡战略的目的是减少亚太地区美国盟友和其他国家对美国可能因国内经济和预算压力而撤离该地区的忧虑。奥巴马总统承诺，即使面临国防开支的削减，美国也将加强其在亚太地区的军事存在。这一战略并非针对或企图遏制中国，但它确实有助于淡化中美关系在美国东亚政策中的重要性，有助于化解中方关于美国对华怀有敌意的看法，也有助于消除美国盟友对中美两国联手主宰亚太事务的担心。② 希拉里·克林顿在卸任国务卿之前，于 2011 年 11 月在《外交政策》（Foreign Policy）杂志撰文指出，未来美国将在军力配置上进行微调，寻求地理上分布合理、操作上富有弹性、政治上可持续的地区防卫态势。③ 由于美国官方人士未能真正说清楚其战略重心东移的目标所在，外界普遍认为美国的上述言行和举措旨在抵消中国实力的迅速增长。尽管如此，中美双边关系在形塑两国的大战略和日常决策上仍然发挥着至关重要的作用。两国领导人努力排除各自国内将对方视为对手甚至敌人的不同声音，共同推动自 2009 年开始的战略与经济对话。④

为此，奥巴马于 2012 年连任总统后，新任国务卿提名人约翰·克里（John Kerry）在参议院外交关系委员会就其提名举行的听证会上，对美国的亚太再平衡战略进行了反思性评论。在提出再平衡战略这个概念之前，美方人士最初使用的概念是"战略倾斜"或所谓的"重返亚太"，即将战略重心"转向"亚太地区或向亚太地区"倾斜"（pivot to Asia – Pacific）的意思。"倾斜"是一个物理学术语，强调"战略倾斜"意味着：1. 以前美国对亚太地区不够重视；2. 这一战略转向带有突发性，而非基于政策延续性的审慎思考的结果；3. 现在可以"倾斜"到亚太地区，未来则可能"倾斜"到其他地区；4. 政策因时而异，带有不稳定性和不可靠性。虽然"战略倾斜"这一术语已被广泛用于描述美国自 2009 年以来采取的政策举措，但作为全

① Thomas Fargo, "The Military Side of Strategic Rebalancing," *Asia Policy*, No. 14 (June 2012), pp. 26 – 27.

② James Steinberg, "2012 – A Watershed Year for East Asia?" *Asia Policy*, No. 14 (June 2012), pp. 22 – 24; Hillary Clinton, "America's Pacific Century," *Foreign Policy*, November 2011.

③ Hillary Clinton, "America's Pacific Century," *Foreign Policy*, November 2011.

④ James Steinberg, "2012 – A Watershed Year for East Asia?" *Asia Policy*, No. 14 (June 2012), pp. 22 – 24; Hillary Clinton, "America's Pacific Century," *Foreign Policy*, November 2011.

球强权的美国，始终没有离开亚太地区。因此，有人认为使用带有"优化资源配置"（portfolio）意涵的再平衡这一术语将更为准确，意味着美国要在全球范围内均衡地投放力量。① 如上所述，在小布什政府甚至克林顿政府时期，这一政策已经初见端倪。克里不赞成使用"转向"（pivot）这个词来形容美国的亚太战略。他说，转向就意味着要背离其他地方，但美国并没有从其他地方离开，美国在中国和远东做的一切都不能以损害美国在中东和欧洲的关系为代价，而是应该带领欧洲一起去认识远东，这样才能提高美国的影响力。他暗示，美国亚太战略过于偏重军事领域令中国感到威胁，表示"我不确定强化军事存在是否至关重要"，美国在该地区设有比其他国家更多的军事基地和人员，在澳大利亚也增派了海军陆战队，"中国看着这些会说：美国在做什么？他们是企图包围我们吗？到底发生了什么事？"美国的每个行动都可能引发反弹（reaction），美国必须"深思熟虑"（thoughtful）地推进亚太战略，不要制造威胁，自找麻烦。克里认为美国不能因为再平衡战略影响美中关系，"加强对华关系对美国至关重要"。他还表示，经济将成为理想中的再平衡战略的重点，其重心便是美国主导下的 TPP。虽然美中两国在经济上会成为竞争者，但不能互相视为敌人，因为这将削弱双方在许多问题上的合作能力；希望美中关系能朝着加强合作的方向转化。② 与此相呼应，李侃如（Kenneth Lieberthal）在给奥巴马的建言书中坦称，亚太再平衡战略提出两年多来，美国被更多地拖入安全领域，在经济领域却着力不多。他建议美中元首应更频繁地接触，深入展开政治与军事对话。美国可以接纳中国参加亚太军演，邀请中国参加 TPP 谈判，哈佛大学教授奈伊在《纽约时报》撰文表示，遏制是冷战时代设计的政策，并非现在美国正在或应当尝试的政策。他也建议中美"要合作，不要遏制"。美国凯托研究所外交政策研究主任贾斯廷·洛根（Justin Logan）发表专文指出，当前美国的亚洲政策存在两大缺陷：一是经济接触与军事遏制相互矛盾；二是中国崛起与中美竞争混为一谈。他认为，美国政府如果继续执行以往的政策，将带来重大问题，建议美国重新思考其亚洲政策的矛盾性，以避免亚太地区乃至世

---

① 《王维正交大开讲："亚太再平衡"与两岸关系》，中评网，2014 年 3 月 13 日，http://mcn. zhgpl. com/doc/1030/7/0/6/103070643. html? coluid = 7&kindid = 0&docid = 103070643，访问日期：2014 年 3 月 18 日。

② 《克里反思亚太战略别自找中国反弹》，中评网，2013 年 1 月 26 日，http://www. crntt. com/doc/1024/1/7/7/102417746. html，访问日期：2013 年 2 月 13 日。

界陷入更大的麻烦之中。① 2014 年 2 月在美国国会"美中经济与安全审查委员会"的听证会上，美国海军陆战队太平洋舰队前司令华莱士·格里格森（Wallace Gregson）指出，苏联崩溃后，美国在许多方面仍在寻找"新坏蛋"，但中国绝对不是美国的新敌人。他认为美国需要中国作为国际体系的成功贡献者，美国的盟友和朋友也需要美国扮演不同于两极世界时代的角色。美国的挑战在于，"要发展令人信服的亚洲战略来支持我们和盟国、朋友的利益，又没有一个明确宣布的敌人"。格里格森批评，奥巴马和希拉里·克林顿高调宣布重返亚洲，是在"并无革命却要继续革命"的氛围中，在经济和财政不确定的情况下，讨论美国的亚太战略。美国的亚太战略必须与盟国、朋友和中国进行密切磋商，任何关于中国的考虑必须与美国的整体政策和战略相整合，并与应急计划相连接。② 曾任奥巴马政府常务副国务卿的詹姆斯·斯坦伯格（James Steinberg）撰文指出，美国再平衡战略的要义是从多方面加强美国在东亚的长期角色。首先是在安全层面，加强与日本、韩国和澳大利亚的安全同盟，分散海外军事基地，维持美国在财政削减情况下在西太平洋的战略存在。其次是在政治层面，与新加坡、越南、印度尼西亚、马来西亚和印度等国家维持并发展传统的双边关系，也包括与启动政治改革的缅甸发展双边关系；通过参与东亚峰会（East Asia Summit，EAS）、东盟地区论坛（ASEAN Regional Forum）和国防部长会议（ASEAN Defense Ministers' Meeting – Plus，ADMM – Plus），强化多边关系。第三是在经济领域，批准韩美自由贸易协议（Korea – U. S. Free Trade Agreement，KORUS），加速扩大 TPP 的规模，重新激活亚太经合组织（Asia – Pacific Economic Co-operation）的功能。③ 美国助理国务卿坎贝尔（Kurt Campbell）在即将卸任前的一次公开演说中宣称，美国的亚太再平衡战略并非针对中国，美国应该对中国更友好，显示美国以和、战两手分进合击，柔中带硬维持其在亚太地区优势地位，应对中国崛起挑战的一贯策略。④

美国知名中国问题专家、约翰斯·霍普金斯大学高级国际关系研究学院

① 《美国调整亚太战略两岸须稳健致远》，中评网，2013 年 2 月 13 日，http://www.crntt.com/doc/1024/2/4/0/102424001.html。

② 《葛来仪：担心中国视美国政策为遏制》，中评网，2013 年 2 月 16 日，http://www.crntt.com/doc/1024/3/9/0/102439004.html。

③ James Steinberg, "2012 – A Watershed Year for East Asia?" *Asia Policy*, No. 14（June 2012），pp. 22 – 24; Hillary Clinton, "America's Pacific Century", *Foreign Policy*.

④ 《社评：美新国安团队台需审慎应对》，（台）《旺报》2013 年 1 月 17 日。

(School of Advanced International Studies，SAIS) 中国研究项目主任蓝普顿 (David Lampton) 于 2013 年 2 月初在美国国会的"美中经济与安全审查委员会"听证会上，提出"合作平衡"（Cooperative Balance）的概念。"合作平衡"是指：主要大国（major powers）不追求绝对主导权；通过合作使危机最小化并加以管控；建设融合的经济和安全框架与支撑准则；增强区域与双边的经济相互依赖；建立有效的双边和多边对话机制。蓝普顿认为，尽管日中东海之争并未结束，但美国敦促中国谨慎从事的"威慑"与要求日本克制相结合，提供了将这个冲突从最炙热的前沿阵地挪开的前景；如果中国打算约束朝鲜，也将被看作追求"合作平衡"的建设性努力。他认为，美中两国领导团队的变化，为双方提供了调整战略并自觉迈向"合作平衡"的机会，奥巴马政府已经认为习近平是一个可以有效打交道的人。蓝普顿批评奥巴马政府在第一任期高调发起"转向"亚洲，掩盖了美国从未离开亚洲的事实。再平衡战略虽然使中国采取克制行为，在某些议题上比较合作，但其负面效应是中美之间的战略互不信任随之产生，而地区国家也担心美国在防范中国的道路上走得太远，逼他们在美中之间、在经济与安全之间"选边站"。蓝普顿认为，其实争端国家并没有把美国的利益放在心上。蓝普顿指出，美国的盟友们热心地追求他们各自的利益和关切，却会将美国拖入不符合美国利益的对抗中，小布什时代与时任台湾当局领导人陈水扁打交道的经验和最近美国在东海的经验已经提示了这一点。他劝告有关国家不要想从美国的战略中谋取私利，却让美国付出血的代价："没有人应当获得用美国人的鲜血填写的空白支票。"蓝普顿指出：希拉里·克林顿国务卿站在马尼拉湾美军军舰甲板上表示，美军将与菲律宾军方"并肩作战"；奥巴马在 2012 年总统大选辩论会上称中国为"对手"；美军在遥远的澳大利亚达尔文部署少量轮驻兵力，却对北京发出了有敌意的信号；美国介入南海和东海的礁石之争，鼓励越南和菲律宾突显其立场……这些均属不智之举。蓝普顿质疑，当美国处处都感受到财政紧张时，它配置在亚太地区的军事资源就真的能置身事外、不受影响吗？快速更替的日本政府和薄弱的日本经济真能为美国分摊负担吗？他认为，美国自身可能无力提供再平衡战略所需要的资源，美国的盟友也可能无法完全兑现提供相应资源的承诺。美国将战略资源从中亚和中东转向亚太，主要是假设中国以西的那些地方都能配合华盛顿的计划。蓝普顿指出，美国政府已经意识到亚太再平衡战略的军事声调太高，经济声调太低，未来将进行调整。但美国推动 TPP 的力度还不如中国推动双边自由贸易安排的力度，美国推动 TPP 应当与地区内的主要经济大国中国、韩国、日本做出合理的安排，而不是凭借所谓的"高质量"标准，将中国排除在外，反而将越南纳入，这是极不合理的。①

总之，不论是美国官方还是智库学界，均对奥巴马当局推出的亚太再平衡战略偏重军事介入，从而导致中美对抗升级、亚太局势趋于紧张提出修正意见。他们主张平衡美国在全球的外交战略，重新审视亚太局势，从过分注重军事威慑的作用转向以政治、军事、经济、外交、文化等多管齐下、点面结合的平衡策略，全面增强美国在亚太地区的影响力，稳固主导权。②

关于再平衡战略的重点是在军事安全领域还是政治或经济领域，美方内部的不同部门和人士显然有不同的侧重点。美国太平洋舰队前司令托马斯·法戈（Thomas Fargo）认为，从军事角度看，再平衡战略包括两个相互联系的部分：地理和能力的再平衡。地理再平衡要求调整美国的区域战略、军事态势和军力结构，回应新出现的挑战与机遇。能力再平衡则要求加强对军事装备、武器系统和技术的投资。③奥巴马政府第二任期新组建的国安团队在2013 年初成型后，与日、澳国防部长和外交部长保持热线联系，讨论如何强化三国的军事同盟质量。④美、日两国展开了为期五天的大规模联合海空军事演习。日本首相安倍于 2013 年 2 月访美，与奥巴马总统协商增列美日防卫合作指针的内容，扩大合作项目，甚至希望美国同意日本自卫队派遣到海外，以满足美日军事同盟的作战需求。小布什总统时期的国家安全委员会亚太事务资深主任葛林（Michael Green）观察到，美日军事同盟的合作，包括战略对话、联合军事演习、建立导弹防御体系，已经达到最高点。随着中国大陆与美国在亚太地区综合国力对比的消长变化，亚太地区公共领域包括公海、空中航线、太空及网络电磁频谱空间等，都已出现两强竞合格局。面

---

① 《蓝普顿：别想用美国之血填空白支票》，中评网，2013 年 2 月 9 日，http://www.crntt.com/doc/1024/3/4/8/102434886.html。

② 《美国调整亚太战略两岸须稳健致远》，中评网，2013 年 2 月 13 日，http://www.crntt.com/doc/1024/2/4/0/102424001.html。

③ Thomas Fargo, "The Military Side of Strategic Rebalancing," Asia Policy, No. 14（June 2012），pp. 26 – 27.

④ 奥巴马新国安团队的人员组成，包括总统奥巴马、副总统拜登、国安顾问多尼隆、国务卿克里、国防部长哈格尔、国家情报总监克拉博、中情局长布伦南等人。其中，克里、哈格尔及克拉博都有越战经验，对军事行动效应的敏感度超过多数文人政客。团队成员从政经验、政治理念与风格和奥巴马第一任期成员有很大不同，尽管作为 21 世纪的政客，他们应对中国崛起主要采取务实主义及和战两手的思维。

对中国崛起，美国该如何实施灵活有效的军事部署，以符合奥巴马政府的"新军事战略指南"，在减少军费支出的同时维持美国在亚太地区的强大军事能力，就成为新国安团队的最重要课题。美方认为，亚太地区在21世纪将会成为世界政治、经济与军事安全的重心。美中在亚太地区政治目标的冲突，可能就是未来两国进行战略竞逐的关键激励因素。因此，新国安团队依然主张美国需要结合日本、韩国、澳大利亚、印度以及部分东盟国家，积极开展新的军事合作计划，从海、空、太空以及网络电磁频谱等领域着手应对中国大陆的挑战；同时建立"全球即时打击能力"作战系统，使美军能够在一小时内精准打击世界上任何一个关键的政治军事目标，以达到威慑效果。虽然美国有意促进中国大陆成为繁荣的商品市场，也鼓励中国在国际上成为积极、负责任的力量，但近年来中国大陆在经济、军事、外交等方面趋于强势，又让美国有所顾忌。美国一方面争取中国的合作，并将其纳入国际体系的规范，成为"负责任"的大国；另一方面又积极在亚太地区进行军事战略规划与准备，以确保当美中关系恶化时，仍然可以保持优势地位。为此，新国安团队强调运用建设性接触措施，包括强化美中两国的国防战略对话机制、共同发展区域性安全合作架构、警告若美中两国爆发军事冲突将造成全球大灾难、鼓励中国大陆周边国家与中国发展双边或多边性质的军事互信机制等。换言之，美国新国安团队将由第一任期的"先软后硬"转采"软中带硬"的策略。①

　　然而，军事意义上的亚太再平衡战略需要财力的支持。未来美国军事预算的显著削减难免影响到军事能力的再平衡。2011年预算控制法案（The 2011 Budget Control Act）决定对国防部未来十年的预算削减4500亿美元，国会超级委员会（supercommittee）未能达成赤字协议（deficit agreement），意味着随后十年的国防预算可能再削减5000亿美元，这势必影响到美军的作战能力，导致前国防部长帕内塔（Leon Panetta）所描述的情况："1940年以来最小的地面作战部队，1915年以来最少的舰艇数目，以及美军有史以来最小的空军力量。"② 2014年3月初美国国防部公布"四年防务评估报

---

①　《社评：美新国安团队台需审慎应对》，（台）《旺报》2013年1月17日。

②　"Statement by Senators McCain and Graham on Secretary Panetta's Letter Detailing 'Devastating' Impact of Sequester," U. S. Senator Lindsey Graham, Press Release, November 14, 2011, http://lgraham. senate. gov/public/index. cfm? FuseAction = PressRoom. PressReleases&ContentRecord _ id = a797b7c4 − 802a − 23ad − 4fc0 − 1ebd19b1f5e7&Region _ id = &Issue _ id = , accessed on December 20, 2011.

告"（QDR），并提出 2015 财政年度的国防预算。在奥巴马政府于 2013 年底撤出驻阿富汗美军，从而结束长达 13 年的战争的前提下，编列基础国防预算 4960 亿美元，"海外紧急行动"（OCO）项下的战争拨款 790 亿美元，两项合计 5750 亿美元。虽然比战前 2001 年的 3160 亿美元高出很多，但比美国军费开支峰值 2010 财年的 6910 亿美元减少了将近 17% 。与此同时，负责采购的助理国防部长麦克法兰（Katrina McFarland）在出席一场会议演讲时表示，由于美国国防经费缩减，五角大楼的亚太再平衡计划无法实现；在预算压力下，国防部门目前正在考量这一策略的可行性。她表示："现在转向策略正在被重新审视，因为坦率地说，它实现不了"；五角大楼正在试图创造轮驻模式，以确保美国能够履行对区域盟友的承诺。这一说法引起了美国外交界和国防界的重大反响，麦克法兰随后透过五角大楼发言人进行澄清：她的用意是说明亚太地区要求我们"适应、创新并做出预算和采购的艰难决定，来保证我们的军队仍能做好准备并具备相应的能力"，亚太再平衡战略将继续推进。麦克法兰前后矛盾的说法，可以视为五角大楼高官的有意放风和警告。他们认为，过分削减国防预算，将不利于美国安全战略的实施与使命的完成。事实上，在 2012 年强行减支（sequestration）风波中，人们对美国提出的雄心勃勃的亚太再平衡战略能否实施早已心存怀疑。尽管国会最终达成的开支法案，暂时避免了国防开支的强行削减，但 2013 财政年度又被强行减支 850 亿美元。面对美国军费开支的缩减，人们怀疑美国能否支付得起亚太再平衡当在情理之中。[①] 美方学者注意到，奥巴马于 2014 年 5 月在西点军校的有关美国外交政策的演讲缺乏对亚太地区的战略视野，没有提及亚太再平衡战略。[②] 在乌克兰事件发生后，一些美国专家撰写了美国如何应对欧洲地区挑战的富有思想性的文章，但却缺少应对美国在亚洲所面临新形势的同样富有思想性的文章。在东欧再次意外地成为一个新的问题地区时，美国经济是否可以承担得起同时解决亚太和欧洲问题的成本，难免引起世人的关注。乌克兰危机、利比亚乱局和"伊斯兰国"问题，均将成为制约美国亚太再平衡战略的重要变量。

---

① 《美官员称美"亚太再平衡"无法实现华府急灭火》，中国新闻网，2014 年 3 月 5 日，http://www. chinanews. com/gj/2014/03 – 05/5910500. shtml。

② Thomas Wright,"Four Disappointments in Obama's West Point Speech," May 28, 2014, Brookings, http：//www. brookings. edu/blogs/up – front/posts/2014/05/28 – four – disappointments – obama – west – point – speech – wright? rssid = LatestFromBrookings, accessed on May 29, 2014.

如果说，军事意义上的再平衡战略的假想敌人是中国大陆的话，政治和经济意义上的再平衡战略却要求美国首先要处理好与中国的关系。美国国务院负责东亚事务的助理国务卿拉塞尔（Daniel Russell）于2013年3月4日在国会作证时特意声明："我要非常清楚地表明，我们在东北亚和整个区域的盟友关系并非针对中国。"他强调，任何国家都不要怀疑美国履行安全承诺和坚持自由航行原则的决心，也不要怀疑美国致力于建立建设性对华关系的愿望：美国欢迎稳定繁荣的中国崛起，为加强区域稳定繁荣和国际规则及准则发挥更大作用。拉塞尔表示，美国寻求对华展开真实的（tangible）、务实的（practical）、有形的（visible）的合作，以应对从朝鲜到气候变化的区域和全球挑战。同样地，美国也希望中国与邻国保持良好关系，鼓励美国所有的盟友与中国建立积极、建设性的关系。虽然拉塞尔在谈话中依然对中国在钓鱼岛附近的东海进行"冒险的、引起紧张的"行动表达关切，尤其是对中国"没有协调地"宣布东海防空识别区表示担忧，并说这个关切"因为中国在南海的行为而放大"，但他也表示美国将继续与中国和有关国家就此问题进行讨论，而没有像先前那样，对中国在东海和南海的行为和领土主张进行严厉指责与质疑。① 有美国学者认为，美国提出再平衡战略，部分原因是抵销美国大国权力正在下降的认知，但中国大陆将之视为遏制中国崛起的举措，提醒美方要避免草率地采取对华挑衅性或遏制战略。看来中美双方未来的主流趋向是采取避险战略处理双边关系。②

二、印太战略的由来

特朗普的印太战略的主要背景有两个方面。第一是美国国内政治的驱动。2016年美国总统选举，代表共和党参选的特朗普的得票数少于民主党候选人希拉里·克林顿280万左右，但因为在大部分选情比较胶着的决战州胜出，获得了较多的选举人团票而入主白宫。这次选举结果受到了美国国内民粹主义和族群撕裂的驱动，具有某种政党重组的味道。

根据中国社会科学院荣誉学部委员、美国研究所研究员陶文钊的研究，

---

① 《拉塞尔声明：美在亚太盟友关系不针对中国》，中评网，2014年3月6日，http://www.crntt.com/doc/1030/5/5/2/103055215.html? coluid = 0&kindid = 0&docid = 103055215&mdate = 0306002139。

② Stephen M. Young, *NCAFP Conference on U. S. – China and Cross – Strait Relations*, New York, NY: National committee on Americam Foreign policy, June 2014.

导致特朗普胜出的深层原因是美国中产阶级的两极分化和美国经济的长期不景气，而这又跟小布什和奥巴马先后发动的攻打伊拉克和利比亚的战争有密切关系。在这次选举中，精英一般支持希拉里·克林顿，草根支持特朗普，界限分明。特朗普炮轰华尔街，后者支持希拉里·克林顿；劳联和产联本是民主党的社会基础，却反而成了特朗普的支持者。特朗普反对奥巴马推行医保改革、加强金融监管和新的能源政策，代表的是一种愤怒的白人中心主义，认为美国政府对有色人种的过度照顾、放任移民和外国商品进入美国以及制造业出走，是美国经济发展减缓的重要原因。鉴于族群和党派的严重分裂，有学者认为美利坚合众国已经俨然成为"美利坚分裂国"。特朗普嗅到了强烈希望改变现状的民粹主义的躁动，而且进一步煽动、迎合，蛊惑人心。其胜选感言宣称这次选举是一场运动。如果特朗普所代表的是右翼民粹主义的话，民主党的伯尼·桑德斯（Bernie Sanders）则属于左翼民粹主义（主张大学减免学费），导致在这次选举中，民主党也提出了历史上最激进的，即使希拉里·克林顿上台也不会施行的政纲。人们普遍认为，既然华盛顿圈内的人搞不好，为什么不给圈外人一个机会？特朗普正好属于华盛顿圈子以外的人，也是美国有史以来第一个商人出身的总统，没有从政经验，也不遵从美国政治传统和规则。虽然他不断挑战"政治正确"的底线，但并不影响其在决战州胜出。支撑特朗普最终获胜的是民粹主义和对社会现实的强烈不满。美国原有大量中产阶级，但近年发生了分化，有的向上成为富有阶级，有的向下沉沦。中产阶级所占比例，最早是 70%，1971 年降为61%，2016 年只有 50%，为 40 年来的首次。贫困人口一直在增加。2015年低收入人群加上高收入人群达到 1.213 亿，超过中等收入人群（1.208亿）。在克林顿时代美国经济景气，IT 产业独领风骚，经济成长有助于稳定中间收入的阶层。随后，9·11 恐怖主义袭击把美国人的爱国热情动员起来了，共和党和民主党达成高度共识，美国单边主义盛行。如果说布什攻打阿富汗尚且情有可原的话，出击伊拉克则是政治误导情报的典型案例，可以说是美国推行北约东扩后的第二个大错误。两场战争旷日持久，美国伤亡6000 人，直接损失 3 万亿美元，间接损失 5.6 万亿美元。美国搞不定恐怖分子，还传出虐囚丑闻，损害了美国的软国力与国际名声。奥巴马攻打利比亚又耗费了人力和物力，是一场损人不利己的战争。打掉卡扎菲，美国得到什么？利比亚未能成为迪拜，反而成了第二个索马里。全球化将贫富差距拉大，中产阶级下沉。占领华尔街的人就是中产阶级的跌落者和全球化的失败者，也是在 2016 年选举中投票给特朗普的人。①

根据美国华盛顿的一位资深中国事务专家的观察，特朗普的民粹主义主要体现在"五反"，分别是反腐、反精英、反全球化、反民权、反移民。而特朗普的当选与这一思潮有很大关系。这些"五反"人士成分复杂，但具备三个特征，即白人、男性、蓝领。在 2016 年选举中，这个群体投给特朗普的票最多。② 在这种背景下，特朗普的竞选活动和施政以"让美国重新强大起来"（Make America Great Again，MAGA）为口号，以内政优先为诉求，力图通过减少美国对其战略盟友的承诺和对国际组织或国际社会的义务（例如退出巴黎气候变迁框架协议、反导协议等），以双边外交取代多边协商，谋取美国的最大利益；以商业谈判的个人外交行为谋取利益，软硬兼施，表面上好话说尽（例如对朝鲜领袖金正恩的夸奖），转眼翻脸不认人，出尔反尔，寸利必得，像是一个自私自利的"赌徒"。这种做法实际上是以牺牲美国的软实力和长远影响力为代价，换取眼前的实际利益。这可以视为美国在国力相对下降的情况下谋取现实利益最大化的变通之举，毕竟在多边框架下发挥美国的主导作用需要更强大的权力后盾；同时反映了以现实主义为主要取向的共和党政治人物对自由制度主义和多边协商的排斥心理（例如小布什总统）。

印太战略的第二个主要背景是对中美国际竞争力变化的回应。自从中共十八大以来，中国由"站起来""富起来"步入"强起来"的发展新时期。随着中国经济体量的增大、在东海和南海维护国家主权举措力度的加强、"带路倡议"的迅速推进和中国方案的积极推出，进一步加深了美国战略界以及精英群体对中国崛起的疑虑，中美关系进入了一个全新的时期。不少政策分析者认为，自尼克松以来的美国对华接触政策并未取得改造中国的预期效果，呼吁调整对华政策。③ 支持者与反对者纷纷加入，使美国对华政策的

① 此段观点和资料源于陶文钊，"2016 年美国总统大选观察"，上海交通大学国际与公共事务学院学术报告会，2016 年 11 月 10 日。参见陶文钊：《特朗普现象剖析》，载《国际关系研究》，2016 年第 6 期。

② 笔者访谈记录，2018 年 8 月 15 日，美国华盛顿。

③ Robert D. Blackwill and Ashley J. Tellis, "Revising U. S. Grand Strategy Toward China," *Council Special Report*, No. 72, Washington, D. C. : Council on Foreign Relations, March 2015.

辩论成为过去几年来美国学术界与政策界热议与争论的话题。[①] 按照美国著名"中国通"兰普顿的说法,中美关系在 2015 年就到达了一个转折点(tipping point)。在这之前,美国期望在接触中改变中国,采取接触(engagement)加防范(hedging)的战略,但在这之后,美国两党的大部分政治精英达成了共识,转而对中国采取更多的遏制和对抗措施。[②] 2017 年 12 月,特朗普发布了自其上任以来的首份美国《国家安全战略》报告,该报告将中国视为"战略竞争者"(strategic competitor),并质疑自尼克松以来八届美国政府的对华接触政策。[③] 这份报告折射出美国对其长期以来试图"改造"中国这一幻想面临破灭的担忧。如上所述,早在后冷战初期,美国学术界和政界在对华政策上就出现了两种不同的战略思维或政策主张。一是对华遏制,二是对华接触。与此相关的是"中国崩溃论"和"中国威胁论"的政策大辩论。到克林顿总统第二任期,战略接触主张占据上风。小布什上台后,中美关系一度紧张,但在 9·11 事件之后,中美两国在"反恐"、朝核等问题上很快获得新的合作空间。在这一时期,美国学界围绕中国是否可以成为现存国际关系的利益攸关方问题进行了一场新的辩论,接触加防范成为美国对华政策的主要思路,但强调中国威胁、主张对华进行战略遏制的声音仍不绝于耳。

鉴于美国的不同政策举措,既不能阻挡中国的和平发展,也无法改变中国的国际行为,近年美国学界产生了新的焦虑感,将中国视为战略竞争者的观点,俨然成为美国政策圈的主流意见。特朗普总统的高级贸易顾问彼得·纳瓦罗(Peter Navarro)早在 2011 年就出版了《中国对美国的致命威胁》(Death by China)一书,从"中国产品缺乏安全标准""国家资本主义""重商主义和经济保护主义大行其道""军力迅速上升和海外殖民拓展以及

① Jeffrey Bader, *Changing China Policy: Are We in Search of Enemies?* Washington, D. C.: Brookings Institution, June 2015; Aaron L. Friedberg, "The Debate Over US China Strategy," *Survival*, Vol. 57, No. 3, June – July 2015, pp. 89 – 110.

② David M. Lampton, "A Tipping Point in US – China Relations is Upon Us," Speech given at the Conference *China's Reform: Opportunities and Challenges*, hosted by The Carter Center and the Shanghai Academy of Social Sciences, Shanghai, May 6 – 7, 2015, http://www.uscnpm.com/model _ item.html? action = view&table = article&id = 15789, accessed on February 22, 2020.

③ *National Security Strategy of the United States of America*, Washington, D. C.: The White House, December 2017.

间谍活动盛行等方面”，宣扬中国对美国构成的“致命威胁”。① 2015 年纳瓦罗又出版了《卧虎：中国军事手段对世界的影响》（*Crouching Tiger：What China's Militarism Means for the World*）一书，断言崛起大国（如中国）和守成大国（如美国）之间难免发生战争，有历史规律可循。中国对百年耻辱的记忆强化了维护国家安全的紧迫性；经济快速增长又要求迅速建立足以保证贸易线路和全球投资安全的军事力量。为此，中国将“扩张”其在亚洲的“领土索求”，维持地区“霸权”，从而导致中美之间的军事冲突。美国每年军费开支固然是中国的三倍以上，但必须对全球投放军力；中国的军力投放主要在亚洲，军事人员费用和武器的制作成本低于美国，有意也有能力将美国军事力量逐出亚洲。②《卧虎》一书延续了 10 年前美国现实主义学派代表性人物约翰·米尔斯海默（John J. Mearsheimer）从军事战略的角度论断中国不可能和平崛起的基调，得到米尔斯海默、章家墩（Gordon Chang）等人的赞同。③ 米尔斯海默认为亚洲面临的麻烦是中国对美国统治西半球的方式如法炮制。章家墩在为此书撰写的前言中，指责中国凭借其经济和军事实力“争夺领土”，“违背贸易规则”，“窃取知识产权”，“扩散核武器技术”，“支持‘流氓’政权”，“对自由社会发动网络攻击”，“攻击代议制民主和个人自由”，“试图建立超越威斯特伐利亚体系（Westphalian System）的国际新秩序”。为此美中两国的利益冲突不可调和，注定发生激烈冲突。

与纳瓦罗同具影响力的另一位战略遏制派人物是自称曾是“熊猫拥抱者”的白邦瑞（Michael Pillsbury）。与《卧虎》同时出版的《百年马拉松——中国取代美国称霸全球的秘密战略》（*The Hundred – Year Marathon：China's Secret Strategy to Replace America as the Global Superpower*）一书中，质疑从尼克松总统以来美国政府对中国所采取的建设性接触（constructive engagement）政策所隐含的五个错误假设：1. 对华接触可以带来全面合作；2. 中国正在走向民主之路；3. 中国是一朵脆弱的花（Fragile Flower）；4. 中国想成为另一个美国；5. 中国内部的鹰派是弱势者。与纳瓦罗一样，白邦瑞认

---

① Peter Navarro and Greg Autry, *Death by China：Confronting the Dragon – A Global Call to Action*. Upper Saddle River, NJ：Pearson Prentice Hall, 2011.

② Peter Navarro, *Crouching Tiger：What China's Militarism Means for the Word*, New York, NY：Prometheus Books, 2015.

③ John Mearsheimer, "Why China's Rice Will Not Be Peaceful," September 17, 2004, http：// mearsheimer. uchicago. edu/pdfs/A0034b. pdf, accessed on September 20, 2014.

为经历百年国耻的中国，具有重新回到世界舞台中心的强烈愿望。中国"利用美国的帮助"和韬光养晦的谋略，对美国进行了一场"战略欺骗"，包括"有意夸大国内所面临的挑战""淡化鹰派对政策的实际影响力"等。事实上中国学界已经不再避讳"中国引导世界秩序"（Chinese-led world order）提法，将中国在世界上获得合适地位视为民族复兴的题中之意。白邦瑞的结论是中国早已经开始了百年马拉松的赛跑，美国先前没有意识到，现在应该做好与中国长期战略竞争的准备。[1] 白邦瑞现为美国哈德逊研究所的中国战略中心主任，2018 年美国副总统彭斯（Mike Pence）就是在该所发表了措辞严厉的对华政策演说。因此，他的观点还是有一定的代表性的。

针对上述观点，曾担任美国国家安全委员会亚太事务资深主任的贝德（Jeffery Bader）批评说，放弃接触政策很可能加剧美中两国的敌对性，促使中国政府和人民对美国采取更为敌视的政策，那些不愿追随美国的国家则可能从中获利。继续与中国保持密切接触，可以让美国更为有效地应对中国在经济、数字、科技和安全领域对美国的挑战。[2] 贝德曾担任美国布鲁金斯学会桑顿中国中心主任。该中心在 2018 年 3 月举办了一场主题为"美国对华接触政策的终结？"（The End of U. S. Engagement with China？）的会议，基调是主张对华接触。会议的主旨发言人众议员里克·拉森（Richard Larsen）开章明义，主张美国继续对华接触，通过发展与中国的双边关系，增强美国的优势地位。针对中国的"带路倡议"，美国应致力于提升其经济与贸易政策，加强与其亚太伙伴的贸易关系，重回 TPP。美国应该从长远的战略角度，在"反恐"、气候变化、朝鲜半岛问题上与中方合作。[3] 与此呼应，福特基金会主任高倩倩（Elizabeth Knup）直言美国对华接触政策并没有失败，因为中国已经发生了翻天覆地的变化。中国的新抱负导致中美之间在文化规范和世界观上的竞争。如何有效管理这种竞争关系，是美国需要长远思考的重要战略议题。美国应该以全面和战略性的视角去思考与中国进行接触的方式。中国在过去 30 年主要靠引进国外理念、资金、管理技能和技术来促进

---

[1] Michael Pillsbury, *The Hundred - Year Marathon*: *China's Secret Strategy to Replace America as the Global Superpower*, New York, NY: Henry Holt and Company, 2015.

[2] Jeffrey Bader, "U. S. - China Relations: Is It Time to End the Engagement?" *Policy Brief*, Washington, D. C. : Brookings Institution, September 2018, https://www.brookings.edu/research/u-s-china-relations-is-it-time-to-end-the-engagement/, accessed on October 5, 2018.

[3] *Brookings Policy Debate*: *The End of U. S. Engagement with China*, Washington, D. C. : Brookings Institution, March 7, 2018.

国内发展，而接下来 30 年则将是"走出去"，并将自身的成功发展经验推广出去。中国无心也无力成为一个支配性的全球行为者，但美国应将中国视为站在世界舞台上的一个同龄人。美中双方可以重新思考设定一套新的全球治理标准，思考什么是最好的全球发展模式，保护各国权益，维护公平和可持续发展的环境。① 顶替美国关系全国委员会会长斯蒂芬·欧伦斯（Steve Orlins）参会的乔治敦大学助理教授梅惠琳（Oriana Skylar Mastro）提出，美国对华接触政策的目的是将中国纳入由美国主导的国际秩序。美国在可预见的未来不会与中国发生重大的冲突。她援引坎贝尔和拉特纳（Ely Ratner）发表在《外交》杂志上的文章《中国清算》（*The China Reckoning*：*How Beijing Defied American Expectations*）一文，指出中国并没有直接挑战美国主导的国际秩序，而是在美国力所未逮的缝隙中，通过制度性（institutional）的方式集聚力量，构建新的秩序，称不上是修正主义国家（revisionist）。梅惠琳认为，美国最终通过和平的方式凌驾于英国之上，但绝大多数美国人仍然不能接受中国运用经济和政治权力去实现其崛起的目标。美国不能运用对待苏联一样的遏制政策去对待中国。国际秩序和规范约束了美国，也减少了中国崛起的威胁性和美中军事冲突的可能性。美国无意对中国采取威慑（deterrence）政策，只是想阻止中国通过经济或军事上的"胁迫"（coercion），在"牺牲美国利益"的前提下获取优势地位。②

　　美国国内中产阶级的下沉、族群和党派冲突的内耗、民粹主义的躁动、对美国过度卷入国际争端的反思、对中国崛起的焦虑和发展模式的不满以及中美软硬实力的此消彼长，加上特朗普不按政治常理出牌、喜欢讨价还价、锱铢必较的商人性格，共同形塑了特朗普时期的印太战略。外交是内政的延续。当美国的国内矛盾与其全球利益发生冲突时，靠迎合民粹主义上台的特朗普在处理国际事务时不得不更多考虑美国的现实收益而非长远利益。就亚太地区来说，特朗普出于党派斗争、为反对而反对的政治考虑，不愿意承接奥巴马的亚太再平衡战略，宣布退出拟议中的 TPP，但又不得不提出改头换面的印太战略。如前文所指出的，加强同亚太地区周边相关国家特别是印度的外交关系，本来就是美国实施亚太再平衡的重要外围支点。在 2015 年 8

---

① *Brookings Policy Debate*：*The End of U. S. Engagement with China*，Washington，D. C.：Brookings Institution，March 7，2018.

② *Brookings Policy Debate*：*The End of U. S. Engagement with China*，Washington，D. C.：Brookings Institution，March 7，2018.

月 5 日台北举办的东海和平论坛上，新美国安全中心（Center for a New American Security）的资深研究员罗伯特·卡普兰（Robert D. Kaplan）就坦言，中国大陆将南海视为其势力范围，与美国对加勒比海的控制如出一辙。对此，美日均难以介入，台湾也无法扮演阻止大陆海军南下的"软木塞"（cork）角色，唯有谋求向东扩张的印度才能阻止中国大陆的南下势头。中国的南向战略和印度的东向战略势将成为印太地区的主要矛盾，喜马拉雅山已经不再是隔开中印战略冲突的天然屏障。卡普兰的这一说法为美国试图把印度对安全的关注点引入到以中国南海为核心的亚太地区提供了一个很好的注脚。早在奥巴马当政期间，美、印两国就于 2016 年 8 月签署了《后勤保障协议》，允许双方军队在对方陆海空军基地进行后勤补给、维修和休整。2016 年 9 月，两国军队以"反恐"的名义在印度北阿肯德邦的切巴乌塔地区举行了联合军演，该地点距中印边界仅约 100 公里，多少含有针对中国的用意。2016 年底，美国确认印度获得"重大防务合作伙伴"地位，有资格采购高度敏感的美国防务系统装备。与此同时，美国持续向印度提供先进武器。为吸引印度，美国还承诺向印度出售电磁弹射器，安装到未来的印度国产航母上。特朗普上台后，时任国防部部长詹姆斯·马蒂斯（James Mattis）于 2017 年 9 月访问印度，以推进落实两国间的军售，印度表示计划采购 22 架美国"海上卫士"型无人机，总价值 20 亿美元。继 2018 年 9 月美、印两国在印度举行首次外交与国防部长对话后，2019 年底又在美国举行了第二次"2 + 2"对话，讨论加强两国科技和国防合作等问题。美、印双方重申加强战略伙伴关系，并同意通过在联合军演中增加兵力。在这次对话中，两国还签署了"工业安全附件"的国防技术转让协议，使两国私营企业之间能够顺利转让机密技术与信息，从而为印度生产美国武器扫除了障碍，标志着美印安全合作进入一个新的历史发展阶段。此外，"中国威胁"成为此次美、印对话的焦点，美方甚至建议印度在 5G 设备的选择上谨慎考虑，不要选择华为。据统计，过去 10 年内美国向印度提供了 150 余亿美元的武器装备，集中于反潜、海上监视、高原作战方面。目前，美国已经成为仅次于俄罗斯的第二大对印武器出口国。美国通过向印度提供更先进的武器并且举行更多的联合军事演习，以展示美、印两国共同对付地区威胁的新姿态。莫迪（Narendra Damodardas Modi）赢得大选成功连任后，更积极推行国防工业改革，通过招标选择外国厂商，并要求全部转让技术或部分转让技术，国有企业与私营企业公平竞争，以实现国防工业领域的印度制造。为降低和抵消中国在印太地区不断增长的影响力，美方积极打造美日印澳四国安全机制，极力拉拢印度承担更多责任，但两国之间也存在着难以调和的结构性矛盾，包括双边贸易摩擦和在阿富汗问题上的矛盾以及印度对俄罗斯 S－400 防空系统的购买，均使美印关系无法深入推进。[1] 此外，印度就其本身实力亦无法实现美国对印度在印度洋—太平洋地区所期许的战略目标。

美国的上述战略举措诱发人们思考这么一个问题：美国的对华政策在多大程度上是由其地区战略所形塑的？换个角度说，美国的印太战略又是在多大程度上是由其对华政策的战略思维所决定的？可以肯定的是，美国在客观上已经越来越需要借助外力来平衡中国的崛起。印度以其人口和疆域规模、市场潜力以及与中国的领土争端，很自然地成为美国的首选对象之一。如同奥巴马的亚太再平衡战略，特朗普的印太战略也包括军事再平衡和经济再平衡的双重含义。不同的是，奥巴马更多地受到自由制度主义的影响，希望通过 TPP 的多边框架，约束、形塑中国的经济行为，特朗普则热衷于通过强势的双边谈判，处理美国与其盟友的贸易冲突，联手限制中国的发展势头。例如，在 2019 年 11 月 5 日于泰国曼谷举办的第 14 届东亚峰会（East Asia Summit，EAS）本为印太地区各国领袖的重要对话机制。虽然特朗普上台后高谈"印太战略"，但对出席该会议的态度远较奥巴马消极，继前两年缺席后，再度指派代表参加。2018 年美方尚由副总统彭斯代表，2019 年仅由国家安全顾问欧布莱恩（Robert O'Brien）及商务部长罗斯（Wilbur Ross）代表，是 2011 年以来美国参会层级最低的阵容。[2] 由此可见美国的印太战略与地区多边框架之间存在隔阂，说明美国并不太重视在多边场合与各国协商贸易等地区事宜。此外，在奥巴马的亚太再平衡战略中，基本没有台湾的地位，但在特朗普的印太战略中却可以看到台湾的影子。例如，2019 年 3 月下旬，台外事部门负责人吴钊燮在办公场所接待"美国在台协会"台北办事处处长郦英杰，商谈印太民主治理协商机制问题，并于 9 月在台北举办首届会议。事实上，特朗普上台后美国明显加深了对台海事务的介入。奥巴马执政初期美国学界出现的"弃台论"到 2014 年后戛然而止，美国在政治和军事方面不断强化涉台关系，改变其"非官方"交流的既定原则。关于美

---

① 胡志勇：《美印 2＋2 机制化强化双边安全合作》，中评网，2020 年 1 月 3 日，http：// www.crntt.com/doc/1056/5/1/4/105651496.html？coluid＝1&kindid＝0&docid＝105651496&mdate＝0103000057，访问日期：2020 年 1 月 5 日。

② 何思慎：《走出历史困境的中日关系》，载《台北论坛》，2019 年 12 月 12 日。

国涉台关系的最新发展，本书第三章和第四章将进行进一步讨论。

第四节　特朗普总统的对华政策

一、上台之初的对华政策

影响特朗普对华政策的重要思潮是以反全球化、反建制派、反精英主义、反自由制度主义为特征的民粹主义。正如《美中关系：危险的过去，务实的现在》的作者罗伯特·沙特（Robert Sutter）所观察的，[①] 美国对华政策出现了 50 年来最大的负面变化，美国内部的民粹主义热潮要求美国利益优先。特朗普行政当局和国会对中国多年来"不公平地利用美国的开放经济"，加强中国的力量以对抗美国的领导地位深表愤怒和焦虑。人们普遍认为中国是竞争对手，美中之间的权力平衡态势已朝有利于北京的方向发展。美国军方、情报部门和国内安全部门正在实施以中国为重点的战略，将其视为挑战美国主导地位的"修正主义"竞争对手。美国媒体和舆论已经开始认识到美国政府对华政策的整体转向严峻，寻求与北京和解、"和中国人会谈"的美国人，难免被淹没在越来越多的关于"中国如何操纵和削弱美国"的声浪之中。[②] 其中，纳瓦罗观点尤具官方色彩。虽然他的写作风格不像严谨的学术著作，但涉及对诸多政策分析家的访谈，通俗易懂，观点鲜明而且具有较强的煽动性，不可低估其对舆论界和政策圈的影响力。[③] 对于学界更有影响力的应该是米尔斯海默和格雷厄姆·艾利森（Graham Allison）。艾利森有关"修昔底德陷阱"的论断与美国进攻性现实主义理论家米尔斯海默的"大国政治的悲剧"之说，颇有几分相似之处。他的《注定一战：中美能否避免修昔底德陷阱？》提醒人们不要将中美战争的"不可能性"视为理所当然，建议采取及时有效的措施以防止战争的出现，并揭示了历史上冲突

① Robert Sutter, *U. S. - Chinese Relations: Perilous Past, Pragmatic Present*, Washington, D. C.: Publisher: Rowman & Littlefield Publishers, Inc. , July 16, 2010.

② Mitchell Blatt, "America and China: Destined for Conflict or Cooperation? We Asked 14 of the World's Most Renowned Experts," The National Interest, July 31, https://nationalinterest.org/feature/america-and-china-destined-conflict-or-cooperation-we-asked-14-worlds-most-renowned-experts? page = 0% 2C6, accessed on August 1, 2018.

③ Peter Navarro, *Crouching Tiger: What China's Militarism Means for the Word*, New York, NY: Prometheus Books, 2015.

双方维持和平的方法与途径，说明中美两国需要历经艰辛才能避免灾难。[①]
《注定一战》映射出西方学者对世界无政府状态下"国强必霸"的零和博弈
的传统思维，将"修昔底德陷阱"视为大国关系尤其是崛起国与守成国之
间关系演进的最可能的结果。用这种推理逻辑来分析中美关系，难免带有历
史必然主义与机械绝对论的意味。

特朗普上台之初，中美关系的跌宕起伏符合历史的一般规律。中美建交
以来，两国关系往往因为美国行政当局的政党更迭呈现低开高走的趋势
（唯有奥巴马总统例外，先有中美经济战略对话，后有亚太再平衡的强势推
出），美国涉台关系则是高开低走。不过，从特朗普就职前对美国"一个中
国政策"的质疑到其就职三周后对这一政策的认可以及两国领导人 2017 年
4 月的海湖庄园会晤，美方政策回摆的速度似乎不太寻常。当时，特朗普时
期首任国安顾问、"知俄派"迈克尔·弗林（Michael Flynn）的去职和国务
卿雷克斯·蒂勒森（Rex Tillerson）有关中美关系"不对抗、不冲突，相互
尊重，合作共赢"的表态，有助于缓解中方对美国"联俄制中"战略谋划
的疑虑，也意味着借助反全球化和"反建制派"口号赢得选战的特朗普，
在美国政界（特别是情报部门）和媒体主流派人士的反击下，做出了一定
的政治妥协，暂时收敛具有不确定性的奇特思维，以寻求共和党人士的支
持。在这次会晤中，两国领导人就中美双边重要领域的务实合作和共同关心
的国际及地区问题广泛深入交换意见，同意共同努力，扩大互利合作领域，
在相互尊重的基础上管控分歧。蒂勒森事前有关中美领导人在峰会上达成的
共识"将指引我们（中美）之间下一个 50 年的关系"的说法，与习近平主
席有关中美关系今后 45 年如何发展，"需要两国领导人做出政治决断，拿
出历史担当"的表态互相吻合。[②] 在结束两国领导人会晤之后，特朗普总统
表示他与习近平主席"建立了非凡的友谊"。[③] 中外学者也对这次峰会给予
很高的评价，因为建立"明智的、相互尊重的以及彼此信任的个人关系"

---

① Allison, Graham. *Destined for War: Can America and China Escape Thucydides' Trap*, Boston, MA and New York, NY: Houghton Mifflin Harcourt, 2017.

② Rex W. Tillerson, "Remarks With Chinese Foreign Minister Wang Yi at a Press Availability," March 18, 2017, https://www.state.gov/secretary/remarks/2017/03/268518.htm, accessed on April 6, 2017.

③ Rex W. Tillerson, "Remarks With Chinese Foreign Minister Wang Yi at a Press Availability," March 18, 2017, https://www.state.gov/secretary/remarks/2017/03/268518.htm, accessed on April 6, 2017.

同样是评价峰会成败的关键。①

这次高峰会披露了特朗普的个人外交特点，即偏好商务式的交易，行事风格具有高度的不确定性。例如，他在 4 月 7 日欢迎晚宴上令人惊讶地表示，"到目前为止，我什么都没得到"，"但我们已经发展了友谊"，"从长远看我们将有非常非常好的关系，我非常期待它"。在晚宴过程中，特朗普突然告知习近平他刚决定对使用化学武器的叙利亚进行空袭的做法，更让人一睹特朗普难测的行事风格与强人特征。在 4 月 8 日早上特朗普发出推特说："巨大的善意和友谊已经形成，但只有时间才能说明贸易进展"，并转推了其外孙女和外孙在习近平夫妇面前演唱中文歌曲《茉莉花》和背诵《三字经》的视频。在 4 月 8 日会晤结束后特朗普表示，美国对华关系已取得"巨大进展"，他与习近平结下的关系是"出众的"，"许多潜在的坏问题会消失"。美国外交关系学会高级研究员帕特里克（Stewart Patrick）曾撰文批评特朗普的外交政策是民族主义，以及可交易的（transactional），改变了美国往届政府作为"自由世界的守卫者"的角色。② 但在"习特会"期间，特朗普宣布空袭决定时对人权的出乎意料的强调，又让有些学者猜想新总统是否要重新开始领导自由的国际秩序，逐步转向国际主义的（international-ist）外交政策。③ 以后来之见看来，这只是特朗普不确定外交风格的再次体现。特朗普在前后两天言辞上的变化，或许是有意给外界一种中方在美方强硬做法下有所退让的印象。但美方提出要发展"基于结果、定位于结果"的两国关系也没有实现，峰会仍按中方大处着眼的思路推进。双方虽然没有明确提及"新型大国关系"这个概念及其含义，但对其实质内涵有所表述。在实质性层面，双方宣布建立四个对话机制，首先启动了外交安全和全面经济对话机制。

朝鲜问题是此次峰会的头号安全议题。美方的声明说，双方都提到朝鲜武器项目威胁的紧迫性，重申了他们对于朝鲜半岛无核化的承诺，实施联合

---

① Cheng Li, "The Trump – Xi summit: Why personal relationships matter?" April 3, 2017, https://www.brookings.edu/blog/order-from-chaos/2017/04/03/the-trump-xi-summit-why-personal-relationships-matter/, accessed on April 6, 2017.

② Stewart M. Patrick, "Trump and World Order: The Return of Self – Help," *Foreign Affairs*, Vol. 96, No. 2, March/April 2017, pp. 52 – 57.

③ Thomas Wright, "What the Syria strikes tell us about Trump's foreign policy?" April 7, 2017, https://www.brookings.edu/blog/order-from-chaos/2017/04/07/what-the-syria-strikes-tell-us-about-trumps-foreign-policy/, accessed on April 8, 2017.

国安理会决议，同意加强合作，劝说朝鲜去除核导项目。中方强调坚持维护半岛无核化与和平稳定，通过对话协商解决问题，提出了解决朝核问题的"双轨并行"思路和"双暂停"建议，希望找到复谈的突破口，同时重申反对美方在韩部署"萨德"反导系统。双方确认致力于实现半岛无核化目标，同意就半岛问题保持密切沟通与协调。蒂勒森透露，双方表达了朝鲜半岛无核化和同意加强合作的承诺。虽然没有就此达成一揽子协议，但习近平同意美方的观点，即形势已经达到非常严峻的阶段。贸易问题是此次峰会的头号经济问题。根据美方的声明，特朗普强烈关切中国政府对经济的"干预"问题，包括中国产业、农业、技术和网络政策对于美国就业和出口的影响，要求中方采取具体步骤，为美国工人提供公平竞争环境，并强调互惠市场准入的必要性。美国商务部长罗斯透露，在经贸问题上与中方有一个"100天行动计划"，这是一个"加速度"的计划，沿途有"成绩评估站"。① 至于海洋、人权和台湾问题，双方没有意见交集。美方的声明称双方就区域和海洋安全问题进行了坦率讨论，特朗普强调中方在东海和南海应遵守国际规则和准则以及先前做出的非军事化声明，也提及保护人权等价值问题。中方重申了在台湾、涉藏问题上的原则立场，希望美方在中美三个联合公报和一个中国原则基础上妥善处理相关问题，防止中美关系受到干扰。环保问题则没有成为双方关注的重点。

二、竞争对手的战略定位

然而，中美关系的结构性矛盾在这次会谈中并没有得到根本化解。2017年12月18日，特朗普行政当局发表上任以来的首份《国家安全战略》报告。② 其全球战略被概括为"美国优先"，一如既往致力于维护美国在全球的唯一超级大国地位。以往的报告在提到中国时会根据不同的议题而对中国有不同的定位。例如，奥巴马当局于2015年发布的报告在提到气候、"反恐"、防扩散、伊核、朝核等议题时，把中国称为伙伴甚至朋友，在经济议题上把中国称为竞争者，在南海等具体的地缘政治议题上把中国称为挑战

① 余东晖：《习特会和谐落幕 特朗普称进展巨大》，中评网，2017年4月8日，http：//www.crntt.com/doc/1046/3/7/3/104637311_7.html? coluid=93&kindid=7950&docid=104637311&mdate=0408071553，访问日期：2020年3月26日。
② 以下这一段落的文字源于王伟男、周文星：《特朗普时代的中美关系与台湾问题》，载《中国军事科学》2018年第4期，第40—47页。

者，在更宏观的地缘政治议题上称中国为竞争对手。① 但 2017 年发布的报告无论在哪个议题上，都不再把中国视为朋友或伙伴，而更多地把中国视为竞争者或挑战者，在某些议题上甚至还隐晦地视中国为"敌手"。这些标签完全契合该报告对中国的整体定位："修正主义者"（revisionist）和战略竞争者（strategic competitor）。② 后续公布的《国防战略报告》更直言"中国推动的政策与美国的国家利益和价值观相抵触"；③《核态势评估报告》则宣称，"美国不仅要在常规武器上与中国竞争，在核武器的现代化上也要与中国竞争"。④ 以上认知并不仅仅是特朗普国安团队的认知，更是整个美国战略界的认知。奥巴马总统上任后，美国在阿富汗和中东的"反恐"战争已经告一段落，美国本土安全得到了有效加强。与此同时，中国在东亚海域的维权行动、在气候问题上坚持发展中国家的基本立场、在其他重大国际问题上越来越自信的表现，都使得美国战略界开始对中国初具规模且仍在增长的实力地位产生警觉。更重要的是，报告认为支持中国崛起和融入战后国际秩序有助于中国开放的假设"在很大程度上被证明是错误的。……中国通过宣传及其他手段推进反西方的观点，并在美国与盟国和合作伙伴之间制造分歧。……中国还试图在印太地区取代美国，扩大其国家主导的经济模式的势力范围，并以对它有利的方式改写地区秩序；正在建立仅次于美国的实力最强大、资金最充裕的军事力量，其核武库不断增长，而且呈现多样化趋势。中国的军事现代化和经济增长在一定程度上是由于它利用了美国的经济创新，包括美国的一流大学……"⑤ 与此类似，《华尔街日报》刊文声称，"数十年来，西方政客们愚弄自己说，中国最终会像他们一样"，而现在，

① *National Security Strategy of the United States of America*, Washington, D. C.: The White House, February 2015, http://www. bits. de/NRANEU/others/strategy/NSS – 2015. pdf, accessed on March 6, 2018.

② National Security Strategy of the United States of America, Washington, D. C.: The White House, December 2017, p. 25 and p. 45, https://www. whitehouse. gov/wp-content/uploads/2017/12/NSS – Final – 12 – 18 – 2017 – 0905 – 2. pdf, accessed on March 6, 2018.

③ Summary of the National Defense Strategy of the United States of America, Department of Defense, Washington D. C., Jan. 2018, https://www. defense. gov/Portals/1/Documents/pubs/2018 – National – Defense – Strategy – Summary. pdf, accessed on May 6, 2018.

④ 2018 *Nuclear Posture Review*, Department of Defense, Washington D. C., February 2018. Seehttps://media. defense. gov/2018/Feb/02/2001872886/ – 1/ – 1/1/2018 – NUCLEAR – POSTURE – RE-VIEW – FINAL – REPORT. PDF, accessed on May 6, 2018.

⑤ *National Security Strategy of the United States of America*, Washington, D. C.: The White House, December 2017, pp. 2 – 3, p. 25.

"西方政客们终于开始以中国的本来面目而非他们希望的样子来看待中国。这种新的清晰感正在西方蔓延"。① 更有评论者指出，美国国内有关中国的共识已从"鼓励与中国进行接触"转向"对中国进行报复与抵制"。② 为此，特朗普国安团队在其《国家安全战略》报告中对中国的定位，实际上也是对中美关系的定调，这意味着两国关系即将迎来一个更多摩擦与频繁动荡的特朗普时期，两国关系中的积极因素持续减少，消极因素持续增多，对亚太区域和全球局势的负面影响也将增加。而台湾问题作为美国牵制中国的传统战略工具，也将发挥更大作用。

不过，大部分美国智库专家认为，美国并未形成一条清晰的对华遏制战略，在中美贸易战问题上更是如此。③ 2018 年上半年，特朗普自认为打赢了第一回合的战役，美国财政部长姆努钦（Steven Munchin）也于 2018 年 5 月 18 日表示中美贸易冲突可以暂时搁置。但极端保护主义者随即在福克斯新闻（Fox News）指责特朗普当局出卖美国利益。特朗普一看到新闻就改变了态度，转向对华更为强硬的立场。由此可见特朗普行事全凭个人感觉，后者又在很大程度上受到媒体的左右。从美国内部情况看，尽管特朗普本人想与中国建立更好的双边关系，但美国的官僚政治限制了他的政策作为。由于传统媒体与新媒体对中国的敌视程度不断加深，美国的年轻学者变得越来越鹰派（hawkish）和强硬，国会议员也都缺乏远见。特朗普在贸易问题上摆出一副与中国一决高下的架势，维持议题热度，谋求更多选民的支持，但其对华政策还是以放弃接触（disengagement）为限，尚未上升为遏制战略，他所采取的捉摸不定的（unpredictable）策略是为了获取美国的最佳利益。贸易逆差相对容易解决，但这只是中美两国经济关系的指标之一，特朗普将其作为主要指标是出于讨好选民的需要，不等于特朗普的对华政策完全是由国内政治所驱动的。美国智库专家认为，更深层的问题是中国不仅利用与美国的合作以及加入世贸组织的机会，使自己变得更为强大，而且还"不遵守相关协定，挑战美国的领导地位"。智慧财产权、市场准入、政府补贴等问题

① The West Faces Up to Reality: China Won't Become 'More Like Us', https://www.wsj.com/articles/the-west-gets-real-about-china-1513074600, assessed on December 15, 2017.
② 《美对华政策趋强硬，"华盛顿共识"不复存在》，美中时报网，http://www.sinoustimes.com/contents/22/22996.html，访问日期：2017 年 11 月 25 日。
③ 本段与下一段内容来自笔者对美国布鲁金斯学会、卡内基和平基金会、战略与国际研究中心、传统基金会和兰德公司部分学者专家的访谈记录，2018 年 8 月 15—17 日，美国华盛顿。

悬而未决，中国的社会主义经济发展模式与美国差异更大。中方有关中国方案、中国制造 2025 以及全球共治的相关阐述使一些美方人士加深了对中国的战略疑虑，认为中国在挑战美国的领导地位。他们认为，当初中方表示进入世贸后中国的改革前景是进一步开放，与世界接轨，但现在的做法是"通过政府手段强化国有企业的竞争力"。随着中国越来越强大，在国际事务上更加自信，更加具有"颠覆性"，中国能否平稳地转型为一个主导性的国家很关键。美国并非真正想要遏制中国，只是自苏联瓦解后，美国就不再受到其他大国的挑战，中国的实力增长不断逼近美国的国力，美方在心理层次上很难接受这一事实。因此，中美之间的安全困境将不断深化两国之间的竞争。华府（华盛顿）战略界以及政府资深人士的分歧只是到底该采取何种具体战略或者策略来应对中国，加征关税只是手段之一。即使中美在贸易问题上达成协议，在高科技、网络安全、知识产权法问题上两国之间仍会矛盾重重，会不断产生新问题。受影响最大的是文化交流，美国对赴美留学生以及科学交流将进行更加严密的审查和监视，为中美关系的积极发展蒙上了一层阴影。美国需要找到一种与中国公平竞争的方式和环境。美国并不指望中国变成"与美国类似的自由民主国家"，如果中国因为经济和政治转型变得更有科技创造力和竞争力，美国也不用担心。

中美关系的结构性矛盾因为特朗普的个人性格和工作特点，大大增加了摆动的幅度。根据华盛顿智库专家的观察，美国外交决策本应由国安会（NSC）负责，且遵循自下而上的决策特征。参与外交决策自下而上的顺序是部门所属机构之间的协调（inter-agency group）、部门间协调，最后在国安会做出重要决定。这种决策体系强调了政策的专业性，避免出台错误政策。但到特朗普时期已经面目全非。行政部门在没有咨询其他相关机构的情况下就可出台政策。商务部经常不顾常识，自行做出决定；国防部不用咨询国务院的意见，海军也可以自行其是（包括在军舰停泊高雄这一敏感议题上）。在这个混乱的决策体系中，最为糟糕的角色就是特朗普。他在没有提前咨询任何个人或者机构的情况下可以随便表态（例如宣称"美国的所有中国留学生都是间谍"等），不受制度约束，而且还很享受自己在这个体系中的角色。本来美国像在小布什和奥巴马时期一样，在伊朗、气候等特定议题上可以跟中国合作，但特朗普不但撕毁了伊朗协定与气候协定，还退出了TPP，完全是从单边的、充满意识形态的以及对中国意图的悲观评估基础上制定对华政策。在朝核问题上，特朗普展现了典型的"赌徒"性格，做了历任美国总统想做但不能做的事情。在与朝鲜打交道时，特朗普停止与韩国的军事演习，也没有预先通知韩国方面他要跟金正恩见面的事情。他的奇特做法或有助于推动半岛问题朝积极的方向发展，但美韩会谈后朝鲜没有采取确实的措施，美国不算赢家。对于美中贸易冲突问题，美国本应该跟欧盟采取一致行动（后者对美、俄、中都不满，但更担心中国的"带路倡议"对其构成威胁），对所有国家同时进行贸易战是愚蠢而短视的做法。也有专家认为，特朗普作为商人出身的总统，更擅长的是用国际金融收支的概念和手段对付中国，为此对中国未能严格控制与朝鲜的资金流动表示不满。商人对资金链和定期还款计划敏感，90 天是其习惯上的时间底线。中美 2017 年 4 月曾有削减贸易赤字的百日计划，但后来没有解决问题。特朗普就将中国视为不好打交道的顾客了。

综合上述美国官方报告与智库专家的意见，尚难断言中美关系将进入全面对抗或全面脱钩。从历史上看，中美关系始于战略合作关系，到后冷战时期之初，经贸关系成为维系两国关系的主要纽带，克林顿当局将给予中国贸易最惠国问题与人权改善问题脱钩，在两国战略安全合作的空窗期，经济纽带发挥了稳定两国关系的压舱石作用。美国的战略接触派希望通过中美经济合作，改变中国的社会制度和国际行为，扩大中美在地区和全球的战略合作空间，甚至将台湾视为推动中国大陆"和平演变"的触媒。例如曾任美国亚太事务助理国务卿帮办的柯庆生就认为中国和平统一后的台湾"可以成为推动大陆自由化的强大动力"（详见第一章）。与此同时，战略遏制派则是从另一个逻辑方向进行通盘思考："中国作为崛起大国，与作为守成大国的美国存在着固有的战略冲突；中美之争不但涉及军备竞赛，更是一场综合国力之争；美国要保持对中国的军事优势和威慑能力，就必须维持在科技和制造业的领先优势；中国实行"威权统治"，依赖重商主义和不公平的贸易手段，获取能源技术，扩大市场份额，增强军事力量，挑战现存国际秩序，中美关系存在结构性的矛盾；台湾在遏制中国和平崛起的过程中，具有重要的政治和军事意义。"[1]

从更广的视角看，美国外交政策的制定深受国际关系研究领域现实主义和自由主义两大学派的影响。这两大学派所涉及的一些基本概念和理论，例

---

① Peter Navarro, *Crouching Tiger*: *What China's Militarism Means for the Word*, New York, NY: Prometheus Books, 2015.

如利益、价值、制度、硬实力、软实力、威慑、权力平衡、安全困境、经济互相依赖、世界无政府状态、全球治理、国际法与国际组织等对美国的政策制定者和分析家有不同影响，自然也会影响他们对中美关系和美国对华政策的思考。不同理论往往强调不同变量的重要性，力图用尽可能少的变量解释、预测尽可能多的事件，强调变量的简约性（parsimony）和推理的严谨性（rigor）。现实主义的研究路径假定世界处于无政府状态，不同国家的利益彼此冲突，国家作为理性的行动者，为了生存就必须发展军事能力，实现对己方有利的权力平衡，谋求霸权，因为不同国家无法判定彼此的真实意图是进攻还是防御，难免陷入安全困境。① 自由主义的研究路径假定价值和制度变量可以影响不同国家的国际行为，外交是内政的延续，自由民主国家之间不容易发生战争。国际法和国际规范可以有效约束国家之间的利益冲突。这两条研究路径有助于我们理解美国对华政策的近期变化，把握中美关系的演变趋势。作为一个超级大国，美国对华政策是从属于其亚太和全球战略的。美国希望继续维持在全球包括亚太地区的霸权，不愿意接受中国成为亚太强权国家的历史趋势，更无法接受中国挑战以美国为主导的西方自由国际秩序。从美国国内政治的视角观察，美国对华政策是政党政治、白宫—国会政治、利益团体政治、媒体政治和民意政治相互激荡的产物。政策幕僚和专家学者的意见也会在不同程度上影响美国对华政策的形塑、决定、执行和评估。美国总统在对外关系中占据着轴心位置，总统人选的更替难免影响美国对华政策的微妙变化。现实主义在强调国家利益，自由主义强调价值和制度规范，这就为强调认知、符号、互动重要性的建构主义留下了理论阐发的空间。人是复杂的，国家行为体更是如此。就中美关系而言，两国的国家利益固然有互相冲突的一面，但也有共享合作的一面。中美两国在面临来自第三方（苏联、恐怖主义、核扩散、气候变迁、病毒流行等全球治理问题）的挑战时，自然会增加合作的空间。2019 年 1 月中美贸易谈判初见成效对美国股市的拉抬以及 2020 年 1 月双方正式达成阶段性的贸易协议，说明两国经济的互赖性要求双方在利益冲突时必须做出一定的妥协。断言中美关系将进入全面对抗，美国将对中国采取全面的战略遏制，或者说美国已经完全放弃通过战略接触来改变中国社会制度、意识形态和国家行为的企图，可能都

---

① John J. Mearsheimer, *The Tragedy of Great Powers Politics*, New York: W. W. Norton & Company, 2001.

有失偏颇。

第五节　小　结

从奥巴马上任以来美方发表的诸多战略文献以及奥巴马本人的多次演讲来看，美国决策层已把经济复苏乏力、财政持续恶化界定为美国国家利益面临的首要威胁。如其所言，"美国的国内状况决定其在国外的力量与影响力……我们的中心工作是保持经济活力，这是美国的力量之源"。[①] 美国国防部于2012年1月发布的"新军事战略指南"，其主要内容是对美国军事战略重心转移到亚太地区做出阐释。但在奥巴马总统不足两页的序言中，三度强调美国的财政困境及其对美国军事战略的负面影响，[②] 显示出财政状况、经济实力与战略调整之间的内在联系，也符合前文概括的美国制定其全球战略的基本逻辑。道理不难理解：实力决定能力，实力的相对衰落意味着能力的相对下降；在能力相对下降的情况下，战略决策者更须量入为出、取舍有度。奥巴马上任后致力于削减财政赤字，国防预算首当其冲，这就从根本上决定了美国的全球战略总体态势必然是收缩而不是扩张，通过战略调整来提高其应对主要威胁的针对性和维护国家利益的效率。而美国实施以重心东移为主要内容的亚太再平衡战略，正是奥巴马政府在财力吃紧、可用战略资源萎缩、整体战略部署须有所取舍的情况下做出的理性选择。借助亚太地区多年来的持续繁荣态势，为重振美国经济、维护美国所谓的全球"领导地位"服务，是美国实施亚太再平衡战略的首要动因，也是包括奥巴马在内的多数美国政要一再重申的基本观点。

除了借助亚太繁荣态势为美国重振经济服务外，美国实施亚太再平衡战略的另外一大任务是加强对中国的战略防范与牵制。中美战略互信不足的一个基本含义，就是美国对实力增强后的中国不放心，担心中国威胁美国在区域和全球层面上的"领导地位"。单从维护美国全球"领导地位"这个角度来说，美国已把中国视为主要威胁。独享全球唯一超级大国地位已有20余

---

① *National Security Strategy of the United States of America*, Washington, D. C. : The White House, May 2010, p. 2.

② Department of Defense, "Sustaining U. S. Global Leadership: Priorities for 21st Century Defense," January 5, 2012, http://www.cfr.org/defense-strategy/sustaining – US – global-leadership-priorities – 21st-century-defense/p26976.

年的美国，要么没有意识到，要么虽已意识到却又不愿面对这样一个基本事实：中国作为一个历史、文化、政治、经济、军事等多重意义上的复合型大国，绝不可能完全按照美国的利益或意愿行事。一个实力持续增强的中国，必然也是一个越来越让美国无法放心的中国。然而，在全球化的背景下中美两个大国的现实利益交汇错综复杂，美国如果在对华政策中注入过多的对抗因素，必然会伤及自身。更重要的是，国内经济困境导致美国可用战略资源实际上在萎缩，美国没有足够的战略资源发动一场同中国的全面对抗。因此，美国自从确定要实施亚太再平衡战略以来，其主要举措还是对既有军事力量的优化部署与重新配置以及对中国周边国家的拉拢与借重，指望它们能够为美国的战略重心东移分担成本，尤其是通过在中国与这些邻国之间制造或激化矛盾，使得美国能够借助第三方之力牵制中国的持续发展。同样囿于资源有限的考虑，美国既不愿让这些矛盾失去控制，也不愿过深地卷入这些矛盾。2011 年下半年以来，美国在台湾地区"大选"中力挺国民党而非民进党，在中日钓鱼岛争端和中菲黄岩岛争端中明显拉偏架又拒绝向日、菲两国开出空头支票，甚至在私下里对它们加以约束，已经清楚地证明这一点。

自从特朗普入主白宫以来，决策圈内部国家主义者与国际主义者之间的权力斗争、共和党强硬派与温和派之间的政策辩论，加上特朗普的个性风格，导致美国对外政策充满了高度不确定性。就亚太地区来说，特朗普不愿意承接奥巴马的亚太再平衡战略，宣布退出 TPP，提出印太战略。其主要背景是美国国内政治的驱动和对中美国际竞争力变化的回应。鉴于美国在国际场域绝对优势的流失，美国在对外投放软硬实力时更加秉持"美国优先"的原则，而后者又是由让美国获取立竿见影的现实利益来界定的。特朗普行政当局的外交政策较少运用多边机制与国际规则，更多依赖双边交易与单边决定，因此其政策具有强烈的国内政治导向和经济民族主义特点。特朗普对民粹主义与单边主义的尊奉，使学者与决策者将他与美国历史上首任民粹主义总统安德鲁·杰克逊（Andrew Jackson）联想到了一起。[1] 类似杰克逊型总统，特朗普的优先目标是重振美国国内经济，而非维持全球领导权。他与传统外交规范进行切割的意图，难免改变亚洲民众对美国使用武力的信誉认知。他的外交政策带有明显的讨价还价、短期交易色彩，使人难以判断其政

---

① Walter Russell Mead, "The Jacksonian Revolt: American Populism and the Liberal Order," *Foreign Affairs*, Vol. 96, No. 2, 2017, pp. 2 – 7.

策的真实走向。但透过偶然性和不确定性的表象，人们还是可以根据内外形势的变化，推论美国对华政策和中美关系的变化规律和大致走向。第一，随着中国综合国力的上升，中美两国在经贸、科技、能源、金融、军事等领域的竞争势将进一步加剧，美国将综合使用遏制、威慑、防范（避险）、接触等多种手段，延缓中国的崛起速度，形塑中国的国际行为。第二，不管是在经济还是战略领域，中美两国仍有合作的空间，因为中国综合国力和军事实力的上升，中美两国不可能走向全面对抗，而将维持竞争为主、合作为辅的格局。第三，中国的"走出去"战略不可避免地将在一定程度上改变现存国际秩序，也意味着中国要承担更多的国际责任。中美两国在利益分配和全球治理上需要进行不断地战略磨合和心理调适。中国在体量增大的过程中，进一步改革开放，有助于化解"中国威胁论"，维护中美关系的正常发展，可视为稳定中美关系、维护亚太区域安全的新的压舱石。

美国涉台政策从属于美国的全球战略和区域战略，尤其是要直接服务于美国的对华政策与战略，即对中国大陆既合作接触、又竞争防范的两面性：在中美关系合作为主的奥巴马时期，美国支持国民党执政以维护台海大局稳定，乐见民进党在调整其既定政策的前提下重返执政，维护美国亚太同盟体系的稳定，防止台当局在东海、南海问题上与大陆合作，防止两岸在政治与安全领域的互动取得积极进展，实现政治统合。在中美关系竞争为主的特朗普时期，美国支持民进党继续执政，不看好更不支持台湾地区再次发生政党轮替，不遗余力地提升美台之间"准官方""准同盟"的关系，对台湾参与国际组织予以更大的支持，加大打"台湾牌"的力度，以服务于对华防范的战略需要。本书以下章节将对美国的涉台政策做出更详细的阐释与分析。

第三章　美国在两岸统"独"问题上的政策立场

　　美国在 1979 年选择与中华人民共和国政府建交，理当支持中国的和平统一，反对台湾"独立"。但基于美台关系的历史渊源、美方的战略利益与意识形态考虑，美国政府在两岸统"独"问题上的政策立场在长时间内却是有意模糊不清的，甚至有"创造性模糊"（creative ambiguity）的说法。美国官方很少对两岸统一问题公开表态，也不明确表示反对"台独"的政策立场。2008—2016 年期间两岸关系的和平发展，迫使美国政策圈的学者开始思考海峡两岸政治对话的可能性及其最终解决方案问题。对于台湾的未来，美国政府以和平解决为原则，对统"独"选项持开放立场。正如美国军方人士克里斯多夫·托米（Christopher Twomey）所坦承的，美国在台海的首要目标是维护自身作为台湾"可靠朋友"的形象，其次是避免战争，特别是大规模的战争；虽然在美国有人认为应该将避免战争列为优先目标，也有人认为一个在军事上与大陆分庭抗礼（militarily separate）的台湾可以制约大陆的军力扩展，符合美国的国家利益，但大部分美国人的观点是由两岸自身决定台湾的前途；美国的利益在于两岸互动的性质，而不是互动的结果。① 换言之，美国官方对两岸统"独"选项既不支持，也不反对，所持的理由是不能替海峡两岸选择台湾的前途，而必须以人民同意、和平解决为最高原则。只要决定台湾前途的进程是和平的，并且解决方案符合两岸人民的共同意愿，美方就能接受。美方所说的和平解决，包括和平统一与和平分离两个完全不同的政策选项。从表面上看，"和平解决"带有自由主义的意味。但从现实主义的视角观察，美国不支持统一，是不愿意牺牲自己作为台湾的"可靠朋友"的形象，从而影响其作为亚太强权国家的地位；而不支

---

　　① Christopher Twomey, "Limits of Coercion: Compellence, Deterrence, and Cross - Strait Political - Military Affairs," in Roger Cliff, Phillip Saunders, Scott Harold, *New Opportunities and Challenges for Taiwan's Security*, Washington, D. C.: Rand Corporation, 2011, p. 52.

持"独立",则是不愿意与中国大陆发生战争。上述这两个战略目标,决定了美方将维持现状视为最佳选择,寻求在"不统、不独"之间的灰色地带,扩大台湾的"国际空间",提升美国涉台关系,并根据中美关系的战略竞合度,微调其在两岸统"独"问题上的模糊政策,以维护美方在亚太地区的最大战略利益。

第一节 美国对中国和平统一的真实立场

2008 年后两岸关系的和平发展和中美战略合作的阶段性推进,使不少美国学者或政策专家开始思考两岸统一的现实可能性问题。如本书第一章所述,所谓"弃台派"和"冷战派"就是美国内部对中国和平统一的不同反应。"弃台派"可以接受两岸统一,"冷战派"则不愿意放弃"台湾牌",也不愿意与"台独"划清界限。介于"弃台派"和"冷战派"二者之间的是"主流派"政策专家,他们不支持台湾"独立",希望两岸维持现状;如果两岸走向统一,必须附带美方所能接受的前提条件。换言之,他们主张美国必须维持最终解决台湾问题的话语权。

一、"弃台论"的历史由来

"弃台论"的历史根源可以追溯到 1950 年年初。早在二战结束不久,美国杜鲁门政府就对国民政府的腐败无能表示不满,不愿意提供更多的金钱援助。蒋介石则将来自美国的要求民主改革的压力视为逼其下野的手段。国民党当局败退台湾之初,杜鲁门总统和艾奇逊国务卿对蒋介石极为蔑视,一度考虑放弃国民党当局。① 中华人民共和国成立后,中国人民解放军计划在 1950—1951 年期间武力解放台湾。与此同时,杜鲁门政府于 1949 年 12 月 30 日,签署了美国国家安全委员会的一份文件,排除了武力"协防"台湾的选项。随后,杜鲁门和艾奇逊均公开宣称,美国将不再介入中国的内战,意味着在他们看来,台湾是可以放弃的。② 1950 年 1 月 5 日,艾奇逊国务卿

---

① 不过,也有美国学者认为,杜鲁门政府从来没有考虑过放弃台湾,"听任台湾落入大陆的共产主义政权手中"。参见 Dean P. Chen, *U. S. Taiwan Strait Policy*: *The Origins of Strategic Ambiguity*, Boulder, Colorado: First Forum Press, 2012, pp. 4 – 5.

② Nancy Bernkopf Tucker, *Strait Talk*, Cambridge, Mass. : Harvard University Press, 2009, p. 3 and p. 13.

告诉美国国会议员，台湾本质上属于中国领土（essentially a Chinese territory）。① 只是因为朝鲜战争爆发，美国才改变了上述决定，将台湾视为对抗苏联和中国大陆的"不沉的航空母舰"，对台湾提供安全保障，防止大陆武力统一台湾，也阻止蒋介石当局"反攻大陆"。此后，美国既然已将台湾视为战略"同盟"者，也就不存在"弃台"的问题。

进入 70 年代后，中美合作对抗苏联的战略利益超过了美国在台湾的经济、政治和军事利益。美国一些官方人士出于"联华制苏"的战略需要，开始再次考虑放弃台湾。1971 年 7 月美国国家安全顾问亨利·基辛格（Henry Kissinger）秘密访问北京时，对周恩来总理表示美国并不主张以"两个中国"或"一中一台"作为台湾政治前途的解决方案，默认两岸关系的政治演变朝着台湾回归祖国的方向发展。② 当年在谈到中美的共同利益时，基辛格还表示，台湾问题可望在近期得到解决（within the near future），一旦美国决定从台湾撤军，停止对台湾的政治支持，台湾除了接受某种形式的统一外，将别无选择。③ 1971 年 10 月，当周恩来询问美国在台湾地位上的立场时，基辛格明确指出，美国的政策是"鼓励"在一个中国框架内和平解决台湾问题。④ 近期解密档案也揭示，尼克松总统在 1972 年访华期间

---

① See "Memorandum of Conversation, by the Secretary of State, January 5, 1950," in U. S. Department of State, *Foreign Relations of the United States*, 1950, Vol. 6 (Washington, D. C.: Government Printing Office, 1976), p. 259.

② 基辛格的原文是："As for the political future of Taiwan, we are not advocating a 'two Chinas' solution or a 'one China, one Taiwan' solution. As a student of history, one's prediction would have to be that the political evolution is likely to be in the direction which Prime Minister Chou En – Lai indicated to me." "Me-morandum of Conversation," July 9, 1971 (4:35 pm – 11:20 pm), in William Burr, ed., *The Beijing – Washington Back – Channel and Henry Kissinger's Secret Trip to China: September 1970 – July 1971* (National Security Archive Electronic Briefing Book, No. 66), online at http://www. gwu. edu/ ~ nsarchiv/NSAEBB/NSAEBB66, p. 5.

③ "Memorandum of Conversation," July 10, 1971 (12:10 pm – 6:00 pm), in ibid, p. 28; also, Alan D. Romberg, *Rein In at the Brink of the Precipice: American Policy toward Taiwan and U. S. – PRC Relations*, Washington, D. C.: Henry L. Stimson Center, 2003, p. 33.

④ Memorandum of Conversation, October 21, 1971 (10:30 am – 1:45 pm), in William Burr, ed., *Negotiating U. S. – Chinese Rapprochement: New American and Chinese Documentation Leading Up to Nixon's 1972 Trip*, National Security Archive Electronic Briefing Book No. 70, p. 261, http://www. gwu. edu/ ~ nsarchiv/NSAEBB/NASEBB70, accessed on January 8, 2018.

就曾坦率地声明台湾是中国的一部分。[1] 1972 年 2 月中美签署上海《联合公报》后，尼克松对时任台湾驻美"大使"沈剑虹表示：美国的立场是台湾问题应该由两岸和平解决；美国不会敦促台湾违背自身意愿与北京展开协商，也不会提供任何建议或方案；台湾问题的和平解决可望在"两年或三五年"内获得实现。[2] 与中美关系走向正常化相伴随的是，美国暂时收回"台湾地位未定"的立场，在台湾问题未来的解决方案上，使用"和平统合"（peaceful integration）概念，排除了"两个中国"或"一中一台"的选项。[3] 1979 年 1 月中美建交前夕，美国国家安全事务顾问布热津斯基（Zbigniew Brzezinski）对邓小平表示，"一个中国终将成为现实"（eventually one China will become a reality）。[4] 时任美国驻华联络处主任伦纳德·伍德科克（Leonard Woodcock）也表示，美国对台军售不会影响中国的统一进程，反而有利于中国的最终重新统一（redound to the benefit of eventual reunification）。[5] 当时美方的意图显然是以接受中国未来的和平统一，换取中方在美国对台军售问题上的让步。出于同样的逻辑，美方赞同 1981 年 9 月中国全国人大常委会委员长叶剑英发表的致力于实现中国和平统一的九条方针（即"叶九条"），表示将继续以一个中国原则为基础（based on the principle that there is but one China）；不允许美国人民和在台湾的中国人民（the Chinese people on Taiwan）之间的非正式关系削弱美国对这一原则的承诺。[6] 其

① Dennis V. Hickey, "U. S. Policy Toward Taiwan: Time For Change?" *Asian Affairs: An American Review*, No. 40 (2013), p. 177; Ching Cheong, "US Taiwan Policy Set 31 Years Ago," *Straits Times*, December 20, 2003, in *Lexis/Nexis*; Shirley Kan, *China/Taiwan: Evolution of the ' One China' Policy – Key Statements from Washington, Beijing and Taipei*, CRS Report for Congress, (Washington, D. C. : CRS, December 13, 2007), CRS – 33; Elaine Sciolino, "Records Dispute Kissinger on his'71 Visit to China," *New York Times*, February 29, 2002.

② The U. S. & Free China, p. 109, quoted from Alan Romberg, *Rein In at the Brink of the Precipice*, p. 37, ft. 41.

③ "Memorandum of Conversation", November 26, 1974 (3:45 pm – 5:00 pm), pp. 3 – 6, NSA 00322. Quoted from Alan Romberg, *Rein In at the Brink of the Precipice*, p. 65.

④ "Memorandum of Conversation", May 21, 1978 (4:05 pm – 6:30 pm).

⑤ 陶文钊：《中美关系史》下卷，上海人民出版社，2004 年版，第 58 页；*Peking 237*, "Full Transcript of December 15 Meeting with Teng," December 15, 1978, paragraph 32, Carter Library.

⑥ "Letter From President Reagan to the Chairman of the Chinese Communist Party (Hu), May 3, 1982," in American Foreign Policy Current Documents 1982, Washington, D. C. : Government Printing Office, 1985, p. 1030; "Letter From President Reagan to Chinese Premier Zhao, April 5, 1982;" "Letter From President Reagan to Vice Chairman of the Chinese Communist Party (Deng), April 5, 1982"; in Ibid. , p. 1029 & 1028, respectively.

后，即将卸任的国务卿亚历山大·黑格（Alexander Haig）建议里根总统与北京达成协议，允许美国继续对台军售，并将军售的减少与中国和平统一事业的进展相联系（tied to progress on China's peaceful course of reunification）。① 在 1982 年中美发表的《八一七公报》中，美方表示理解和欣赏中国政府在《告台湾同胞书》和"叶九条"中所展示的力争和平解决台湾问题的政策，无意干涉中国内政，也无意推行"两个中国"或"一中一台"的政策，就是上述建议的反映。② 在这之前，美方对台湾做出"六项保证"，包括不对台湾施加压力，迫其与大陆进行和谈。③ 当时美国虽然并不乐见，更不会积极推动两岸通过谈判实现和平统一，但也没有刻意阻拦这一时代潮流。上述政策立场，跟美国在冷战初期紧握"台湾牌"以遏制中国大陆，以及在后冷战时代避而不谈中国的和平统一，都是有所不同的。

二、美国能否接受中国的和平统一？

20 世纪 80 年代后半叶美苏关系的缓和、中苏关系的正常化以及随后的苏东剧变，动摇了中美联手对抗苏联的战略基础。随着美国涉台关系在 90 年代上半叶的明显提升，美国官方避免在中国和平统一问题上表态，而只是表示"美国主张和平解决台湾问题"，将一个中国政策置于和平解决原则之下。在正式的官方场合，美国政府官员只提和平解决，避免使用"统一""独立""自决"等字眼。在非正式场合，美方人士则将和平解决理解或诠释为既包括和平统一也包括和平分离的宽泛概念。美国密苏里州立大学教授范希奇（Dennis Van Hickey）在 1995—1996 年台海危机后，曾著书讨论台湾在后冷战时代的国际安全环境。他认为中美关系的适度紧张，最有利于台湾。尽管国际体系发生了变化，美国不应改变对台湾前途的政策，也不应卷入有关两岸统一或台湾"自决"等相关问题。④ 美国著名的中国问题专家何

---

① Alexander Jr. Haig, Caveat, *Realism*, *Reagan and Foreign Policy*, New York, NY: Macmillan, 1984, pp. 213 – 215.

② Joint Communique Issued by the Governments of the United States and the People's Republic of China (August 17, 1982).

③ "六项保证"的内容是：1. 美国不会设定终止对台军售的期限；2. 美国不会修改"与台湾关系法"；3. 美国在决定对台军售之前不会先跟中国磋商；4. 美国不会在台湾与中国大陆之间充当调停人；5. 美国不会改变对台湾"主权"的立场；6. 美国不会对台湾施加压力，促其与大陆进行谈判。

④ Dennis Van Hickey, *Taiwan's Security in the Changing International System*, Boulder & London: Lynne Rienner Publishers, 1997, p. 72, p. 198.

汉理（Harry Harding）在克林顿总统 1998 年访华前的白宫新闻简报中，则以美国"不阻碍（not to prevent）中国统一""不推动'台湾独立'"的说辞，阐述美国的政策立场。①

克林顿总统 1998 年在北京大学演讲时，主动表示"中国的重新统一应当通过和平的方式来实现，美国鼓励两岸对话，以实现这一目标"（The reunification would occur by peaceful means, and we have encouraged the cross-strait dialogue to achieve that）。克林顿的这一说法，没有分辨"不阻碍"和"鼓励"的微妙区别，不同于美国官方自 90 年代以来的标准说法，引起了外界的极大关注。应该说，不阻碍只是被动接受两岸的和平统一趋势，鼓励则是主动促成，两者具有不同的感情色彩。为此，美国国务院随即说明，克林顿的原意是鼓励两岸和平解决台湾问题，"鼓励"两岸"和平统一"是一时的"口误"。有趣的是，小布什总统 2002 年在清华大学演讲时，面对观众提问，避而不谈美国对中国和平统一的态度，只是宣称美国的正常立场是和平解决台湾问题。然而，小布什总统所任命的国务卿科林·鲍威尔（Colin Powell）在 2004 年接受香港凤凰电视台采访时，又再次表示美国希望中国统一采取和平的方式。② 克林顿和鲍威尔的"口误"，说明他们本人内心并不排斥中国的和平统一。其他官员也有类似的表示，甚至更为明确。例如，美国助理国务卿帮办谢淑丽（Susan Shirk）就曾于 1999 年提出著名的"一国三制"模式，提出以有别于香港的方式解决台湾问题的设想。而谢淑丽的这一说法，可以追溯到曾任美国国防部助理部长、美国哈佛大学肯尼迪政府学院院长的约瑟夫·奈（Josep Nye）在 1998 年 3 月发表的一篇政论。在这篇文章中，奈建议大陆主动表示：如果台湾明确放弃"台独"的念头，大陆也将不会反对给予台湾更多的"国际生存空间"；对香港实行的"一国两制"将扩大到"一国三制"，使台湾可以真正维持自己的政治、经济和社会制度。③ 美国助理国务卿帮办柯庆生在 2006 年 11 月的一次学术研讨会上公开表示，美国关心的是和平谈判的过程，而非其结果；台湾问题的解决方案取决于两岸，美国对统一与否没有立场，担心的是中方失去耐心，

---

① 《联合报》，1998 年 6 月 24 日，第 1 版。

② Gerrit W. Gong, "Thinking the Thinkable: George W. Bush Administration Approaches toward Taiwan and Cross – Straits Relations," in Yung Wei, ed., *US Policy toward Mainland China and the "ROC" on Taiwan*, Taipei: Vanguard Institute for Policy Studies, November 2002, pp. 74 – 75.

③ *Washington Post*, March 8, 1998.

因急于统一而采取军事手段。① 换言之，美方对中国和平统一的前景并不那么担心。

2008 年 5 月两岸关系进入和平发展时期后，考虑到中美两国国力差距日益缩小、中美战略合作与日增多、两岸实力对比愈加悬殊、两岸关系和平发展等现实原因，许多美国学者、政策分析家和前政府官员，从不同政策维度与理论视角提出重新评估美国涉台政策的多种主张，包括评估与修正"与台湾关系法"、调整美国对台军售、减少对台安全承诺和实现台湾军事中立（芬兰化）等。② 不少学者和政策问题专家表示乐见台湾问题得到和平解决，可以接受中国和平统一的前景。他们认为两岸政治纷争是冷战的产物，随着两岸关系从经济整合走向政治整合，可以让台湾问题自行得到解决。2009 年 3 月曾任职美国国会研究处和东亚情报委员会的罗伯特·沙特率先撰文表示，美国在台海地区维持对美台有利的权力平衡的长期政策目标，已经随着中国大陆对台湾的影响增加而被打破；取而代之的是积极发展中美关系和两岸关系的政策主张。对此，他表示忧虑。③ 美国战略与国际研究中心（Center for International and Strategic Studies，CSIS）资深研究员葛来仪（Bonnie Glaser）随之表示，两岸关系改善可能带来某种程度的整合，但这一负面效应小于两岸关系逆转所可能带来的危害，就像过去几年中所发生的那样。台湾在未来作为中国的一部分，有助于中国融入国际社会。④ 台湾方面对上述微妙变化尤为敏感。根据台湾当局"大陆委员会"前主任委员张京育的观察，美国并不排除有一天台湾人民接受大陆条件的统一，其所坚持的是统一必须以和平方式，且在台湾多数人民同意的条件下进行；尽管两岸统一可能会损害到美国的某些利益，但是相较于消除引爆中美军事冲突的风险，那些因两岸统一而导致的不利和损失，也可以算是化解战争危险的代价。⑤

---

① Thomas Christensen, luncheon speech at an international conference on "U. S. – China Relations and Northeast Asian Security," hosted by the National Committee of American Foreign Policy, November 10, 2006.

② Bruce Gilley, "Not So Dire Straits: How the Finlandization of Taiwan Benefits U. S. Security," *Foreign Affairs*, Vol. 89, No. 1, January/February 2010, pp. 44 – 60; Charles Glaser, "Will China's Rise Lead to War? Why Realism Does Not Mean Pessimism," *Foreign Affairs*, 90. 2 (March/April 2011), pp. 80 – 91.

③ Robert Sutter, "Cross – Strait Moderation and the United States—Policy Adjustment needed," *PacNet*, No. 17, Honolulu, Hawaii: Pacific Forum CSIS, March 5, 2009.

④ 笔者访谈记录，2009 年 4 月 8 日，美国华盛顿。

⑤ 《思想者论坛：奥巴马上台对两岸政策展望》，载（港）《中国评论》2009 年第 4 期。

比尔·欧文斯于2009年11月在《金融时报》（Financial Times）提出彻底评估"与台湾关系法"后（见第一章），美国乔治·华盛顿大学教授沈大伟（David Shambaugh）继而撰文承认两岸之间的游戏已经结束，认为既然台湾已经无法摆脱中国大陆的掌控，美国就应该早日放弃台湾。① 美国原国防部助理部长傅利民于2011年表示，美国与中国大陆长远的友谊与合作关系远远超过了美国对台湾的特殊情感，接受两岸统一是美国的上策。② 卡内基和平基金会资深研究员史文随后指出，美国无法在东亚拥有主导优势，必须尽早开始思考与中国大陆协商，逐渐减少彼此在台海的军事投放，修正"六项保证"，让两岸最终走向政治对话。③ 美国前国家安全事务助理布热津斯基则认为，在美国国力下降、需要中美战略合作的时期，对台军售只会增加中方不必要的敌意，台湾应该接受比"一国两制"更为宽松的"一国多制"模式，以减少对美国的安全依赖。④

与两岸关系制度化和稳定化相伴随的，是中国大陆对台影响力的明显上升。正如沙特所观察的，大陆对台经济、军事和外交优势，美国对台支持（特别是对台湾的安全承诺）的减弱，终将迫使台湾接受两岸统一。他甚至猜测，美国和台湾的决策精英也许私下已经意识到中国大陆对台湾前途具有决定性的影响力，默认两岸最终统一的政策选项，只是其他政治人物和利益团体仍对维持现状以及台湾的自由选择存有不切实际的预期心理。对于这些潜在的政策冲突，美国必须预先准备，并对其亚洲的盟友做出战略保证：美国政府鼓励两岸营造最终导致统一的条件，并不意味着亚洲权力格局的改变。⑤ 沙特的这一最新说法，与布鲁斯·基里（Bruce Gilley）前几年

---

① David Shambaugh, "A New China Requires a New Strategy," *Current History*, Vol. 109, No. 728 (2010), pp. 219–226.

② Chas Freeman, Jr., "Beijing, Washington, and the Shifting Balance of Prestige," Remarks to the China Maritime Studies Institute, Newport, R. I., May 10, 2011, www. mepc. org/articles-commentary/speeches/beijing-washington-and-shifting-balance-prestige, accessed on May 21, 2011.

③ Michael Swaine, Remarks at the Conference *The Future of U. S. Posture towards Cross–Strait Relations*, hosted by Atlantic Council, Washington, D. C.: September 28, 2011, http://www. acus. org/event/future-us-posture-towards-cross-strait-relations, accessed on October 1, 2011.

④ Zbigniew Brzezinski, "Balancing the East, Upgrading the West," *Foreign Affairs*, Vol. 91 (2012), No. 1, pp. 97–104.

⑤ 沙特的原话是："U. S. allies and friends in Asia, notably Japan, will require extraordinary reassurance that U. S. government encouragement of conditions leading to the resolution of Taiwan's future and reunification with China does not forecast a power-shift in the region." See Robert Sutter, "Taiwan's Future: Narrowing Straits," *NBR Analysis* (Seattle, WA: The National Bureau of Asian Research, May 2011), p. 4.

有关"台湾芬兰化"的说法以及查理·格拉瑟（Charles Glaser）2011 年在美国《外交事务》杂志发表的"美国应更多考虑大陆利益，牺牲台湾"的说辞有相通之处，① 其基本假设是两岸"不统、不独"现状难以维持不变。与此类似，美国军事专家迈克尔·麦克德维特（Michael McDevitt）撰文指出：如果两岸可以就"台湾不独、大陆不武"达成协议（a grand bargain），美国可以停止对台军售（只要台湾认为没有必要）；如果两岸实现和平统一，则意味着美国可以走出卷入中国内战的历史，这对中美关系来说堪称最好的结果。② 傅立民（Chas Freeman）认为，美国与中国大陆长远的友谊与合作关系远远超过了美国对台湾的特殊情感，接受两岸统一是美国的上策。③ 美国前国家安全事务助理布热津斯基认为，在美国国力下降、需要中美战略合作的时期，对台军售只会增加中方不必要的敌意，台湾应该接受比"一国两制"更为宽松的"一国多制"模式，以减少对美国的安全依赖。④ 2014 年年初美国著名的现实主义国际关系理论家约翰·米尔斯海默（John Mearsheimer）也指出，"如果中国继续其引人注目的崛起，台湾似乎注定将成为中国的一部分"，美国终究只好"告别台湾"。从现实主义的视角看，美国固然有强烈的动因使台湾成为其制衡中国大陆联盟中的重要一员，美国对台湾的安全承诺也关系到其在亚太地区的可靠性与可信度，但中国大陆基于民族主义的历史记忆和地缘政治的现实考量，将坚持统一台湾，并像美国主导西半球那样主导亚洲事务。随着中国大陆的继续崛起，十年后美国将不可能协防台湾，美国与台湾维持密切关系的收益将被可能的昂贵代价所超过。尽管从近期看美国仍会将台湾视为战略资产，但这种关系能持续多久是值得怀疑的。⑤ 也就是说，台湾终将从美国的战略资产转为战略包袱。

---

① Charles Glaser, "Will China's Rise Lead to War?" *Foreign Affairs*, March/April 2011.

② Michael McDevitt, "Alternative Futures: Long – Term Challenges for the United States," in Roger Cliff, Phillip Saunders, Scott Harold, *New Opportunities and Challenges for Taiwan's Security* (Washington, D. C.: Rand Corporation, 2011), pp. 103 – 104.

③ Chas Freeman, Jr., "Beijing, Washington, and the Shifting Balance of Prestige," Remarks to the China Maritime Studies Institute, Newport, R. I., May 10, 2011, www. mepc. org/articles-commentary/speeches/beijing-washington-and-shifting-balance-prestige.

④ Zbigniew Brzezinski, "Balancing the East, Upgrading the West," *Foreign Affairs*, Vol. 91 (2012), No. 1, pp. 97 – 104.

⑤ John J. Mearsheimer, "Say Goodbye to Taiwan," *The National Interest*, February 25, 2014, accessed at http://blog. sina. com. cn/s/blog_56e1f2250101i8bt. html, accessed on March 18, 2014.

三、台湾是美国的战略资产还是战略包袱？

值得注意的是，持上述观点的人士大多不是美国的涉台问题专家，也未必承认自己是"弃台派"。但他们的观点多少含有"视台湾为美国的战略包袱而非战略资产"的意味，故而希望在台湾同意的情况下，接受两岸统一的前景，摆脱历史纠结，体面解决中美关系中的一个结构性问题。换言之，他们更多的是从中美实力和美国的全球战略立论，具有现实主义或理性选择的明显特征，这与美国外交政策的另一传统，即强调民主和人权的自由主义是不一样的。而美国的涉台政策和台湾问题专家，往往同时受到两大传统的影响。台湾在冷战时期作为美国的反共同盟者以及 80 年代中期以来的政治民主化，难免影响到美方人士在是否接受中国和平统一问题上的价值判断（而非纯利益判断）。当然，这并不等于说美国的自由派学者都不能接受两岸统一，更不等于说在国际关系领域中的现实主义者都主张放弃台湾。正如第一章所述，美国普林斯顿大学教授白霖（Lynn White）就认为，只要中国大陆实现了民主化，两岸就可以统一。另一教授柯庆生则认为，两岸统一有利于实现中国大陆的民主化。而对于那些认为中国终归是美国战略竞争对手的现实主义者或"冷战派"人士，台湾则是美国不能放弃的战略资产。因此，围绕上述观点的讨论与其说是现实主义与自由主义之争，倒不如说是台湾问题在中美关系大格局和美国全球战略中的地位问题。麦克德维特从现实主义的观点立论，即在不牺牲台湾的前提下，体面解决中美关系的结构性问题，摆脱两国的历史纠结。柯庆生则从自由主义的视角推论，将台湾视为推动大陆政治自由化的触媒，具有较强的价值色彩。有趣的是，不管是将台湾视为历史包袱还是潜在资产，美方的战略思维都是围绕中国大陆这一圆点，考虑更多的是大国政治和大国关系问题。与此相类似的是，美国凯托研究所（Cato Institute）的副所长特德·卡彭特（Ted Galen Carpente）也主张，美国应明确放弃介入台海冲突。他认为，中国大陆同台湾之间的冲突很难避免，一旦台湾宣布"独立"，将把美国拖入同中国大陆的可怕战争之中，美国将为此付出"高昂的代价"。对美国而言，台湾的存亡并不涉及"生死攸关的利益"。而对中国大陆而言，台湾不仅事关政治和经济大局，更涉及民族尊严。中国大陆肯定会为确保台湾不被分裂出去而冒险一战。美国"不惜一切代价协防台湾"的公开承诺，只会导致两种结果：要么与中国大陆爆发核大战，结局悲惨；要么届时偃旗息鼓，在世人面前丢脸。鉴于陈水扁任内始终在试探台湾走向"独立"的可能性，使台湾海峡的局势趋于紧张，大大提升了美国"协防"台湾的风险，美国的明智选择应该是"逐渐退出对台湾的防卫承诺"。① 凯托研究所系以自由意志主义为宗旨，有别于现实主义和自由主义这两大传统，因其在外交政策上主张不干涉主义，带有孤立主义的遗绪，其政策主张不属于美国主流派的观点。不过，卡彭特的上述说法与 2009 年以后美国学界出现的"弃台论"仍有前后相承的关系，也说明围绕"弃台论"的争辩，不是美国外交学和国际关系领域的两大意识形态分野所能概括的。

2009—2014 年期间在美国学术界出现的"弃台论"主张，引起"冷战派"的强烈批评。美国企业研究所（American Enterprise Institute，AEI）资深研究员卜大年（Dan Blumenthal）认为，如果美国沦为台湾的"易变和不稳定的伙伴"（fickle and uncertain partner），认为这不利两岸关系的长期稳定。② 如第一章所述，"冷战派"将台湾视为美国的"准盟友"，认为一个"事实上独立"的台湾，对美国的军事战略价值远远超过美中两国之间的经济利益。他们认为，美国应该对台湾这一长期的"民主伙伴"予以更积极的支持。虽然两岸的经济关系日益密切，但大陆仍在沿海加强针对台湾的导弹部署。"只有继续培植美台之间的关系并继续武装台湾以抵制来自大陆的威胁，美国才有希望继续保证亚洲的和平"。"冷战派"强调台湾问题不是冷战的产物，而是美国促进亚洲经济和政治自由化的政策结果，在 21 世纪中美两国的战略竞争中处于前沿地位。③ 为此，他们主张美国应该派遣航母编队去台湾海峡进行空中巡逻，派遣小规模的应急分队帮助台湾防卫，阻隔大陆对台湾的可能军事进攻。④

上述两种观点反映了不同人士对中美关系和台海现实的不同评估。"弃台派"将台湾视为美国的包袱，他们或不愿意因为台湾问题导致中美兵戎

① Ted Galen Carpenter, *America's Coming War with China: A Collision Course over Taiwan*, New York, NY: Palgrave Macmillan, 2006.

② Blumenthal, Dan. "The United States and Cross-Strait Relations," paper presented at a conference on "*Cross-Strait Relations in a New Era of Negotiation*," hosted by Carnegie Endowment for International Peace, Washington, D. C., July 7, 2010.

③ Michael Mazza, "Why Taiwan Matters" (March 8, 2011), accessed on July 10, 2013; http://www.aei.org/article/foreign-and-defense-policy/regional/asia/why-taiwan-matters.

④ Dan Blumenthal, etc., "Asian Alliances in 21st Century," http://www.project2049.net/.../Asian_Alliances_21_Century.pdf, accessed on June 20, 2018.

相见，或认为两国的共同利益与合作前景超过了美国在台海的利益；"冷战派"则将台湾视为美国的战略资产，强调美中两国战略利益的根本冲突。前者从中国崛起、实力对比变化以及中美合作需要的现实出发，主张美国放弃对台湾的安全承诺，明确拒绝介入台海冲突。后者带有明显的冷战思维，主张在任何情况下，美国都应该军事干预台海冲突。居于二者之间的是将中美关系视为非敌非友、亦敌亦友的"主流派"学者，他们主张维持台海现状，在不对美中关系造成严重影响的前提下，维系和提升美国涉台关系，防止台湾被迫接受大陆的统一方案，改变"民主性质"，成为大陆对外投放军力的战略基地。这种观点试图兼顾美国的现实利益及其对台湾的"道德承诺"。他们认为在美国"一个中国政策"的框架下维持现状是必要且可行的，反对两岸任何一方单方面改变现状。美国只能对台湾安全做出有条件的承诺，绝不可为了台湾"独立"而卷入与大陆的战争。中间派与冷战派或强硬派在美国对台政策立场上有一些重叠之处。两者都认为支持台湾符合美国的道德与价值取向，强调防御台湾对于维持美国信誉的重要性，以及坚持台湾作为美国民主与经济伙伴的重要意义。但中间派并不强调台湾对美国的战略价值。作为主流派学者，卜睿哲（Richard Bush）将主张"弃台论"的美方人士分为两类，第一类人士的观点是：由于两岸关系改善，台湾不再需要美国提供武器和"协防"承诺；第二类人士的观点是：美国应该在北京最在意的台湾问题上配合，以便和实力正在增强的中国大陆维持关系。卜睿哲认为，第一类人士高估了两岸关系的进展，第二类人士错估了美国在台湾议题上让步的收益与成本。他指出，中美之间存在摩擦的问题越来越多，华府在台湾议题上的让步，无助于解决其他方面的问题。如果美国顺应中方要求，北京在朝鲜半岛和东亚海域问题上可能更不愿克制或配合邻国的要求。而且，日本和韩国等美国盟友会担心，美国为了跟北京维持良好关系，也会牺牲他们的利益。①

　　从历史上看，台湾问题既是中国内战的延续，也是冷战的产物。美国在冷战时期，特别是从 1950 年到 70 年代初，从政治、经济以至军事意义上，将"台湾牌"发挥到淋漓尽致的地步。而美国在 1950 年上半年考虑放弃台湾，在 70 年代中美关系走向正常化（意味着冷战在亚洲已经悄然隐退）之

---

① 《卜睿哲："弃台论"谬误无益美中》，中评网，2013 年 1 月 15 日，http://www.crntt.com/doc/1024/0/2/4/102402450.html。

初又再次考虑弃台，说明美国在台湾问题上的政策立场是受制于中美关系的大格局的。自卡特（James E. Carter）总统以来美国历任政府的对台政策都以"维持现状"为其核心，并根据中美关系、国际与台海局势在不同程度上策略性地偏向"弃台"与"打台湾牌"的思路。换言之，美国打台湾牌的力度取决于中美关系的紧张程度。因此，简单地将美国对台政策划分为"弃台论"或者打"台湾牌"都是不恰当的，美国对台政策更多的是上述三种观点的混合体。①此外，值得指出的是，"弃台论"作为一个广义的概念和政策选项，应该从更加多元的维度进行更有针对性的分析。这些维度包括：减少或者延缓美国对台军售、有关废除"与台湾关系法"以及"六项保证"的讨论、鼓励两岸就统一问题进行和谈、对台湾施压以向大陆让步等。相应地，打"台湾牌"也应该是相对意义上的"以台制华"。例如，对台军售（尤其在质与量层面的增加）、美台高层官员互访、双方军事交流等旨在提升美台实质关系而损害中美关系发展，都是评估打"台湾牌"的重要维度。重要的是，除非台海爆发军事冲突，或者和平统一的选项在议程讨论之中，否则真正意义上的"弃台"很难在政策上有所体现。例如当中国人民解放军在 1950 年上半年准备解放台湾时，杜鲁门政府即一度考虑放弃台湾。而当美国在七十年代初期寻求"联中抗苏"时，美国再次考虑弃台。尽管美国行政当局在现实利益面前，曾两度考虑"弃台"，但最后都未能付诸实践，因为美国"发现它（台湾）太重要了，以至于不能将它交给中国进行仁慈的照顾"。②

美国学者陈迪安（Dean P. Chen）认为，现实主义的传统观念不能充分解释美国的涉台政策；美国之所以采取维持台海现状的战略模糊政策，不仅仅是赖以遏阻两岸发生军事冲突，而且跟威尔逊式自由开放的国际主义（Wilsonian Open Door internationalism）的理念和规范有关，后者期望出现一个统一、自由、民主的中国，可以与美国及其盟友合作，维护自由的国际秩序。在他看来，台湾多元而充满活力，在中国大陆进一步融入国际自由经济

---

① Gang Lin and Wenxing Zhou, "Does Taiwan Matter to the United States? Policy Debates on Taiwan Abandonment and Beyond," *The China Review*, October 2018.

② Danial Blumenthal, "Rethinking U. S. Foreign Policy towards Taiwan," http://foreignpoli-cy. com/2011/03/02/rethinking-u-s-foreign-policy-towards-taiwan/; accessed on June 20, 2018.

秩序时，可以作为"借鉴的样板"。[①]由此可见，美国涉台政策的调整趋向，既跟两岸关系的发展进程和中美关系的战略格局有关，同时也受到自由主义和保守主义两大意识形态传统的牵扯。

第二节　美国不支持台湾"独立"的安全逻辑

美方人士一方面表示可以接受两岸和平协商的任何结果（逻辑上包括和平分离的选项在内），另一方面又表示不支持台湾"独立"，其理性考量是担心一旦台湾不顾大陆方面的坚决反对，单方面走向"独立"，两岸势必发生战争。基于美国在"与台湾关系法"中对台湾安全的模糊承诺，美国既难以完全袖手旁观，更不愿意卷入一场与中国大陆的战争。可见，美国不支持台湾"独立"的政策立场是由安全考虑的逻辑所支撑的。基于这一安全逻辑，美国在陈水扁主政的中后期，多次表态不支持台湾"独立"，乐见主张维持台海现状的国民党在岛内重新执政。2012 年台湾"大选"期间，美方一些人士再次表示对国民党继续执政的信任。对于蔡英文领导下的民进党至今仍不放心，也是出于同样的逻辑。但在 2016 年选举期间，美国对民进党候选人蔡英文及其政策立场，则展现了强烈的看好度和支持度。美方不但没有在"九二共识"的问题上，对民进党施压，反而对蔡英文 2015 年 6 月的美国之行予以高规格接待，并通过官方人士和学者放话，肯定蔡的两岸政策。2016 年民进党重新执政后，美国之所以对蔡英文当局的"柔性台独"路线视而不见，既不看好更不支持国民党重返政坛，就是基于对蔡英文不会重蹈陈水扁覆辙的基本判断。在中美战略竞争加剧的情况下，美国对民进党更为放心的另一重要原因是，民进党更配合美国"以台制华"的策略，不可能因为发展两岸关系而牺牲美国在亚太地区的战略利益。

一、美国不支持台湾"独立"的政策由来

回顾历史，导致美国做出不支持台湾"独立"的政策宣示的直接原因，是两岸关系的紧张。20 世纪 90 年代中期后，台湾当局渐次推动"法理台独"路线，两岸关系出现了多次危机，美国政府开始明确表示不支持台湾

---

① Dean P. Chen, *U. S. Taiwan Strait Policy: The Origins of Strategic Ambiguity*, Boulder, Colorado: First Forum Press, 2012, pp. 6 - 7.

"独立"。官方人士的这种表态，引起了美国内部一些亲台人士的反弹。一个典型的例子是，在克林顿总统 1998 年访问中国大陆前，美国国家安全顾问伯杰（Samuel Richard "Sandy" Berger）召集政策幕僚开会时表示，可以让克林顿总统重申"美国不支持台湾独立"，以对中国大陆示好。一位在场的著名中国问题研究专家当场反驳，表示"不支持台湾独立"是新的提法；美国从尼克松总统以来，只提"和平解决台湾问题"，对"独立、维持现状或统一"均未置一词。[①] 这一反对意见显然缺乏根据。如本章第一节所引述的文献所示，美国官方人士在 20 世纪 70 年代和 80 年代，确曾表示过美方接受中国的"和平统一或统合"。至于"不支持台湾独立"的提法比较新，是因为在 90 年代以前，"台独"言论在岛内受到禁止，"台湾独立"尚未成为中国大陆和美国所关注和担心的问题。或许正是由于当时美方对于如何使用措辞意见不一，所以白宫在克林顿总统 1998 年访问北京的行前新闻简报中，使用的是"不推动台湾独立"的措辞，而不是"不支持"。

不管怎么说，随着台海危机的加深，特别是在陈水扁于 2002 年 8 月发表"一边一国"的言论后，美国官方多次表示不支持台湾"独立"，或反对台湾单方面改变现状，包括美国国家事务安全顾问康多莉扎·赖斯（Condoleezza Rice）和小布什总统在内。[②] 美国国防部副部长保罗·沃尔福威茨（Paul Wolfowitz）和小布什总统在 2002 年秋天和 2003 年 6 月，甚至还一度使用过"反对'台湾独立'"这一更强烈的措辞。[③] 美国国务卿鲍威尔 2004 年 10 月 26 日在接受香港凤凰卫视采访时更坦率地宣称，"台湾不是'独立'的。它不享有'国家主权'"（Taiwan is not independent. It does not enjoy sovereignty as a nation）。[④] 小布什总统 2005 年 6 月 8 日接受"福克斯新闻"（Fox News）的尼尔·卡乌多（Neil Cavuto）采访时更明确表示，如果大陆主动"攻击"台湾，美国将"挺身而起"；但如果台湾单方面宣布"独立"，它将改变美国平衡两岸关系的既定安排，美国将采取不同政策，也就

---

① 参见苏嘉宏：《中国的自许与美国的期待：美国晚近的美中关系研究之取向》，台北：五南图书出版公司，1998 年版，第 246—247 页。

② Susan Lawrence, "United States – Taiwan: Diplomatic But Triumphal Progress," *Far Eastern Economic Review*, November 13, 2003; Edwin Chen, "Talks Yield a U. S. Warning to Taiwan and Pledge by China to Ease Trade Gap," *Los Angeles Times*, December 10, 2003.

③ 魏镛主编：《美国政府对华政策之可能演变及政策因应分析》，台北：前瞻政策研究中心，2002 年版，第 4 页。

④ *China Daily*, October 27, 2004.

是不会为"台独"而介入台海军事冲突。

曾经在 2002 年 7 月 1 日到 2006 年 1 月 25 日担任"美国在台协会"（American Institute in Taiwan，AIT）台北办事处主任、现任美国卡内基和平基金会副总裁的包道格（Douglas Paal）在 2013 年年底接受香港中评社记者独家专访时，表示他在美国国家安全委员会和"美国在台协会"任职期间，最忧虑的问题就是如何"防止战争发生"。他对于当年李登辉、陈水扁利用两岸紧张关系和大陆领导人对他们的严厉谴责来赢得台湾选举，很是不以为然。包道格认为，这些政客纯粹因为台湾内部的党派斗争和政治利益，不惜挑起与中国大陆的战争，并不符合美国的国家利益。如果中国大陆"无端进攻"台湾，美国会"协防"台湾；但如果因为台湾挑衅而导致战争，却要美国来"协防"，美国当然没有兴趣介入。包道格在这次专访中透露，他在 2003 年回美述职的时候，向小布什总统直言禀告：台湾的局势继续演化下去会有大麻烦。小布什总统知道时任"在台协会"主席夏馨（Therese Shaheen）对台湾形势的判断与包道格有分歧，亲自拍板定音："我不拐弯抹角（I don't do nuance）……我反对'台湾独立'。"其后，小布什总统在 2003 年 12 月 9 日会见来访的时任中国总理温家宝时公开表态："我们反对中国或台湾任何单方面改变现状的决定。台湾领导人的言行表明，他可能有意单方面改变现状，这是我们所反对的。"虽然美国官方依然宣示"不支持台独"，但知情者说，小布什对温家宝总理说的确实是"反对'台独'"。[①] 其实，"不支持"和"反对"这两个不同词汇传递给台湾方面的讯息是类似的，即台北不要指望美国将为台湾"独立"而与中国大陆开战。这两个术语的细微差别在于——根据美国大西洋理事会亚洲项目主任格瑞特（Banning Garret）的说法——"反对"一词表明，如果台湾在未来越过美国的政策底线，美方将迫使台湾方面放弃"独立"。[②]

二、美台之间的战略猜疑与信心修补

基于安全逻辑和国家利益，美国不支持甚至反对台湾"独立"，属于情理中事。在陈水扁执政的中后期，美国官方的这一立场，有助于稳定台海局

---

① 《包道格语中评：美国不容台海不必要冲突》，中评网，2013 年 12 月 31 日，http://mcn.zhgpl.com/doc/1029/5/1/1/102951189.html？coluid=1&kindid=0&docid=102951189。

② 作者对格瑞特的访谈记录，2006 年 3 月 25 日，美国华盛顿。

势，避免两岸卷入台湾分离主义者所挑起的战争。从某种意义上可以说，美国和中国大陆是在联手管控台海危机的升级。在 2003 年秋天因为民进党推动"公投"两岸关系议题而导致的台海危机中，小布什总统除了通过包道格传递反对"台独"的信息外，还通过时任美国国家安全委员会亚太事务资深主任的莫健（James Moriarty）携带亲笔信给陈水扁，传递同样的信息，但无法阻止民进党当局在"公投"议题上"飙车"。导致的结果是，小布什总统除了对来访的温家宝总理公开表态外，还通过日本财团法人交流协会驻台北办事处的日本官方人士对民进党当局施压。据日方人士日后表示，这是日本表示"不支持台湾独立"的唯一场合。正是因为美台之间出现了严重的战略互疑，以至于一向在统"独"议题上拒不表态的日本，在美方施压下也不得不加入对台施压方。根据笔者当时在美国首都华盛顿的长时间观察，美方确有不少人士担心美国控制不了民进党当局的冒险行为。为此，2004 年 3 月陈水扁在"两颗子弹"事件后意外当选时，对国民党存有希望的白宫行政当局没有马上发信表示祝贺。寻求连任的陈水扁遂动用行政资源，让台湾当局驻美"代表"约请"美国在台协会"主席夏馨女士共进早餐，将其口头祝贺整理成文字，在台湾媒体公布于众，无形中帮了陈水扁一个大忙。亲民进党的夏馨与美国军工利益集团关系密切，曾将小布什总统称为"守护台湾的天使"。"贺词事件"的结果是，夏馨被迫辞职，她自己也没有得到"天使的守护"，在华府政策圈和学术界留下一段趣闻。正是因为白宫对侥幸连任的陈水扁的持续不信任，美国副国务卿理查德·阿米蒂奇（Richard Armitage）在 2004 年 12 月 10 日的一次谈话中，甚至将台湾形容为可能破坏中美关系的"地雷"。[1] 在 2008 年台湾"大选"前，美国官方人士上至国务卿，下至助理国务卿帮办，多次表态反对台湾推动"入联公投"，间接介入台湾选举。据说，包道格在观选之后离开台湾返回美国时，在出关时有台湾工作人员对其敬礼表示感谢。2012 年 1 月 12 日，到台湾观摩选举的包道格在接受台湾中天电视专访时表示，"九二共识"是两岸都接受的"必要妥协方式"，符合多方利益，若马英九连任，各方将"松一口气"。而对于民进党候选人蔡英文提出的"台湾共识"，包道格则称之为"过于空泛，无法让美国安心"，再次呈现了美国不支持台湾"独立"的安全逻辑。

---

① Bill Gertz and Rowan Scarborough, "No Policy Shift", *The Gertz File*, December 2004, http://www.gertzfile.com/gertzfile/ring123104/html, accessed on December 27, 2004.

基于这一逻辑，美国对于岛内在统"独"议题上持不同立场的政党，难免有所偏好。所谓"保持中立"的说法，更多的是一种外交辞令而已。

如上所述，虽然美国官方人士有时候也说过"反对'台湾独立'"，但在一般情况下都是刻意使用"不支持'台湾独立'"和"反对两岸单方面改变现状"的标准说法。之所以如此，有以下三个策略性的考虑。第一，美方强调的是两岸和平解决台湾问题的过程，而不是最终结果。如果使用"反对'台湾独立'"的字眼，等于是对台湾问题最终解决结果的政策性表态，也就是"支持两岸统一"。第二，美方认为台湾问题的最终解决方案，需要征得台湾人民的同意，美国不能越俎代庖，干预或限制台湾方面的政治选项。第三，美方反对两岸单方面改变现状，可以展示美国在两岸统"独"之争上不偏不倚的立场，符合其"重和平过程、不重最终结果"的基本立场，事实上是保留了两岸和平分离的可能性。

美国"不支持'台湾独立'"的政策宣示，在中国大陆看来缺乏战略保证，但对台湾的分离主义势力则有一定的警示作用，由此构成了美台之间战略上相互猜疑的因素之一。虽然美台之间的军事同盟关系早已于1979年废除，但美方不少政界人物仍然将台湾视为美国的"准战略同盟者"。根据格伦·辛德（Glenn Snyder）的经典性研究成果，同盟者之间的政治行为存在着安全困境（security dilemma in alliance politics），总是彼此担心被抛弃（abandonment）或被拖下水（entrapment）。弱小的一方难免担心被抛弃，强大的一方如果发现其同盟者的利益与自己的安全考量不一致时，也会担心被拖下水。美台之间也存在这种安全困境。从台湾内部的政治生态来看，2008—2016年国民党执政期间，两岸关系进入和平发展时期；但民进党在2016年重新执政后，至今仍坚持不废除或冻结"台独"党纲，坚持走"柔性台独"路线。台湾的分离主义势力，仍有可能凭借"与台湾关系法"对台湾安全的模糊承诺，将美国拖入与中国大陆为敌的战车。从美国国内政治来看，美国政府"不支持台湾独立"的政策有较为坚实的民意基础。根据美国知名智库芝加哥全球事务委员会2012年9月发布的一项多年期民调，假设台海爆发战争，只有28%的受访者表示支持美国出兵介入，69%的受访者表示反对。而在2004年针对这个问题的调查中，反对者的比例为61%。也就是说，受调查者中反对介入台海战争的比例在8年间提高了8%。调查还发现，2008年全球金融危机以来，美国人更倾向于"有选择性"地干预世界事务，更多地转向支持通过多边体制和非军事手段解决全球问题。该委员会在 2018 年的调查也显示，过去 20 年以来民众对美国政府协防台湾持肯定立场的平均支持度仅 29.8%，远远低于出兵朝鲜（43.4%）、执行叙利亚和约（44%）、防止伊朗拥核（69%）、进行人道主义干预（71%）等其他所有选项的平均支持率。① 2012 年 4 月，美国华裔精英组织"百人会"发布的民调也显示，尽管绝大多数美国人承认台湾问题是美中关系中的战略问题，但当被问到"如果因为台湾宣布'独立'导致两岸战争，您是否支持美国军事介入"时，53% 的普通民众、73% 的商界精英、56% 的决策者和 65% 的意见领袖都给出了"不"的回应，只有 39%的决策者和 37% 的公众认为应当支持。② 根据 2016 年公布的一份盖洛普世界民调结果，尽管有 44% 的台湾受访民众相信美国可能会在需要时对台提供军事援助，但多达 35% 的受访者持怀疑态度，剩余受访者中 6% 认为"视情况而定"，15% 则表示"不清楚"。③ 由此可见，美国因为安全考虑而"不支持'台湾独立'"的政策，还是有相当民意基础的。

鉴于陈水扁执政中后期在追求"台独"路线上"暴走"而被美国视为"麻烦的制造者"的教训，蔡英文在 2012 年选举落败后进一步调整其大陆事务政策。在 2015 年选前赴美"赶考"期间，蔡英文于华府重要智库战略与国际研究中心发表演讲，提出在"中华民国"现行宪政体制下"持续推动两岸关系的和平稳定发展"，珍惜并维护 20 多年来两岸"协商和交流互动所累积的成果"；理解和尊重两岸两会在 1992 年"秉持相互谅解、求同存异的政治思维进行沟通协商，达成了若干的共同认知与谅解"的历史事实等，以此向美方交差。其后该中心发表了一项研究报告，建议美国政府采取更加积极和有所偏向的政策（less even-handed approach），鼓励蔡英文继续节制，避免采取可能增加大陆疑虑的行动，让大陆相信其无意在任内追求"台独"；要求大陆在"九二共识"问题上，容忍蔡英文的模棱两可的说法，

---

① Dina Smeltz, et al., *America Engaged: American Public Opinion and US Foreign Policy*, Chicago, IL: The Chicago Council on Global Affairs, 2018; Dina Smeltz, et al., *2014 Chicago Council Survey of American Public Opinion and U. S. Foreign Policy*, Ann Arbor, MI: Inter – university Consortium for Political and Social Research [distributor], 2015.

② 《近七成美国人反对美出兵介入台海战争》，台海网，2012 年 9 月 12 日，http://www.taihainet.com/news/twnews/twdnsz/2012 –09 –12/946370.html。

③ Michael Smith and Stafford Nichols, "Mixed Reactions in Asia on Whether US Would Defend Them," Gallup News, December 19, 2016, http: //news.gallup.com/poll/200012/mixed-reaction-asia-whether-defend.aspx? g _ source = ASIA _ PACIFIC&g _ medium = topic&g _ campaign = tiles, accessed on October 18, 2017.

展现更大的创造性和灵活性，甚至警告大陆不要采取有损台湾经济和紧缩台湾"国际空间"的反制措施。显然，美方在战略天平上已经倾向民进党，认为蔡英文已经为维持两岸关系的现状做出了很大的努力，大陆方面也应该有所回应，才能维持两岸关系和平发展局面。蔡英文当选台湾地区领导人后，美国政府对其全力支持，大幅提升美台关系，实际上是对"陆强台弱"的台海现状进行"再平衡"。

美方在两岸间的角色发生变化的主要原因有三。第一是美国战略再平衡和中美两国在南海议题上日渐增加的战略冲突，增加了美国打"台湾牌"以制约中国的政治诱因。第二是民进党在2016年选举中取得压倒性的胜利，这跟陈水扁当年受制于"泛蓝"主控的立法机构的局面是不一样的，美方许多人士都认为国民党在短期内难以东山再起，出于实力政治的原则，也就难免将筹码押在民进党身上。第三是美方误以为只要蔡英文没有直接挑战一个中国原则，两岸关系的和平局面就不会中断。但美方无疑低估了民进党追求"台独"的可能性。蔡英文口中的"中华民国现行宪政体制"，不但隐含七次"修宪"后法律适用范围和朝"特殊的国与国关系"方向引申的可能，而且还包括未来凭借"民意"，通过"民主程序"，修正"宪法"第四条的可能性。既然民进党不处理其党纲中的"台独"条款，不明确接受一中框架，两岸关系的现状也就不可能维持目前的局面，存在发生恶性循环的高度可能性。而一旦蔡英文重蹈陈水扁铤而走险的做法，两岸关系势将再次陷入危机，美国也更难扮演所谓的"中立、平衡"角色。[①]

然而，在2020年台湾地区领导人选举中，美国特朗普当局却基于对蔡英文的信任，支持民进党继续执政。虽然国民党籍高雄市长韩国瑜在正式宣布投入党内初选前，于2019年4月应邀访问了美国哈佛大学费正清研究中心，在确定代表国民党投入选举后还得到"美国在台协会"的再次访美邀请，但美方主要是基于互相了解、互相影响的策略考虑与国民党交往。在中美战略竞争上升的情况下，美国更相信蔡英文当局可以在更大程度上配合美方的需求，对台湾的两大政党难免有所偏好。在民进党竞选主轴和美国等外部因素的牵动下，韩国瑜不得不对其并不熟悉的台湾涉美关系和两岸统一问题表态，在访美期间公开喊出"市场靠大陆、科技靠日本、国防靠美国"

---

① 林冈：《美国在两岸间扮演的角色正在改变》，海外网，2016年5月17日，http://opinion.haiwainet.cn/n/2016/0517/c353596-29932132.html，访问日期：2016年5月17日。

的口号，强调美国是台湾在经济、安全、军事、政治方面的"盟友"，但台湾不能因为无法妥善处理两岸关系而拖累美国。① 在香港发生闹事风波后，他又用非常直白的语言，公开否定"一国两制"在台湾的可行性。由于韩国瑜在"亲美"与"拒统"的问题上不能跟民进党有所区隔，只能以"和陆"的政治主张与民进党的"抗陆"政策拉开距离。但这种做法是无法让将中国视为战略竞争对手的美国政府放心的。

第三节　寻求统"独"之间的灰色地带

基于现实利益和道德价值的双重考虑，美国官方和主流学者既不支持"台湾独立"，也不愿轻易放弃台湾或乐见两岸和平统一。既然两岸不可能实现和平分离，维持大陆和台湾"不统、不独、不武"的格局，就成了美方的最佳政策选项。

与"冷战派"不同的是，"主流派"不认为台湾对美国具有军事战略价值，只是担心统一后的台湾可能成为大陆的"不沉的航空母舰"。按照李侃如（Kenneth Lieberthal）的说法，在高科技战争年代，美国在纯军事意义上已经不再需要台湾这艘"航空母舰"；美国更关心的问题是，中国大陆有无这种需求。② 姑且不论台湾对美国的战略意义是否已经因为高科技战争时代的到来而削弱，上述说法恰恰突显了台湾对大陆的重要战略意义。华安澜（Alan Wachman）就认为，台湾对中国的独特意义在于其重要的地缘政治地位。③ 事实上，正如约翰·米尔斯海默所坦承的，台湾是位于东海的"巨型航空母舰"（a giant aircraft carrier），对中国大陆和美国都具有重要的战略意义。只是因为台湾离大陆太近，离美国太远，美国在若干年后将无力"协防"台湾，米尔斯海默才预测美国最终只能予以放弃。④

---

① 韩国瑜在美国哈佛大学费正清研究中心的演讲稿（"The Power of Down to Earth – They Talk the Talk, I Walk the Walk"）2019 年 4 月 11 日，美国波士顿，http：//lapost. us/？ p = 16130，访问日期：2019 年 4 月 13 日。

② 笔者会议记录，2008 年 3 月 29 日，美国华盛顿。

③ Alan Wachman, *Why Taiwan? Geostrategic Rationales for China's Territorial Integrity* (Stanford University Press, 2007), p. 161.

④ John J. Mearsheimer, "Say Goodbye to Taiwan," *The National Interest*, February 25, 2014, accessed at http：//blog. sina. com. cn/s/blog _56e1f2250101i8bt. html, accessed on March 18, 2014.

一、最大限度维系台海现状

与容安澜（Alan Romberg）同属美国著名台湾问题专家的"美国在台协会"前理事主席卜睿哲在其新著《未知的海峡》（*Uncharted Strait*）中，再次申论了美国的对台政策。他强调"弃台论"不符合美国利益，无论从美国自身、海峡两岸还是其亚太盟友来看，目前美国都不可能放弃台湾。[①] 另一著名的政策专家唐耐心（Nancy Tucker）认为，美国和台湾之间尽管存在分歧和相互猜疑，但应该通过对话来解决，美台关系的重要性并没有因为两岸关系的改善而下降，"基于美国的价值体系和安全战略，美国不可能牺牲台湾"。[②] 美国戴维逊学院教授任雪丽（Shelley Rigger）在《台湾为什么重要?》（*Why Taiwan Matters*）一书中，从意识形态的角度，批评"弃台论"忽略了台湾对美国的价值利益。她认为，美国应该在维持与中国大陆的友好关系和支持一个民主的台湾之间寻求平衡。鼓励自由市场与民主政治，符合美国的国家利益（national interest）和国民价值（national value），台湾在这方面的成功经验证明了台湾对美国的重要性。因此，不能将台湾简单地视为问题所在（Taiwan is more than just a "problem"）。任雪丽认为，美国人本身具有支持弱势（underdog）的行为倾向，认为民主政权应该得到保护，许多国会议员就是持这一观点。在美国人中，对台湾好感的比例明显高于对中国大陆好感的比例（46% 与 11% 的区别），这是美国不愿意看到台湾被迫接受统一的原因。但美国人又不想跟中国开战，更不愿意为了支持台湾"独立"而与中国大陆为敌。不过，如果不是因为台湾"独立"引起战争，而且台湾也为自身的防卫尽心尽力，美国又能在避免严重损失的情况下打赢战争，那么美国介入台海军事冲突的可能性就会随之增加。卜睿哲认为，美国在70 年代和 80 年代初表示接受两岸和平整合，是因为当时台湾尚未实现民主化。现在美国对台湾最终归宿持开放立场，是因为不管是主张统一还是"独立"，都必须向台湾人民说明其好处何在。美国的主流派学者可以接受两岸的和平整合，如果两岸选择统一，美国又怎能加以阻止?! 有些人认为中国统一不符合美国的利益，但这显然不是美国的政府立场。当然，在可预

① Richard Bush, *Uncharted Strait: The Future of China – Taiwan Relations*, Washington, D. C. : Brookings Institution Press, 2013, pp. 231 – 233.

② Nancy Bernkopf Tucker, *Strait Talk: United States – Taiwan Relations and the Crisis with China*, Cambridge, Mass. : Harvard University Press, 2009, p. 280.

见的将来，统一的可能性是很低的。如果国民党操之过急，将产生反效果，反而影响到走向统一的进程。①

此外，面对两岸关系和平发展时期双方走向统一的可能性，"主流派"学者也在思考如何最大限度地维持台海现状，寻求符合美国利益的宽松的统合方案。卜睿哲敏锐地观察到，两岸关系的发展趋势存在两种可能性。其一是两岸关系的稳定化，包括双向接触的增多、相互担心的减少、互信和可预测性的增加、合作领域的扩大以及制度化的互动，这一"宽松共存"（relaxed coexistence）的局面与1995—2008年期间的"紧张共存"（conflicted coexistence）形成了鲜明的对照。其二是最终解决两岸的根本分歧，实现政治统合（political integration）。② 对于两岸和平统一的具体方案，美方的政策底线是维持宽松的邦联架构。针对两岸关系迅速发展的新形势，卜睿哲在与容安澜合撰的论文中表示，台湾所拥有的民主制度资源，决定了两岸若要实现某种形式的统一，必须取得台湾公众的广泛同意。台湾法律地位的变更，需要经过高门槛的"修宪"程序，民进党仍有力量予以阻止。如果大陆希望岛内对两岸关系的继续改善形成广泛共识，最终实现某种形式的统一，就应该更加富有创意；他们希望大陆提出比"一国两制"更为宽松的统一模式。③ 容安澜表示，任何统一模式，只要台湾人民接受，就不会是美国的重大忧虑所在。④ 假如统一提上了两岸的议事日程，美国需要与台北认真对话，了解其政策走向。但即使到了那个时候，他个人仍然坚信，美国不会试图阻挡台湾做出走向统一的决定。只有中国军队驻扎台湾，以台湾作为投放军力的基地，改变台湾政权的民主性质，才真正跨越了美国的红线。⑤ 与邦联模式相类似，卜大年在2010年也提出"华人国协"（a commonwealth

① 笔者访谈记录，2008年10月28日，美国华盛顿。

② Richard Bush, "China – Taiwan: Recent Economic, Political, and Military Developments Across the Strait, and Implications for the United States," http://www.brookings.edu/testimony/2010/0318_china_economy_bush.aspx.

③ Richard Bush & Alan Romberg, "Cross – Strait Moderation and the United States," *PacNet*, No. 17 (Pacific Forum CSIS, Honolulu, Hawaii: March 5, 2009).

④ Alan Romberg, "2010: The Winter of PRC Discontent," *China Leadership Monitor*, No. 31 (Stanford University, 2010).

⑤ Alan Romberg, "US – Taiwan Relations: Looking Forward," paper presented at CSIS conference on US – Taiwan Relations in a New Era: Looking Forward 30 Years after the Taiwan Relations Act, April 22, 2009, Washington, D. C..

of Chinese-speaking nations）模式。①

对于中国的未来统一模式和路径问题，美方学者很少有人做过系统研究，李侃如算是一个例外。他在 1998 年提出的"中程协议"，其实就是以某种方式的统一为解决方案的。正如李侃如在 2001 年撰文所指出的那样，两岸关系的解决方案将要求两个步骤：1. 非强制性的、可能长达数十年的谈判；2. 双方最终达成组成一个松散的正式联合体（a loose formal association），条件是台湾人民自由决定岛内政治和经济体系（domestic political and economic systems）的能力将得到完整保留。李侃如认为，鉴于两岸大小失衡和台湾的地理位置，台湾除非跟大陆协商，确定全面的正式关系（reaching a negotiated overall formal relationship with the Mainland），否则将无法获得长期的安全。② 卜睿哲是另一个例外。早在 2005 年出版《解开困结》一书时，就提出了邦联制的统一模式。卜睿哲在该书中援引国际法学者斯蒂芬·克拉斯纳（Stephen Krasner）有关主权问题的论述，后者认为一个国家的主权包括四个层次的内容：第一个层次是政体意义上"对内主权"（domestic sovereignty），指的是特定地域内的公共权威是如何组织和有效行使权力的；第二个层次是"威斯特伐利亚主权"（Westphalian sovereignty），指的是特定地域范围内的政治组织行使统治的绝对权利（the absolute right to rule within its domain），而将外部行为者（external actors）排除于公共权威组织之外；第三个层次是"互赖主权"（interdependence sovereignty），指的是公共权威组织对边界的控制权，包括其规制信息、思想、人员、货物、资本等流通的能力；第四个层次是国际法意义上的主权（international legal sovereignty），指的是政治实体享有正式的法理独立和参与国际空间（international arena）的权力。③ 上述四个方面的内容构成国家主权这一整体概念的充分条件。但卜睿哲却认为：就国际法意义而言，台湾作为"主权国家"的地位已基本丧失（fought a losing battle with the PRC since the 1970s），但就"对内主权""威斯特伐利亚主权"和"互赖主权"而言，台湾全都具备。台湾不但可以决定公共权威的组织和有效形式，享有在其管辖范围内进行统

① Dan Blumenthal, "The United States and Cross – Strait Relations."

② Kenneth Liaberthal, "U. S. Policy Toward China," http：//www. brookings. edu/papers/2001/03china_lieberthal. aspx.

③ Stephen Krasner, *Sovereignty: Organized Hypocrisy*, Princeton, NJ：Princeton University Press, 1999, p. 4, pp. 11 – 25.

治的绝对权利，也可以对边界进行有效的控制。政权改变未必只产生一个国家继承者（a single successor state），目前台湾的国际命运只是多种可能的概念结果（several possible conceptual outcomes）之一。政治联合体（political union）可以采取不同的处理主权争议的方式，包括"双重主权"（dual sovereignty）和"互享主权"（shared sovereignty）。卜睿哲认为，中国大陆只有接受"中华民国"存在的现实，才能获取其追求统一的目标。① 虽然不能排除台湾公众和政治领袖最终接受"一国两制"的可能性，但岛内对"中华民国是一个主权国家"存在广泛共识，不可能接受"一国两制"的方案。如果未来一二十年出现政治整合，其触媒将不是经济整合和大陆影响力增长的累积效应，而是北京提出比"一国两制"更为宽松的方案。② 考虑到台湾当局在未来中国统一后的法律地位和国际角色，卜睿哲提议双方接受某种类型的邦联形式，来满足各方的最低目标：两岸得到某种形式的统一，台湾在某种国家和地区联盟内保持其所宣称的"主权地位"。③ 这一提议的要义在于，以邦联模式容纳北京的统一诉求和台湾对"独立主权"的要求，体现了美方维持两岸"不统、不独、不武"现状的基本精神。虽然卜睿哲也讲统一，但他所使用的统一概念跟中国大陆所说的统一，却具有不同的内涵。

以上关于统一模式的讨论，说明美方力图获得最终解决台湾问题的话语权，其政策底线是保留台湾的政治制度和"事实主权"地位不变，维系美国在台海地区的战略地位。一些美方学者鉴于两岸军事实力失衡，甚至主张由美国扮演建设性的角色，直接与中国大陆打交道，为台湾谋得最好的政治交易。④ 也有人认为，美国在关键时候可以牺牲台湾利益，直接与中国大陆交涉，确保美国在台海地区的利益不会受到损害。⑤ 这种思维定式从现实主

① Richard Bush, "The Significance of the Republic of China for Cross‐Strait Relations," remarks presented at an event titled *The Down of Modern China*, The Brookings Institution, May 20, 2011, http：//www. brookings. edu/speeches/2011/0520 _ china _ bush. aspx.

② Richard Bush, "China‐Taiwan： Recent Economic, Political, and Military Developments Across the Strait, and Implications for the United States," http：//www. brookings. edu/testimony/2010/0318 _ china _ economy _ bush. aspx.

③ Richard Bush, *Untying the Knot：Making Peace in the Taiwan Strait*, Washington, D. C. ：Brookings Institution Press, 2005, chap. 10.

④ Lyle Goldstein, "A Rapidly Changing Military Balance： A National Security Perspective on Richard Bush's Untying the Knot," *Asia Policy*, No. 2（July 2006）, p. 123.

⑤ 《社评：美智库重估两岸利益应少说多想》，中评网，2009 年 2 月 10 日，http://hk. crntt. com/doc/1008/7/4/2/100874278. html？coluid = 7&kindid = 0&docid = 100874278&mdate = 0210002413。

义的视角观察不难理解，但耐人寻味的是，美方人士何以急于谋取台湾问题最终解决方案的话语权？是否意味着两岸关系和平发展与中国大陆迅速崛起的大趋势，使美国维持台海"不统、不独、不武"现状的政策假设受到日益强烈的冲击？正如卜睿哲所观察到的，2008 后中国大陆放缓了追求"终极统一"目标的紧迫感，更专注于发展军事力量封杀"台独"，近期议程也从和平统一转向和平发展。但如果大陆对两岸从现状迈向统一的目标失去耐心，就有可能运用两岸权力的不对称来迫使台湾接受"无法拒绝的交易"，特别是在马英九第二任期之内。为此，台湾除了应该对其所有贸易伙伴实行自由化以及进行经济结构调整外，还要在政治上进一步改革，加强内部共识，提升心理自信，并与美国和其他主要大国保持牢固而又积极的关系。在军事上，台湾可考虑加强威慑力，提高对方进攻的代价，更专注于不对称的军事概念和技术装备，而不是只购买先进的武器装备。[1] 不过，葛来仪认为，大陆采取经济杠杆阻遏"台独"比较容易，但若以此迫使统一则比较困难。她认为，美国观察家已经对台湾对大陆不断提升的经济依赖度表达关切。前国务卿希拉里·克林顿在 2014 年 6 月甚至针对台湾对大陆的经济依赖性，以乌克兰对俄罗斯的经济依赖为例，明确提到经济独立与政治自主的联系。美国应该尽可能推动台湾参与区域经济整合的进程。葛来仪表示，除了上述可能完成的事情，人们仍需思考更困难的事情，诸如和平协议、军事信任措施等，这些问题马英九在上任之初曾提到过，但现在已经不在桌面上了。这对于台湾未来的任何领导人来说，都是更加困难的问题。[2]

二、对台海现状的再平衡

如果说，在奥巴马时期美方寻求统"独"之间灰色地带的主要考量是避免台湾被迫接受大陆的统一方案的话，在特朗普时期美方的动作则更带有包容民进党当局的"柔性台独"政策、以"台湾牌"制约大陆的意味。早在总统选举期间，特朗普的资深政策顾问纳瓦罗（后任总统助理与白宫国家贸易委员会主任）就严厉批评包括尼克松、卡特、克林顿、小布什以及奥巴马在内的美国总统牺牲台湾利益来讨好大陆，犯下过错。他强调美国不

① 《卜睿哲：不应假设北京对台无限忍耐》，中评网，2013 年 2 月 8 日，http://www.crntt.com/doc/1024/3/3/9/102433925_2.html。
② 《葛来仪：民进党重掌权两岸关系变数更大》，中评网，2014 年 9 月 16 日，http://www.crntt.com/doc/1_0_103387240_1_0917002027.html。

仅不能放弃台湾，而且应该强化美台实质关系，"是时候让美国以全面坚定的姿态重新审议这个岛屿（的地位）了，它是民主的灯塔，对美国在亚洲的防务战略极其重要"。① 在美国大选中，共和党在其竞选纲领中，更是只字不提中美三个联合公报和"一个中国政策"，只提"与台湾关系法"和"六项保证"，赞美台湾对美国的政治和经济价值，呼吁台湾全面参与国际组织，主张加强对台军售，并在出现军事对抗的情况下协防台湾等，反映了美国"亲台"势力"打台湾牌"、与中国大陆对抗的冷战思维。② 与这一思路相契合的是，特朗普刚当选总统尚未就职，就与蔡英文进行电话交谈，不但直接挑战一个中国原则，也开了违背美方"一个中国政策"的先例。特朗普宣称美国是否遵守"一个中国政策"，取决于中美贸易谈判情况，展现了他不按牌理出牌、不遵守既定外交规则的商人性格，与其反建制的右翼民粹主义色彩暗合。

特朗普入主白宫后特别强调台湾在军事战略上的重要性。美国不断加强与台湾的安全合作，尤其在"反恐"等非传统安全领域。2017 年底出台的美国《国家安全战略》报告，明确提出"自由与开放的印太战略"（Free and Open Indo – Pacific Strategy），将中国视为主要战略竞争者，并再次确认美国将持续对台军售。③ 2018 年 9 月 14 日，时任美国国防部负责亚太事务的助理国防部长薛瑞福（Randall Schriver）出席第七届首尔防务对话会议时透露，"美国与台湾恢复正常关系正在展开磋商"。④ 与此同时，蔡英文当局利用美国特朗普行政当局与国会的撑腰，极力渲染台湾对美国的"民主价值"和"战略价值"，以此掩盖"雪崩式断交"和无法参加国际组织活动对其执政形象的影响。2018 年夏天蔡英文"过境"美国加州，罕见地高调发表演讲。2019 年 3 月，蔡英文又以访问三个太平洋岛国为由头，"过境"夏威夷，同美国保守派智库传统基金会（Heritage Foundation）举行视频会议，

① Peter Navarro, "America Can't Dump Taiwan," *The National Interest*, July 19, 2016, http: //nationalinterest. org/feature/america-cant-dump-taiwan-17040, accessed on February 27, 2018.

② Shelley Rigger, "Donald Trump is No Friend of Taiwan," *E – Note*, March 16, 2017, https: //www. fpri. org/article/2017/03/donald-trump-is-no-friend-of-taiwan/, accessed on February 27, 2018.

③ *National Security Strategy of the United States of America*, Washington, D. C.: The White House, December 2017, p. 21, p. 47.

④ 张心怡等：《薛瑞福：中美双方应正确管理竞争关系》，中评网，2018 年 9 月 14 日，http: //hk. crntt. com/crn-webapp/mag/docDetail. jsp? coluid = 0&docid = 105187959，访问日期：2020 年 2 月 14 日。

美国参众两院的重要人士参加了这一会议。尽管美国行政部门官员,包括时任美国国家安全顾问博尔顿(John Bolton),没有像外界所担心的那样与蔡英文见面,但博尔顿事后与台湾"国安会秘书长"李大维见面,并由媒体披露,也传递出不寻常的信息。鉴于台湾外事部门负责人曾经秘访紧挨华盛顿特区的巴尔的摩、防务部门负责人也已秘访过华盛顿、"美国在台协会"台北办事处处长已经公开前往台湾外事部门商谈,不能排除台湾外事部门负责人未来"突然访问"华盛顿特区和台湾地区领导人"过境访问"巴尔的摩的可能性。蔡英文破格任命"口译哥"赵怡翔出任台"驻美代表处"政治组组长,就是为了避开非民进党的文官体系人员,直接跟美方秘密磋商台美在官方往来和军事合作方面的敏感事宜,避免因消息曝光遭到大陆方面的反制而胎死腹中。2019 年 5 月,台外事部门宣称将"北美事务协调委员会"改名为"台湾美国事务委员会",积极配合美台关系的升格。同年,美方亲台人士孔杰荣(Jerome A. Cohen)提议将"台北经济文化代表处"改为"台湾经济文化代表处",意味着美方也在极力从形式上提升美台的"准官方"关系。2020 年台湾地区选举结束后,赖清德马上以准地区副领导人的身份访美,参加"早餐祈祷会",为 1979 年来的第一次。此外,美国公民及移民服务局(USCIS)在网站上公布,未来台湾人入籍美国,申请文件可注明国籍为"台湾(Taiwan)",美国政府在签发的证书上,也将只显示原国籍为"台湾",不会采用"中华民国台湾(Taiwan,Republic of China)""中国台湾(Taiwan,China)"等名称。① 美国国务院与商务部还第一次以联邦政府身份,写信给美国 500 家大企业,鼓励加强与台湾的合作。

　　从特朗普当选之初对一个中国原则的公然违背,到美台"准官方"和"准同盟"关系的不断升级,不难发现美台关系的提升与突破是以牺牲中美关系为代价的。特朗普在当选之初以中美两国能否在经贸问题上达成交易作为美国是否接受"一个中国政策"的前提,引起了大陆方面对其可能逾越中美建交底线的戒备。从美台"准官方""准同盟"关系不断越轨,到大陆军机、军舰绕台的常态化;人们难免担心台海现状总有一天会失衡,导致两岸兵戎相见。两岸之间的"冷和平"状态为美国将台湾纳入印太战略、制

① 洪德谕:《入籍美国籍写台湾 苏贞昌:台湾与中国不同》,中评网,2019 年 10 月 4 日,http://www.crntt.com/doc/1055/6/0/0/105560087.html? coluid = 46&kindid = 0&docid = 105560087&mdate = 1004103340,访问日期:2020 年 2 月 14 日。

约中国大陆的发展提供了有利条件，但同时也让台湾方面对商人出身的特朗普的政治诚信产生怀疑。从特朗普的商人性格和内政优先的政策思路来看，这种可能性不能完全排除。特朗普以及共和党人士对自由价值和制度的忽略，加上前几年的"弃台论"，加剧了台湾方面的担心。① 正如前"美国在台协会"理事主席薄瑞光（Raymond Burghardt）更早时所担忧的，美国在台湾问题上，或许会与大陆进行谈判，并用于换取经济利益的战略工具。② 在美台不对称而非正式的战略同盟关系中，作为弱小的一方，台湾担心被强大的一方所抛弃，是很自然的事情。但是，不管是从美台的密切经济纽带（台湾是美国的第九大贸易伙伴和第七大农产品出口市场）还是台湾所能扮演的战略棋子的角色来看，特朗普当局都不会轻易放弃"台湾牌"。TPP 的破局未必会影响美台经贸关系的拉近，甚至可能更方便彼此达成双方"贸易投资框架协议"（TIFA）。鉴于特朗普当局对自由制度主义和多边外交的忽视，美国支持台湾参加国家组织活动的力度可能受到影响，但美台之间"准官方"关系的继续提升则可能会有进一步的发展，从而冲击中美关系和两岸关系的正常发展。

三、帮助台湾拓展"国际空间"

与两岸统"独"问题相联系的是台湾的"国际空间"问题。帮助台湾拓展"国际活动的空间"，是美国的一贯政策。在两岸出现政治和解、经济文化大交流的局面下，美国在这个问题上表现得更为积极，有拉近美国涉台关系距离的明显意图。美方人士认为大陆方面应该保持台湾的现有"邦交国"数目不变，同时扩大台湾在国际组织的活动。卜睿哲主张将台湾作为正式成员参加国际组织和仅仅只是参加国际活动这两个问题相区分。既然北京担心的是台北以世卫组织观察员身份为跳板，进而谋求正式加入世卫组织，如果台北能够明确其目标只是参与国际组织的活动，就容易找到有效的方式打消北京的疑虑，例如邀请其他国家作为见证人，只允许台湾作为观察员参加相

---

① Evans J. R. Revere, *U. S. Policy in East Asia: Growing Challenges*, New York, NY: National Committee on American Foreign Policy, December 2016; Ralph A. Cossa, *A NCAFP Trip to Taipei, Beijing, and Seoul December 6 - 16, 2017*, New York, NY: National Committee on American Foreign Policy, December 2016; Raymond F. Burghardt, *NCAFP Trip to Taipei, Beijing, Seoul and Tokyo November 27 - December 11, 2018*, New York, NY: National Committee on American Foreign Policy, December 2018.

② Raymond Burghardt, *Cross - Strait Trilateral Meeting Report*, New York, NY: National Committee on American Foreign Policy, April 7, 2016, p. 5.

关活动等。如果台湾一定要谋求会员资格，不但不会成功，还将失去观察员的身份。①

马英九推行的"活路外交"政策得到了美方的积极回应。2011 年 9 月 21 日，台湾"外交部"召开记者会，正式宣布将争取"有意义"地参与联合国专门机构，并以联合国气候变化框架公约（UN Framework Convention on Climate Change，UNFCCC）及国际民航组织（International Civil Aviation Organization，ICAO）为优先推动目标。2013 年 7 月，美国参众两院通过"支持台湾参与国际民航组织"的决议案。鉴于自 1993 年起，台湾当局每年透过"友邦"向联合国提案，争取"重返联合国"，未被列入联合国大会议程，导致民众"挫折感"加深和两岸关系的恶化，马英九当局提出"活路外交"的理念，希望通过弹性和务实的新做法，让台湾、大陆及国际社会均能获益，以争取国际社会的认同。2008 年以来，在"活路外交"的名义下，台湾得以派出最高层级的领袖代表出席"亚太经济合作"（APEC）大会和加入"世界贸易组织"（WTO）框架下的"政府采购协议"（GPA），台湾"卫生署长"也获邀以观察员身份连续 7 次出席"世界卫生大会"（WHA）。英国、美国等众多国家先后给予台湾民众免签证待遇。② 对于台湾要求参加联合国相关活动的努力，美国政府于 2008 年后采取了远比以往积极的态度，明确表示美国"强烈支持台湾在世界卫生大会获得观察员地位"，美方人士也乐见台湾参加"国际食品安全管理机构网络"（International Food Safety Authorities Network）。③ 美方人士认为，两岸应该以"非主权途径"（non-sovereignty approaches）解决台湾的"国际空间"问题，后者不但包括联合国的专门机构，也包括台湾与其他国家所欲签署的经济合作协议（即自由贸易协议）。例如，两岸应该尽快协商解决台湾对国际民航组织和联合国气候变化框架公约的参与问题，大陆应停止在非政府组织领域"排挤"台湾，台湾方面也不要企图以"中华民国"的名义加入国际组织，或参加世界卫生大会。④ 葛来仪指出，大陆应该对台北参与上述两个国际组织

① 作者访谈记录，2008 年 10 月 28 日，美国华盛顿。

② 《台"外交部"：争取任国际民航组织观察员》，台海网，2009 年 9 月 21 日，http://www.taihainet.com/news/twnews/twdnsz/2009 – 09 – 21/454075 _2. html。

③ Alan Romberg, "Cross – Strait Relations: Ascend the Heights and Take a Long-term Perspective," *China Leadership Monitor*, No. 27, 2009.

④ Alan Romberg, "Cross – Strait Relations: Setting the Stage for 2012," *China Leadership Monitor*, No. 34, January 2011.

的要求做出积极回应，默许两岸"外交休兵"，排除台湾参与国际非政府组织的障碍；为帮助台湾从全球金融危机中复苏，大陆可以考虑给予台湾航空公司"第五航权"。① 包道格提出，台湾应参加东亚峰会（East Asian Summit, EAS）和东南亚国家联盟（东盟）（Association of Southeast Asian Nations, ASEAN）的活动。②

台湾的"国际空间"能否扩大的关键，是准确界定台湾在国际社会的身份。美方政策专家的思路是，在两岸有关台湾主权归属问题的歧见间寻找一个平衡点。葛来仪认为台湾在争取参加以国家身份为会员资格的国际组织时，应该考虑中国大陆的统一目标，在满足台湾人民希望在国际社会有能见度和大陆坚持一个中国原则的需求间求得平衡。③ 容安澜注意到，大陆对台湾以"台澎金马单独关税区"的名义与新加坡签署经济合作协议未表示明确反对，因而他希望台湾在参加国际组织问题上不要执着于名称。④ 卜睿哲认为，台湾当局接受"九二共识"，同时保持对"一个中国"意涵的诠释空间，有助于打开两岸僵局。台湾当局必须弄清楚哪些是值得捍卫的"主权"，哪些是无关紧要的争论。⑤ 总体来说，美方人士普遍认为，台当局的"外交休兵"和大陆的善意有助于台湾扩大"国际活动空间"，他们也希望目前的发展模式得以延续。

然而，2016 年民进党重新执政后，拒不接受"九二共识"，导致台湾的"国际空间"更为紧缩，不但无法以观察员的身份参加世界卫生组织、国际民航组织等机构的活动，而且"断交潮"不断，与台湾断绝"官方往来"的国家先后有圣多美和普林西比（2016 年 12 月 21 日）、巴拿马（2017 年 6 月 13 日）、多米尼加（2018 年 5 月 1 日）、布基纳法索（2018 年 5 月 24

① Bonnie Glaser, "Building Trust Across the Taiwan Strait: A Role for Military Confidence - Building Measures" (Washington, D. C.: Center for Strategic and International Studies, 2009), pp. 25 - 26.

② Douglas Paal, "The Rise of China and Alliance in East Asia: Implications for Diplomatic Truce," keynote remarks at the 39th Taiwan - American Conference on Contemporary China, Taipei, December 9, 2010, at http://www.carnegieendowment.org/2010/12/09/rise-of-china-and-alliance-in-east-asia-implicatio-ns-for-diplomatic-truce/s6#.

③ Bonnie Glaser, "Building Trust Across the Taiwan Strait: A Role for Military Confidence - Building Measures" (Washington, D. C.: Center for Strategic and International Studies, 2009), pp. 25 - 26.

④ Alan Romberg, "Cross - Strait Relations: Setting the Stage for 2012," *China Leadership Monitor*, No. 34, January 2011.

⑤ Richard Bush, "The Social Foundation of Taiwan's Future: Guns, Wheelchairs and Shark's Fin Soup," speech delivered at Columbia University Symposium on Taiwan in the 21st Century, June 13, 2010, at http://www.brookings.edu/speeches/2010/0613 _ taiwan _ bush.aspx.

日)、萨尔瓦多(2018 年 8 月 21 日)、所罗门群岛(2019 年 9 月 16 日)和基里巴斯(2019 年 9 月 20 日)。为此,特朗普当局指责中国政府的行动是改变台海现状,召回驻萨尔瓦多、多米尼加、巴拿马等国的大使。副总统彭斯于 2019 年 10 月 4 日发表中国政策演说时,攻击中国大陆与多米尼加、布基纳法索、萨尔瓦多三国建交"威胁到台湾海峡的稳定",指责大陆方面对把台湾描述为"独特地理实体"的美国公司发出威胁,且迫使达美航空公司为其不在网站上把台湾称为"中国一个省"做出公开道歉。[①] 特朗普当局一方面对拉美国家施加压力,阻止其继续跟台湾断绝"官方关系",另一方面用其他方式让台湾在国际社会获得"存在感"。例如在 2018 年 7 月和 2019 年 7 月两次让台湾代表应邀参加"全球宗教自由部长级会议",在台北合办"印太区域保护宗教自由对话会"和"太平洋论坛"。特别是邀请台湾"驻纽约办事处"处长徐俪文于 2019 年 9 月下旬进入联合国参加由美国政府举办的关于宗教自由的会议,更是打破了 1971 年以来台湾官员不得进入联合国的惯例。[②]

如果说美国政策圈对于"两岸最终实现某种形式的统一"如何回应尚有不同考量的话,那么对于加强美台关系则有跨党派的高度共识。在小布什政府期间,美国不但提高台湾当局领导人"过境"美国的规格,而且加强美台军事交流的程度,对台出售大量武器。只是因为民进党当局既执意于推进"台独",又未能根据美方的清单购买武器,致使美台关系一度紧张。为此,美方除了多次强烈反对台湾单方面改变现状外,还寄希望于国民党重新执政,修复美台关系。2008 年国民党重新执政后,美台关系迅速改善。包道格认为,美国总统小布什在"9·11"之前曾表示要跟台湾站在一起,但一连串事件发生后,又选择与中国大陆共同面对台海不稳定的局面;现在两岸关系比较稳定,"美国又会站回到台湾这一边"。[③] 葛来仪表示,奥巴马政府的台海政策目标包括在政治上支持马英九当局,使其有信心与北京谈判;

---

① Vice President Mike Pence's Remarks on the Administration's Policy Towards China, The Hudson Institute, October 4, 2019, https://www.hudson.org/events/1610-vice-president-mike-pence-s-remarks-on-the-administration-s-policy-towards-china102018, accessed on October 5, 2019.

② 吴钊燮:《美邀请台湾"外交"代表第一次進联合国》,中评网,2019 年 9 月 24 日,http://hk.crntt.com/crn-webapp/touch/detail.jsp? coluid = 7&kindid = 0&docid = 105547531&from = groupmessage&isappinstalled = 0,访问日期:2019 年 9 月 25 日。

③ 《奥巴马两岸政策可能从失衡趋平衡》,台海网,2008 年 12 月 28 日,http://www.taihai-net.com/news/twnews/latq/2008 - 12 - 28/357808 _ 4.html。

在国际上支持台湾参与国际组织，包括支持台湾成为世界卫生大会的观察员；在军事上要求北京降低对台军事部署，冻结部署或撤回沿海短程导弹，对台释放善意。[①] 虽然奥巴马总统在 2009 年 4 月与胡锦涛主席会面时，没有提到"与台湾关系法"，但这并不表示美台关系的弱化，或台湾问题的边缘化，而是意味着随着两岸关系的缓和，华盛顿试图将美中关系和美台关系予以分别处理，不再捆绑在一起。正是基于这一考虑，美国国务卿希拉里·克林顿在 2009 年 2 月访华期间，未将台湾问题列入双方的讨论议程。

第四节 小 结

2008 年两岸关系进入和平发展时期后，美国涉台政策的重点是加强美国与台湾的关系，支持台湾扩大"国际空间"，以平衡两岸经济、文化交流迅速发展对美国涉台关系的影响，增加台湾在两岸政治对话中的筹码，并对两岸关系和平发展的可能结果予以密切关注。从地缘政治学角度分析，如果台湾能和平地从中国分离出去，也许可以最大限度地实现美国的国家利益。然而由于中国大陆强烈反对台湾"独立"，这一情况不可能发生。与此相反，如果海峡双方选择和平统一，美国又无力予以强行阻止。[②] 因此，对美国而言，最好的政策选择是维持现状，在统一和"独立"之间选取一种模糊的中间状态。最坏的情况是台湾走向"法理独立"或中国政府决心用武力统一台湾，迫使美国必须在袖手旁观和军事卷入之间做出两难的抉择。其政策底线是美国在台湾问题上的作用不能被边缘化，两岸统一必须附带美方所能接受的前提条件，即美国必须维持最终解决台湾问题的话语权，以保证现存的美国涉台政治、经济和军事关系不会因为两岸走向统一而受到影响。如果说，在两岸关系动荡期，美国不支持台湾"独立"的说辞，客观上有利于防止台湾走向"独立"的话，那么，在两岸关系和平发展时期，美方对两岸统一的前景既不表态支持也不看好的政策观点，则无法起到促进中国统一的作用。

马英九执政期间两岸关系的和平发展，难免导致台湾问题在美国决策者

---

① 《美专家：奥巴马将推动美国大陆台湾走向"正和"》，中国台湾网，2009 年 1 月 7 日，http://www. taiwan. cn/plzhx/mtshy/tga/lhb/200901/t20090107_811904. htm。

② Thomas Christensen, "The Contemporary Security Dilemma: Deterring a Taiwan Conflict," *The Was-hington Quarterly*, Vol. 25, No. 4, autumn 2002, p. 16.

和专家学者心目中的地位下降。虽然维持台海"不统、不独、不武"的现状，仍是美国国内的主流派声音，但随着中美实力差距的缩小与合作前景的扩大、两岸关系的和平发展和台湾总体实力的下降，更多的美方人士开始在不同程度上接受"弃台论"，不管是出于中美合作的需要（如欧文、基里、肯恩、傅立民），避免中美为台湾而战（如卡彭特、葛雷瑟）的考量，还是对两岸终归要走向统一的大趋势的认知（如沈大伟、普理赫、史文、沙特、麦德伟、布热津斯基、米尔斯海默）。与美国官方在 20 世纪 70 年代和 80 年代初出于"联中制苏"战略需求而私下考虑放弃台湾不同的是，近年来公开登场的不同形式的"弃台论"只是部分人士的非官方看法，但在学术圈和媒体的曝光度反而超过当年，从而引起了各方的关注，也因此引发了"维持现状派"和"冷战派"的批评与反弹。

2016 年台湾地区和美国先后发生政党轮替后，美国涉台关系急剧变化。从"美国在台协会"官员高调访问台湾外事部门商谈印太民主机制建设事宜，到公开宣称其海军陆战队早已进驻该"协会"驻台北办事处；从美方对台军售常态化，到派遣军舰频繁穿越台湾海峡；美国涉台关系日益朝"准官方""准同盟"的轨迹演化。上述变化可以溯及 2016 年特朗普以候任总统的身份与台湾地区领导人的破例电话交谈，甚至远追奥巴马执政期间中美关系所开始逐渐呈现的结构性矛盾，以时任美国国务卿希拉里·克林顿 2011 年发表将台湾视为美国"重要的安全及经济伙伴"的言论最为典型。在中美关系和两岸关系同步紧张的情况下，美台勾连具有必然性，战略同盟理论所揭示的伙伴互疑问题（即弱方担心被强方抛弃、强方担心被弱方拖入与其战略对手的冲突）得到缓解。① 2009 年到 2014 年热闹一时的"弃台论"，在美国著名"中国通"兰普顿称之为转折点的 2015 年后就基本偃旗息鼓。② 事实上，自从中美建交以来，美国政府就没有认真考虑过放弃"台湾牌"的政策选项。至于如何打这张牌以及打到什么程度，则跟中美关系竞合程度有很大关系。虽然特朗普当局积极支持台湾的"国际参与"，强化

---

① 有关美台之间的战略互疑问题，可参见 Nancy B. Tucker, *Strait Talk*: *United States – Taiwan Relations and the Crisis with China*, Cambridge, MA and London, England: Harvard University Press, 2009.

② David M. Lampton, "A Tipping Point in US – China Relations is Upon Us," Speech given at the Conference China's Reform: Opportunities and Challenges, hosted by The Carter Center and the Shanghai Academy of Social Sciences, Shanghai: May 6 – 7, 2015, http://www.uscnpm.com/model_item.html? action = view&table = article&id = 15789, accessed on February 22, 2020.

其与一些国家的"官方关系与非官方伙伴关系",但民进党当局倚重美国拓展对外关系难免受到两个因素的限制。第一,台美关系毕竟只能定位为"非官方"关系。美国国务院系统对此较有共识,会对蔡当局予以一定的制约。美国支持台湾参与国际组织的活动,但难以支持台湾加入以国家身份为会员资格的国际组织。第二,两岸对外交往的实力悬殊,即使美国想帮助台湾维持现有的"邦交国"数目不变,但无助于扭转大趋势。兰德公司的新近研究报告建议台湾方面做好"零邦交"的思想准备就是一个例子。

第四章 美国在两岸和战问题上的政策立场

两岸关系的和平发展与中美战略合作的加深，共同重塑了美国在台湾问题上的政策思维。在2008年之前两岸关系的动荡期，美方的政策重点是避免两岸发生军事冲突。为此，美方采取战略模糊、双向威慑、鼓励对话的政策，不支持台湾"独立"，反对台海任何一方单方面改变现状，以维系台海两岸"不统、不独"的冷和平（cold peace）状态。2008年两岸关系进入和平发展时期后，美国涉台政策的重点是支持台湾扩大"国际空间"，加强美台军事关系，以平衡两岸经济、文化交流迅速发展对美台关系的影响，增加台湾在两岸政治对话中的筹码，并对两岸关系和平发展的可能结果予以密切关注。在新时期，美国继续鼓励两岸政治对话的目的，固然是避免两岸关系发生逆转，重蹈覆辙，具有政策的延续性；同时也是为了掌握情况，防止台湾被迫接受大陆的统一要求，从而影响美国在台海的战略利益。2016年台湾再次发生政党轮替后，两岸在政治上再次回到"冷和平"状态，不管是制度化的两会协商谈判机制，还是国台办、陆委会交流沟通机制，都因为民进党当局拒不接受"九二共识"而为之中断。以此相伴随的军事上的"冷对抗"气氛，则比2008年前的陈水扁时期更为紧张。大陆方面的军机、军舰绕台常态化，美国对台军售和台美军事交流也愈演愈烈。同时，特朗普入主白宫后，中美关系中的竞争性要素更为突显。两岸关系和平发展的前景增添了新的不确定的因素。

第一节 美国支持两岸和平对话的政策内涵

根据以往的经验，美国鼓励两岸和谈的力度，跟台海危机的激烈程度成正比，即两岸关系越是紧张，美国就越有可能加强对台北的"促谈"力度。美国对两岸举行政治谈判的态度，从20世纪80年代的"不鼓励、不介入、不调停"，到90年代中期后的积极鼓励，主要就是担心两岸政治分歧的加剧，可能导致一场军事冲突。为避免日后要么卷入两岸战争、要么置身事外的两难选择，美国调整了不鼓励两岸和谈的政策。2008 年后两岸关系趋于缓和，美国基于政策的惯性，继续支持两岸和平对话，但对其所可能导致的结果保持密切关注。不过，2016 年以来两岸关系日趋紧张，美方却并未再敦促双方和谈。其主要原因是中美关系的性质发生了重大变化，由合作为主变为竞争为主。两岸关系的紧张，反而为美国政府内的"冷战派"提供了打"台湾牌"的绝好机会。

一、2008 年后美国继续支持两岸和平对话的原因

对于 2008 年后海峡两岸协商对话的次第展开，美方未加阻挠，仅表示密切关注。根据当年国民党智库的一项观察，美国政策圈在 2008 年后开始思考以下五个新议题：（1）何处是美国可以接受台海两岸关系改善的真正底线？（2）美国是否应该对两岸签署和平协议采取保留态度？（3）美国是否需要担心马英九当局的大陆政策走向可能导致中国大陆对台影响力的强化，并造成美国在此地区的战略利益损失？（4）倘若两岸从经贸融合进入政治性整合阶段，如何调整台美军售与军事合作关系？（5）当两岸朝签署类似自由贸易协议方向发展时，美国是否也应该积极考虑与台湾签署自由贸易协议，并以共赢的思维为三方奠定更坚实的建设性合作基础？[①]

上述议题的核心是，美国应该采取何种措施，来应对两岸关系的和平发展问题，包括美国是否可以接受两岸签署和平协议。鉴于两岸实力悬殊，一旦展开政治对话，台湾是否会被迫接受中国大陆的统一要求，难免成为美方的关注焦点。美国国务院一位官员就对马英九一旦连任，大陆是否顺势推进两岸签署和平协议、实现统一目标表示关心。他认为，两岸现状已经在不断改变之中，可能难以长期维持；如果马英九在第二任期内还不跟大陆谈和平协议，大陆可能失去耐心。[②]

不过，大部分美国政策专家仍然认为，台海现状在短期内不会发生根本改变。例如，容安澜（Alan Romberg）就认为，统一不但未列入两岸关系的议程，在相当长的时期内也不会成为现实。卜睿哲（Richard Bush）撰文指

① 中国国民党《政策委员会大陆情势双周报》第 1552 期，2009 年 6 月 3 日，http://www.kmt. org. tw/page. aspx？id = 44&aid = 2710。

② 笔者访谈记录，2011 年 6 月 24 日，美国华盛顿。

出，两岸在未来一二十年间无法解决彼此的根本争议。① 与此类似，美国一位军方人士在 2010 年指出，中国大陆虽然可以靠增强军事能力，成功阻止台湾走向"独立"，但除非在获得对台实施两栖登陆作战能力（a viable amphibious invasion）的情况下，否则是无法迫使台湾接受统一的。② 也就是说，从军力对比的角度看，大陆在 2020 年之前都无法迫使台湾接受统一，台海在未来十年内可维持"不统、不独"的现状。美国国会的一位资深助理坦承，从地缘政治看，美国不希望看到两岸统一影响到美国的战略利益。美国鼓励两岸和谈，是因为知道两岸统一不了。③ 美方人士认为，鉴于台湾内部的政治变化及中国大陆对台政策的调整，两岸政治对话在一定时期内只是谈终结敌对状态，不可能将统一列入谈判议题。基于这一基本评估，美国对两岸关系的继续缓和，基本上持乐观其成的态度，同时赞成马英九的"不统、不独、不武"政策，以维持两岸关系的现状。

为此，奥巴马政府上台之初，在改善中美关系的同时，乐见两岸关系的正常发展，没有从根本上改变支持两岸和平对话的政策。例如，总统国家安全顾问琼斯（James Jones）表示要"保持美中关系的积极发展势头"，首任国家安全委员会亚太事务资深主任杰弗里·贝德（Jeffery Bader）主张美国"积极与中国接触、合作，谨慎处理台湾问题"。常务副国务卿詹姆士·斯坦伯格（James Steinberg）重申，美国欢迎两岸关系的改善。④ 鉴于以往台海危机的经验教训，美国没有骤然改变鼓励两岸对话的政策。葛来仪在 2009 年 1 月就预测，奥巴马政府将鼓励两岸进一步改善关系，通过协商寻求和平解决歧见。⑤ 后来的事态发展证明她的预测是正确的。2009 年奥巴马总统访华，双方签署了《中美联合声明》。美方表示欢迎两岸关系和平发展，期待两岸加强经济、政治及其他领域的对话与互动，建立更积极稳定的

---

① Richard Bush, "The Social Foundation of Taiwan's Future: Guns, Wheelchairs and Shark's Fin Soup," speech delivered at Columbia University Symposium on Taiwan in the 21st Century, June 13, 2010, at http://www.brookings.edu/speeches/2010/0613 _ taiwan _ bush.aspx.

② Twomey, Christopher. "Limits of Coercion: Compellence, Deterrence, and Cross – Strait Political – Military Affairs," in Roger Cliff, Phillip Saunders, Scott Harold, *New Opportunities and Challenges for Taiwan's Security*, Washington, D.C.: Rand Corporation, 2011. pp.47 –49, p.61.

③ 笔者访谈记录，2008 年 10 月 27 日，美国华盛顿。

④ 《美国副国务卿：美国与两岸关系正处于良好轨道》，中国新闻网，2009 年 5 月 13 日，http://www.chinanews.com/tw/tw-gjgc/news/2009/05 – 13/1690274.shtml。

⑤ 《美专家：奥巴马将推动美国大陆台湾走向"正和"》，中国台湾网，2009 年 1 月 7 日，http://www.taiwan.cn/plzhx/mtshy/tga/lhb/200901/t20090107 _ 811904.htm。

关系。根据任雪丽（Shelly Rigger）的观察，美国的决策者需要操心诸多国际事务，实在不希望两岸可能爆发任何冲突或危机。尽管在美国有些人士担心马英九上台后两岸关系好得可能有点过头，但和陈水扁时期台海危机相比，正面的发展远远超过了负面的发展。① 卜睿哲和容安澜也发表了类似的观点②。

由此可见，美国在两岸关系改善后仍继续鼓励双方对话的主要原因有二：其一是两岸政治对话在一定时期内只是谈判终结敌对状态，不可能将统一列入谈判议题；其二是两岸关系的危机根源尚未根除，甚至可能因为一些事件的激活而再度萌生。此外，自 1995—1996 年台海危机以来，推动两岸对话已成为美国政府的一项重要政策，形成了某种政策惯性。民主党的策士卜睿哲和李侃如（Kenneth Lieberthal）又都是当年力主两岸签署"中程协议"的政策专家，他们的思路很自然地会影响到奥巴马政府的涉台政策取向。2016 年两岸关系重新回到"冷和平"以至"冷对抗"时期后，美方有些人士仍希望两岸恢复对话，主要是出于避免台海紧张局面持续升级的考量。例如，卡内基和平基金会资深研究员史文就认为美国确认"一中"政策，继续支持两岸对话，可以削弱中国大陆决策圈中对台动武的主张。③

二、美国支持两岸政治对话的前提

在两岸关系和平发展时期，美国支持双方政治对话有两个重要前提。

首先，两岸政治对话不能影响美台关系的同步提升，也不能危及美国在亚太地区的战略利益。小布什政府后期的国安会亚太事务资深主任韦德宁（Dennis Wider）表示，两岸对话符合两岸和美台的利益，将是双赢的局面。美国对美台关系充满信心，不会担心台湾与中国大陆关系发展太过密切，台湾可以与美国和中国大陆同时保持良好关系。④ 奥巴马在 2008 年大选期间的外交政策顾问麦艾文（Evan Medeiros）表示，只要不对美国在东亚的权力

---

① 《多位美国学者赞扬马英九上任一年成功处理了两岸关系》，美国中文网，2009 年 5 月 21 日，http://www.sinovision.net/portal.php?mod=view&aid=85333。

② 笔者访谈记录，2009 年 4 月 8 日，美国华盛顿；Alan Romberg, "After the Taiwan Election," *China Leadership Monitor*, No. 25, 2008.

③ Michael Swaine, "Managing Asia's Security Threats in the Trump Era," Washington, D. C.: Carnegie Endowment for International Peace, January 19, 2017.

④ 《美国白宫官员韦德宁：不担心两岸关系走太快》，新华网，2008 年 6 月 1 日，http://news.xinhuanet.com/tw/2008-06/01/content_8293165.htm。

产生急剧的负面影响，美国将强烈支持两岸问题在未来得到和平解决。[1] 按照葛来仪的说法，奥巴马政府将寻求改变美国与海峡两岸的三方关系由过去的零和（zero-sum）游戏转变正和（positive-sum）游戏，在不影响美国涉台关系的前提下，鼓励两岸关系的改善。[2] 但如果两岸关系的发展超出了美国的掌控范围，美国就有可能采取新的对策。华府的中国问题专家、曾长期供职于美国国会研究处的乔治敦大学兼职教授沙特（Robert Sutter）就认为，2008 年后两岸经济与社会接触迅速发展，但台湾国际地位的提升却进展缓慢，中国大陆针对台湾的军事部署仍在加强。虽然两岸的紧张局势趋于缓解和稳定，但与之相伴的是中国大陆对台湾的影响日益增加。台湾目前只能寻求中国大陆的允许，与世界卫生组织和其他国际组织交流。这种情况不符合美国的利益，美国必须采取相应对策。[3]

其次，台湾不会被迫与大陆签署具有统一导向的和平协议。虽然李侃如和何汉理（Harry Harding）在 1998 年所分别建议的"中程协议"和"临时协议"（详见第一章第二节）均带有统一导向的意涵，但美方在马英九时期所属意的和平协议却是以"台湾不独、大陆不武"为核心内容的协议。根据美国国防大学教授孙飞（Phillip Saunders）和马里兰大学教授斯哥特·卡斯勒（Scott Kastner）对两岸和平协议的研究成果，两岸和平协议的核心要素是台湾保证不寻求"法理独立"，其前提是中国大陆不对台使用武力或进行武力威胁。和平协议可以仅仅让这一核心协议（core bargain）具有法律效力，也可以将两岸在军事领域的信心建立措施（CBMs）包括在内。前者保留协议的模糊性，较容易达成，也可以减少对内说服的成本，但协议的约束力有限，会增加日后发生争议的可能。后者详细列举双方将不会采取的特定行为，但耗时多而较难达成。除了这一核心协议外，和平协议的内容还可以包括其他条款，例如增加两岸经济和交通联系，允许台湾扩大"国际空

---

[1]　麦艾文的原话是，"If a peaceful resolution of the cross-strait situation came about in the future, it's something that we would strongly embrace but at the same time that wouldn't have any dramatic lasting effect on the power and influence of the United States in East Asia", see "US unfazed by China – Taiwan ties", *The Strait Times*, October 21, 2008, http://www. straittimes. com/Breaking% 2BNews/Asia/Story/STIStory _ 293082. html.

[2]　《中国大陆、台湾、美国转变中的三方关系》，台海网，2009 年 1 月 14 日，http://www. taihainet. com/news/twnews/latq/2009 – 01 – 14/364572. html.

[3]　Robert Sutter, "China's Power and the Fading U. S. Goal of 'Balance' in the Taiwan Strait," *Asia Policy*, No. 8, July 2009, pp. 3 – 5.

间"，参与国际组织等。但对可能影响台湾问题最终解决方案的其他安排则难以列入和平协议。例如，统一导向或台湾在联合国的代表权均难以列入和平协议的范畴。① 关于两岸和平协议的签署者，这两位学者认为在诸多选项中，半官方的海协会和海基会代表出面较为可行。如果由双方的政党领袖签署协议，在台湾出现政党轮替的情况下，协议的合法性将受到质疑。台方的签署者也可以是"台湾人民选举产生的代表"（elected representative of the people on Taiwan），作为介于政党领袖身份和政府首脑身份之间的折中安排。作者认为，书面协议比口头协议或经过立法批准的正式条约更为可行。和平协议的有效期既可以明确规定（从 25 年到 50 年之间），也可以不规定有效期，但说明在一些条件发生变化时，例如在台湾人民倾向接受统一或是"大陆变得更加民主"时，协议可以终止。但作者强调，这种附加的说明也许难以为双方同时接受。这项研究成果是美国公开出版物中对两岸和平协议着墨最多、研究最深的一例，具有一定的代表性。

不过，鉴于两岸对签署和平协议的前提条件和具体内容有着不同的认知，加上台湾内部对这一议题众说纷纭，美方人士对两岸签署和平协议并不看好。鉴于马英九在 2008 年选举期间以和平协议作为重要的竞选议题，但在当选后却未能兑现其承诺，他在 2012 年竞选连任期间对和平协议议题浅尝辄止，就更令人怀疑他在第二任期的执行力。正如曾任职美国国务院的约翰斯·霍普金斯大学高级国际关系研究学院（School of Advanced International Studies，SAIS）客座教授卜道维（David G. Brown）所观察的，2012 年的台湾选举结果证明，马英九当局的两岸政策是有效的，台湾民众对于台海现状较为满意，不愿意对大陆采取对抗策略。但民众对两岸关系有信心，不等于对政治谈判有信心。台湾内部对于如何处理两岸的政治性议题，只达成了局部共识；对于台湾认同和安全需求，才有高度共识。换言之，马英九在如何处理两岸政治关系上，只得到了选民的有限授权。与此类似，唐耐心认为，台湾愿意跟大陆打交道，不等于愿意与大陆进行政治谈判。曾任美国国务院中国科科长的 CENTRA 公司研究员史莱克（Steven Schlaikjer）也认为，马英九面临内部压力，推进政治对话缺乏岛内支持；如果马英九急于推进，

---

① Phillip C. Saunders and Scott L. Kastner, "Bridge over Trouble Water? —Envisioning a China – Taiwan Peace Agreement," *International Security*, Vol. 33, No. 4 (Spring 2009), pp. 91 –98.

将导致岛内反弹,其至是民进党的上台。① 根据长期关注台海局势的美国政策专家容安澜的分析,两岸不可能进行政治对话,也不可能签署和平协议。这是因为马英九在台湾受到各种力量的制约,没有弹性可以做这件事。事实上,马英九已经很清楚地指出,和平协议必须"公投"决定。这一态度表明,马英九对两岸政治对话与和平协议问题,都没有近期的时间表。② 美国威尔逊国际学者中心的亚洲项目前主任罗伯特·哈瑟威(Robert Hathaway)认为,美国的当务之急是推动两岸和平,而不是和平解决台湾问题。③ 在马英九和奥巴马相继连任后,卜睿哲重申台海和平符合美国的东亚政策。他指出,胡锦涛和马英九克服内部阻力,冒着风险稳定和改善了两岸关系,打破了相互恐惧和挑衅的恶性循环,曾经作为美中可能开战唯一问题的两岸紧张关系在过去 5 年里大大缓和,使美国少了一个头疼的问题。大陆和台湾所采取的都是防范或两面下注(hedging)的战略。大陆在推动两岸关系和平发展的同时,仍将"台独"视为威胁,继续发展军事力量作为威慑手段;马英九则主张台湾通过与大陆接触而不是挑衅,更好地保持和平繁荣,同时也注意保持良好的台美关系,以加强自身安全。为延续这一"不统、不独、不武"的局面,卜睿哲建议台湾不要让大陆产生"两岸统一大门永远关闭"的印象,因为这样会让大陆失去耐心,迫使台湾接受无法拒绝的提议,结果变成"敬酒不吃吃罚酒"。④ 也就是说,美国并不希望看到台湾被迫接受大陆的统一建议。

2014 年 2 月台湾方面大陆事务委员会主任委员王郁琦访问大陆,与国务院台湾事务办公室主任张志军两次会晤并互称头衔,被外界视为两岸官方交流的一项重要突破。美国媒体也对此予以密切关注,指出两岸更紧密联系与政治谈判乃大势所趋,不可逆转。美国战略与国际研究中心高级顾问兼费和中国研究中心主任张克斯(Christopher Johnson)在接受中评社记者采访时表示,中国新一届政府希望看到两岸关系进一步发展,尤其是在涉及主权的核心议题上取得进展,这种进展可以多种不同方式呈现,但一定要认真考

---

① 笔者会议记录,2012 年 6 月 4 日,美国华盛顿。

② 《容安澜:马英九没弹性,两岸不可能政治对话》,中评网,2012 年 11 月 20 日,http://www.crntt.com/crn-webapp/doc/docDetailCreate.jsp? coluid = 7&kindid = 0&docid = 102310903。

③ The United States should have as a priority objective the promotion of peaceful relations(rather than resolution)across the Taiwan Strait. 笔者会议记录,2012 年 6 月 4 日,美国华盛顿。

④ 《卜睿哲:不应假设北京对台无限忍耐》,中评网,2013 年 2 月 8 日,http://www.crntt.com/doc/1024/3/3/9/102433925 _ 2. html。

虑台湾的敏感性。美国鼓励任何有助于增强两岸稳定性的对话，但会密切观察北京以何种方式取得其所希望的进展，是否透过胁迫和强硬的方式来实现。在被问到美方是否乐见"张王会"不仅谈经济议题，也谈政治议题时，张克斯表示，美国显然是想让两岸自行决定谈论他们感兴趣的问题，美国的总体看法是鼓励任何会在两岸产生更大稳定性的对话。与此同时，当时已内定出任美国驻华大使的马克斯·鲍克斯（Max Baucus）表示，美国欢迎台海两岸关系继续取得进展，坚持美国对基于美中三个联合公报和"与台湾关系法"的"一个中国政策"的承诺，也将敦促中国减少针对台湾的军事部署，追求以海峡两岸人民可以接受的方式，和平解决台湾问题。白宫国家安全事务副助理本·罗兹（Ben Rhodes）针对两岸领导人可能的会面指出，总体而言美方支持两岸对话，鼓励习近平和马英九的对话也能采取建设性的手法。作为台海两岸的朋友，美国希望看到任何能减少台海紧张的结果，并追求两岸人民更密切的联系。罗兹强调，美国将继续支持两岸对话，如果两岸领导人最终做出判断，决定会面，美国届时不会阻止，而会等待会谈的结果再进行评估。[①]

　　总之，美国在可预见的将来仍将鼓励两岸政治对话，但前提是台湾不会被迫接受统一，两岸和谈也不会影响美台关系的发展。根据英国诺丁汉大学中国政策研究所副主任苏利文（Jonathan Sullivan）的观察，大陆通过两岸经济相互依赖等杠杆对台湾施加压力，台湾很难无限期地抵制下去，两岸关系将不可避免地向北京渴望的统一方向漂移。[②] 在这种情况下，如果两岸领导人和人民选择进一步推进政治关系，美国如何反应就值得观察。对于2015 年 11 月两岸领导人在新加坡会面，美国的官方立场是不反对，但不希望看到台湾方面被迫接受大陆要求。蔡英文上台后，美方认为民进党当局愿意在"在中华民国现行宪政体制下"，根据"两岸人民关系条例"处理大陆事务，是一个很大的进步。大陆应该做出积极回应，恢复两岸的协商沟通，避免彼此关系的恶性循环，维持台海稳定。[③] 总的说来，美国鼓励两岸和谈的前提是台湾不会被迫接受大陆方面的谈判前提和要求，两岸和谈也不会影

　　① 《美国对"张王会"表欢迎鼓励两岸继续建设性对话》，中国新闻网，2014 年 2 月 12 日，http://www.chinanews.com/gj/2014/02 - 12/5825320.shtml。

　　② 《纽约时报》2014 年 2 月 17 日。

　　③ Rorry Daniels, *A Conference with the Taiwan Affairs Office of the "PRC" State Council*, New York, NY: National Committee on American Foreign Policy, June 2016.

响美台关系的发展。

第二节　美国应对台海军事冲突的基本策略

美国应对台海军事冲突的基本策略，是对台湾安全予以有限的承诺。从"美蒋共同防御条约"到"与台湾关系法"的前后交替，人们可以发现在中美建交后，美国仍对台湾安全予以承诺，"美蒋共同防御条约"废除后，美国国会在中美建交后不久，通过了"与台湾关系法"（Taiwan Relations Act）。该法将台海军事冲突视为美国的"重大关切"（great concern）所在，虽然没有在法律上要求美国在台湾受到攻击时出兵相助，但暗示如果中国大陆诉诸武力解决台湾问题，美国将采取相应的措施。^① 至于何为"相应措施"，美方没有明言。换言之，美国对台湾的安全只做出了模糊的承诺（ambiguous commitments to Taiwan's security）。值得注意的是，在该项法律通过时，并不存在台湾"独立"的现实威胁。当时台湾尚处于戒严状态，岛内不存在公开鼓吹"台独"的政党，也没有这方面的"言论自由"，因此，"与台湾关系法"所提及的台海军事冲突，指的是中国大陆主动采取军事手段解决台湾问题，即武力统一台湾。

一、战略模糊策略的缘起与内容

美国在是否及如何介入台海军事冲突问题上采取战略模糊政策有其历史原因。美国和台湾之间战略利益有一致性，但也有分歧点。作为实力极不对称的盟友或准盟友，美国担心被台湾拖入一场与中国大陆的战争，台湾则担心美国可能出于自身利益而牺牲台湾。朝鲜战争爆发后，美国派遣第七舰队进入台湾海峡，一方面固然是阻止中国大陆武力统一台湾，另一方面也是为了限制蒋介石当局对大陆采取军事行动。从20世纪50年代到70年代，美军驻扎台湾，对台湾提供军事保护。尽管如此，美国和蒋介石政权在当时也有矛盾，存在严重的战略互疑。美国将台湾视为遏制社会主义阵营发展、进行全球冷战的一个棋子，蒋介石则希望美国支持其"反攻大陆"；美国希望两岸划峡而治、台湾"独立"，蒋介石则不愿意放弃金门、马祖前沿阵地。

---

① 美国参议员汤姆斯（Craig Thomas）2000年5月9日在美国威尔逊国际学者中心举办的"后冷战时代的中美关系"国际学术研讨会议上的演讲词。

为此，美国在是否以及在何种情形下介入台海军事冲突问题上，从一开始就刻意维持一种战略模糊（strategic ambiguity）的政策，以避免被蒋介石当局拖入一场与中国大陆的战争。①

中美建交后，两岸关系也从紧张走向缓和，台海发生军事冲突的可能性随之下降。但在 1995—2008 年期间，由于台湾当局推行渐进的"台独"路线，导致两岸关系发生多次危机，美国的"一个中国政策"和战略模糊政策同时受到岛内分裂势力的挑战和质疑。虽然美国官方多次表态，不会为"台独"而卷入台海军事冲突，但因为"与台湾关系法"暗示，如果台海发生战争，美国将采取相应措施，这一笼统的承诺难免向主张台湾"独立"的人士提供错误信息，起到一定的鼓励作用。民进党内一些人士就曾追问美方，如果因为台湾"独立"导致两岸发生战争，美国是否会介入。当美方以"这是台湾自找麻烦"相回应时，这些民进党人士仍对美国无条件军事介入台海战争存有幻想。其实，"与台湾关系法"出台时美国的本意是要防止大陆武力统一台湾，而未曾考虑到由于"台独"导致两岸交战的问题，当时台湾内部甚至没有公开鼓吹"台独"的自由。至于在台海发生战争的情况下，美国将在多大程度上介入两岸军事冲突，都是当年立法者语焉未及的。这一未知数也就为日后美国弹性诠释、灵活行动留下了模糊的空间。例如，根据"与台湾关系法"，小布什总统在 2001 年中美撞机事件后，公开宣称美国将"竭尽所能协防台湾"；但曾任小布什政府副国务卿的理查德·阿米蒂奇（Richard Armitage）在 2004 年 12 月 10 日被记者问及美国是否将"保卫台湾"时，就仅回答说"与台湾关系法""要求美国在太平洋地区保持足够军事力量，可以威慑制止北京对台湾的攻击，但它并未要求美国保卫台湾"。②值得注意的是，阿米蒂奇是在民进党当局执意推动"入联公投"，因而将台湾视为可能破坏中美关系的"地雷"的情况下发表上述言论的。不过，小布什和阿米蒂奇都是笼统地就台海发生战争时美方是否或如何军事介入发表看法，而没有区分两岸发生军事冲突的具体原因。

如上所述，"战略模糊"指的是美国将根据战争的起因（是因为台湾"独立"引起大陆对台使用武力，还是因为大陆急于统一而使用武力）、战

---

① Nancy Bernkopf Tucker, *Strait Talk*, Cambridge, Mass. : Harvard University Press, 2009, pp. 3 - 4.

② Bill Gertz and Rowan Scarborough, "No Policy Shift", The Gertz File, December 2004, http://ww. gertzfile. com/gertzfile/ring123104/html, accessed on December 27, 2004.

争的进展态势（台湾有无自卫能力）和国际形势决定是否介入台海军事冲突。与之相配套的"双向威慑"（dual deterrence）策略指的是，美国一方面告诫台湾不要寻求"独立"，不要指望美国军方会因为"台独"而卷入与中国大陆的军事冲突；另一方面也提醒中国大陆，在任何情况下都不要对台使用武力，即使是在台湾宣布"法理独立"的情况下，大陆也应该谨慎行事，用和平的、外交的手段解决争端。这一策略具有内在的矛盾性，因为美国给两岸的信息是相互冲突的。如果美国真正不支持台湾"独立"，大陆在考虑对台采取军事手段、制止台湾当局的"台独"行为时，可以更多地排除外部因素的干扰；而如果美国真正能束缚大陆对台用武的手脚，岛内的分裂势力也尽可以肆无忌惮地推动"台独"。美国学者陈鼎注意到两岸对于美国的战略模糊政策都缺乏信任：在中国大陆看来，美国是在暗中鼓励台湾"独立"，让中国陷于分裂和软弱的境地，可能因之采取先发制人的军事措施，占领台湾，遏阻或延缓美方的军事介入；台湾则担心美国将为讨好中国大陆而最终牺牲台湾的民主和政治利益，为此可能采取宣布"独立"或向大陆投降的措施，从而影响到亚太地区稳定和美国的利益。[1] 美方政策设计者的理性假设是：台海两岸在做出相关决策时，都必须将对己方最不利的可能性考虑在内。这一自相矛盾的策略之所以有助于维持台海现状，是因为两岸在评估美方的可能行为时，都要做最坏的打算，认真接收美方传递给彼此的相应信号。台湾方面不应该相信美方会为"台独"而战，大陆方面也不要以为美国将对两岸间的任何性质的军事冲突袖手旁观。[2] 因为美国享有经济和军事能力方面的绝对优势，两岸又存在很深的敌意，美方可以轻易地偏向一方打压另一方。[3]

　　战略模糊政策和双向威慑策略是否可以收到防范台海危机发生的效果？这一问题的答案与其说是取决于北京对美国军事卷入两岸冲突的可能性的认真研判，倒不如说是取决于台北是否抱有美国将为"台湾独立"而战的幻想。追根溯源，2008 年以前台海危机的根源，并不是因为大陆急于武力统一台湾，而是因为台湾分裂势力对美方和大陆政策底线的不断挑衅和测试，总想最大化自己的政治利益，往"空信封中填充尽量多的东西"（pushing

---

① Dean P. Chen, *U. S. Taiwan Strait Policy : The Origins of Strategic Ambiguity*, Boulder, Colorado : First Forum Press, 2012, pp. 1 – 3.

② 作者对卜睿哲的访谈记录，2005 年 8 月 25 日，美国华盛顿。

③ Dean P. Chen, *U. S. Taiwan Strait Policy : The Origins of Strategic Ambiguity*, Boulder, Colorado : First Forum Press, 2012, p. 45.

the envelope）。随着两岸关系的和平发展和双方敌意的逐渐消除，两岸发生战争的可能性在下降（不管是因为"台独"导致战争还是大陆采取武力统一台湾），采取战略模糊政策和双向威慑策略的根据已经开始松动。此外，既然美国的战略模糊和双向威慑是以其军事优势为依托的，随着中国大陆经济和军事实力的增强，上述策略也完全有可能因为信息不对称而导致相反的结果。从中国的百年屈辱和地缘政治的角度来看，大陆制止领土分裂的意志和地理优势足以弥补军事力量的不足。因此，在中美两个大国围绕台湾问题而展开的战略博弈中，双方在军事实力和政治意志上各有优势，美方难以稳居上风，也无法把自相矛盾的双向威慑策略长期推行下去。

二、游离于战略模糊到战略清晰之间

事实上，在 1995—2008 年期间海峡两岸出现的多次危机，已经揭示了美国战略模糊政策和双向威慑策略的误导性。随着台海危机的加深，美国政策圈内的一些重要人士开始挑战这一模糊政策，出现了有别于战略模糊政策的三种不同声音。其一是将台湾视为美国的军事盟友，主张在任何情况下美国军队都要介入台海冲突，不放弃打"台湾牌"的"冷战派"；其二是主张美国干脆放弃台湾，避免与中国大陆发生军事冲突的"弃台派"；其三是主张美国只对台湾安全做出有条件的承诺（conditional commitment to Taiwan's security），明确宣示美国不会因为"台独"卷入台海军事冲突的"战略清晰派"。在奥巴马时期，随着两岸关系进入和平发展时期，以及中美战略格局的变化，"冷战派"更难以推行"以台制华"的谋略，"弃台派"的声音有所上升，"战略清晰派"逐渐成为美方政策圈的主流。

"弃台派"主张美国从台海事务中消极退出。他们认为，随着中美两国经济和军事实力差距的缩小，特别是大陆的实力明显超过台湾，美方不应该让台湾继续作为一个导致中美关系紧张的根源。如果美国继续支持台湾，介入中国内战的最后阶段，将产生一系列负面结果。如本书第三章所述，美国凯托研究所（Cato Institute）的副所长特德·卡彭特（Ted Galen Carpente）早在 2006 年就主张美国应明确放弃介入台海冲突的政策选项。由于台海紧张局势提升了美国"协防"台湾的风险，他认为美国的明智选择应该是逐渐退出对台湾的防卫承诺。[1] 曾任美国前太平洋司令部总司令和驻华大使的

---

[1] Ted Galen Carpente, *America's Coming War with China: A Collision Course over Taiwan*（Palgrave Macmillan, 2006）.

约瑟夫·普理赫（Joseph Prueher）也指出，即使美国继续对台军售，台湾也不可能有效保卫自己。查理·葛雷瑟（Charles Glaser）认为，基于中国大陆核武力量的迅速发展，美国有必要和北京就台湾问题达成协议，以避免中美之间发生一场核战争。与欧文斯一样，普理赫和葛雷瑟都主张美国有必要检讨"与台湾关系法"和对台军售。[①] 布鲁斯·吉利（Bruce Gilley）主张美国不应继续支持台湾对抗大陆，而应鼓励台湾走向"芬兰化"，在维持"主权"的前提下放弃发展军事力量。[②] 鲍尔·肯恩（Paul Kane）甚至建议，奥巴马政府应关起门来与中国政府协商，以终止对台军售及军事"协防"，一笔勾销美国对中国的1.14兆美元债务。[③] 不过，与"冷战派"一样，"弃台派"也不代表美国应对可能的台海战争可能性的官方立场。

美国著名的中国问题专家何汉理早在20世纪90年代末就提出了"战略清晰、策略模糊"（strategic clarity, tactic ambiguity）的概念。如第一章所述，在2008年之前的几次台海危机中，美方不少人士认为，美国只能对台湾提供"有条件的安全承诺"。如果台湾寻求"独立"而导致两岸兵戎相见，美国不应该介入。例如柯庆生在2002年就指出，"如果台湾选择宣告'独立'而不顾美国的利益，美国将不会为台湾而战"；美国应让中方领导人相信，"'台湾独立'与美国自身的安全利益不相容"。[④] 小布什总统2005年6月8日接受福克斯新闻网的尼尔·卡乌多采访时表示，如果中国大陆"单方面入侵台湾"，美国"将根据"与台湾关系法"的精神挺身而起。如果台湾单方面宣布"独立"，这就是一个单方面的决策，将改变美国的政策平衡"。[⑤] 也就是说，美国将根据不同的情况采取不同的政策措施（"挺身而

---

①　Joseph Prueher, Remarks at the meeting on "The Way Ahead with China," March 29, 2011, Washington, D. C. : Center for Strategic and International Studies and Miller Center of Public Affairs at University of Virginia, http://eventful. com/washington/events/way-ahead-china –/E0 – 001 – 037859132 – 5 (accessed on March 31, 2011); Charles Glaser, "Will China's Rise Lead to War," *Foreign Affairs*, Vol. 90 (2011), No. 2, pp. 80 – 91.

②　Bruce Gilley, "Not So Dire Straits: How the Finlandization of Taiwan Benefits U. S. Security," *Foreign Affairs*, Vol. 89 (2011), No. 1, pp. 44 – 60.

③　Paul Kane, "To Save Our Economy, Ditch Taiwan," *The New York Times*, Nov. 10, 2011, http: //www. nytimes. com/2011/11/11/opinion/to-save-our-economy-ditch-taiwan. html? r = 1&sq = paul% 20V. % 20Kane&st = cse (accessed on Nov. 12, 2011).

④　Thomas Christensen, "The Contemporary Security Dilemma: Deterring a Taiwan Conflict," *The Washington Quarterly*, Vol. 25, No. 4 (autumn 2002), pp. 19 – 20.

⑤　Fox News, "Transcript: President Bush on 'Your World'," Wednesday, June 8, 2005, http: //www. foxnews. com/story/0, 2933, 158960, 00. html.

起"与否)。正如卜睿哲在事后所观察的,美国已经将其政策从"战略模糊"和"双向威慑"转变为"战略清晰"和"操作模糊"(strategic clarity, operational ambiguity)。根据卜睿哲的看法,尽管美国已经清楚地表明其对台湾的安全承诺是有条件的,美国不会为台湾宣布"法理独立"提供任何防御上的帮助;但是美国对于"台独"的确切定义仍然有待厘清。①

从何汉理的"战略清晰、策略模糊"到卜睿哲的"战略清晰、操作模糊",我们可以清晰地看出,美方不愿为"台湾独立"而与中国大陆发生军事冲突的政策底线,以及美方所力图维护的操作上的灵活空间,后者也包括对何为"台独"的诠释权。与此不同,"战略模糊"策略所依托的强势外交(coercive diplomacy)和"双向威慑",则不排除因"台独"引起两岸战争的情况下美方军事干预的可能,以此阻遏中国大陆以武力制止台湾"独立"。如果说,以"双向威慑"为特征的"战略模糊"可被视为美方防止大陆对台用武的第一道防线的话,那么,以"策略模糊"或"操作模糊"为特征的"战略清晰"则可以视为其第二道防线。

尽管"战略模糊"策略对岛内的分裂势力有明显的误导性,但吊诡的是,在陈水扁主政时期,"台独"的现实可能性又使得一些美方人士不愿意采取"战略清晰"策略,唯恐增加大陆对台使用武力的可能。为此,美国政府官员在被问到中国大陆使用武力制止"法理台独"的情况下美国的可能反应时,都不愿明确承认美国对台湾的安全承诺实际上是有条件的。2006年5月10日,美国副国务卿佐利克(Robert Zoellick)在国会作证时表示,美国不支持台湾"独立",因为它会导致两岸间的战争,并可能导致美军士兵伤亡。②佐利克这段话的自相矛盾之处就是,美国既然不支持"台独",就不可能有"美军士兵伤亡"的问题。如上所述,"双向威慑"系通过对两岸传递相互矛盾的信息以收"战略模糊"之效,而佐利克上述评论面对的则是美国国会。也许正是因为美方对在"台独"导致战争的情况下是否应该出兵有不同的观点,佐利克才显得有点前言不搭后语,从而对"战略模糊"提供了一个很好的注脚。根据卜睿哲的诠释,佐利克的讲话反映出华盛顿仍奉行先前的"双向威慑"策略,该策略并不排除美国介入由"台独"

---

① 作者对卜睿哲的访谈记录,2005 年 8 月 25 日,美国华盛顿。

② 美国副国务卿佐利克(Robert B. Zoellick)2006 年 5 月 10 日在美国众议院国际关系委员会的证词,http://www.fnsg.com/transcript.html。

挑起的两岸战争。① 何汉理也认为，佐利克的讲话表明，美国并未将其政策从"战略模糊"改变为对台安全的有条件承诺，这种理想状态尚未实现。②

以上评论表明，在存在"台独"现实可能性的情况下，美方政策圈人士对官方立场的认知仍难摆脱"战略模糊"的印记，尽管他们对"战略模糊"策略的价值评价是不一样的。如果我们相信"战略清晰"是美国应对台海战争的政策底线，不妨将上述评论视为策略或操作层面的模糊性，或许更能准确地把握美方的真实意图。从美国的民意来看，大部分民众并不支持美国介入一场由"台湾独立"引发的战争。由此进一步推论，"战略模糊"所凭借的"双向威慑"本来就是虚实并用的：告诫大陆在任何情况下（包括"台独"）都不能对台动武为虚，警告台湾美国不会因"台独"与中国大陆开战为实。与其相关的"与台湾关系法"对台湾安全的承诺则带有双重的模糊性。第一重模糊是笼统地对台海军事冲突表达关切，而没有区分战争的性质和原因。第二重模糊是该法虽然提到美国将采取相应行动，但没有说明美方介入的方式（直接或间接，军事或非军事手段）和程度。表面上看，"战略模糊"政策和"双向威慑"策略延续了"与台湾关系法"的精神，但既然当年美方立法者没有预料到两岸战争可能因"台独"而诱发，后来的政策设计者就有必要排除美国为"台独"而战的政策选项，采取"战略清晰"策略。考虑到台海形势的发展变化，"战略清晰、策略模糊"应该比"战略模糊、双向威慑"更符合美国政府当初制定"与台湾关系法"的本意。

在两岸关系摆脱数次危机的困扰后，"台独"导致两岸军事冲突的现实可能性在马英九时期一度下降，美方防止台海战争的主要目标已经不是台湾方面的"麻烦制造者"，而是担心大陆武力统一台湾。在这种情况下，"战略清晰"比"战略模糊"更符合美方的利益。贝德主张，美国一方面应向中国大陆表明，美国的安全利益在于两岸问题的和平解决，美方无法接受大陆对台实施武力攻击；另一方面应向台湾表明，它不得对大陆采取挑衅性的动作并指望美国出兵救援（don't provoke the dragon, expecting the eagle to fly to the rescue）。在谈到格鲁吉亚事件对台湾的教训时，贝德还表示，既然美国和北约没有动用北约所有力量保护格鲁吉亚免受俄国攻击的意图，就不该

---

① 作者对卜睿哲的访谈记录，2006 年 8 月 29 日，美国华盛顿。
② 作者对何汉理的访谈记录，2006 年 8 月 27 日，美国华盛顿。

将该国纳入北约组织。格鲁吉亚事件意味着，两岸关系的改善对台湾的未来安全是至关重要的。① 也就是说，既然美国只愿意对台湾安全提供有条件的承诺，台湾的未来安全主要还是靠两岸关系的改善。这种思路与"冷战派"认为只有强化美台军事合作才能保证台海安全的主张是不一样的。

三、美国对两岸建立军事互信机制的态度

基于这一思路，美国对于两岸建立军事互信机制的可能性表示了一定的关切和兴趣，并争取主导其具体内容和进程。对于两岸协商建立军事安全互信机制问题，美方的前提是，台湾方面要事先向美方告知具体进展，军事互信机制的建立也不能影响到美台军事交流，包括对台军售。葛来仪表示，美国在 1995—1996 年台海危机后，就开始意识到两岸建立军事互信机制的必要性，主要理由是两岸即使是因为偶发事件或误判导致军事冲突，也可能将美国卷入其中。作为有兴趣的旁观者（interested bystander），美国政府官员并不打算直接参与到两岸有关军事互信机制的谈判中，也不寻求影响谈判的议程和步伐，但基于美国在台海的利益，特别是美台之间密切的安全关系，美国期望台湾在进行有关军事互信机制的谈判前，能够咨询美方的意见。葛来仪注意到两岸在这一议题上的立场差异：台湾强调内部共识的重要性，以大陆减少对台军事部署作为讨论军事互信机制的前提，将军事互信机制的主要功能界定为避免偶发事件导致的冲突升级，希望两岸军事互信机制不影响台湾发展军力和美国对台军售，同时希望美国明确表示支持两岸建立军事互信机制；大陆则强调两岸军事安全机制的特殊性，反对将改变对台军事部署或放弃对台用武作为谈判的前提，认为该机制的主要功能是建立两岸互信，其次才是避免意外冲突。基于上述分歧，葛来仪认为两岸正式商谈军事互信机制的时机尚不成熟，中国大陆和美国都不应该迫使台湾走向谈判桌，但两岸可以加强军事信息的交流，改变军事演习的针对目标，减少大陆在沿海的导弹部署，并在非军事领域加强信心建立措施，由军方参加彼此的救灾活动。② 在葛来仪发表上述看法后，美国副国务卿史坦伯格于 2009 年 9 月在访问亚洲前的一场对华政策演说中提出，两岸应该可以举行建立军事互

---

① Jeffery Bader, "Georgia's Lessons for Taiwan," http：//www. brookings. edu/articles/2008/09 _ Taiwan _ bader. aspx.

② Bonnie Glaser, "Building Trust Across the Taiwan Strait：A Role for Military Confidence – Building Measures" (Washington, D. C. ：Center for Strategic and International Studies, 2009), pp. 14 – 20.

信机制的讨论。史坦伯格表示："对于大陆和台湾的正面对话，我们感到鼓舞，我们也鼓励大陆和台湾探讨逐步建立信任机制，以促成台海更紧密、更稳定的关系。"他认为两岸关系的改善并不影响美国对台军售，美国国会将评估台湾的需求，视整体环境再决定要出售哪些武器给台湾。中国大陆也必须做出承诺，让美国、亚洲邻国和世界其他国家放心，不必害怕更有影响力的中国大陆。北京和华盛顿可以有共同的愿景，开创亚太地区政治上的双赢局面。与此同时，新美国安全中心公布了一份报告，建议美国对华政策的主轴应该修正，不要把中国大陆视为一个威胁，反而应该将其当作美国面对全球问题时的主要伙伴。①

　　值得注意的是，美国开始对两岸建立军事互信机制发生兴趣的时间，是在 2009 年夏秋之交，当时台湾方面具有官方背景的基金会还为此在台北专门召开了一场包括美方学者和大陆学者在内的闭门学术研讨会，马英九行政团队的高阶主管官员也参加了这场研讨会，并发表主旨演讲。不过，美方对三方交流的兴趣很快就戛然而止。根据葛来仪事后的说法，美方在 2009 年以后的几年中的确曾推动两岸军事互信机制的建立问题，跟大陆方面和台湾方面的军事专家都分别探讨这一敏感议题。2009 年 8 月在台北的闭门研讨会，是唯一有三方学者参加的一场对话，是台湾方面临时起意让大陆学者参加的，后因台湾方面的兴趣减弱而停止。② 其主要背景是当年的 "8·8" 水灾和行政部门负责人的处理失当，给了尚处于 2008 年败选颓势中的民进党一个东山再起的机会，两岸在马英九主政之初所推动的经贸交流合作和酝酿中的文化交流协议开始面临反对党日益增大的压力。同时，2010 年中美在南海问题上的矛盾和美国的亚太再平衡战略也开始影响到美国对两岸推动军事互信机制的兴趣。为此，美方的一些政策专家开始不看好两岸军事互信机制。美国史密斯学院（Smith College）教授戈迪温（Steven Goldstein）对两岸建立军事互信机制的前景既不看好，也认为没有必要，甚至认为这种机制并不利于台海和平与稳定。说它不可行，是因为大陆对两岸军事安全互信机制赋予了强烈的政治意味，将其与广义的 "信心建立措施"（CBMs）相区隔，以坚持一个中国原则为前提，同时排除外国介入谈判进程；而台湾只想

---

① 《美国副国务卿：两岸应该逐步建立互信机制》，台海网，2009 年 9 月 27 日，http://www.taihainet.com/news/twnews/bilateral/2009 - 09 - 27/456041.html。

② 笔者访谈记录，2018 年 8 月 16 日，美国华盛顿。

通过军事互信机制的建立获得安全保障，却不想在军事互信和政治互信间建立太多的联结。说它没必要，是因为两岸基本不存在避免偶发冲突和军事误判的需要，而这本来就是"信心建立措施"的核心内容。推动军事互信机制的负面效果，是大陆所追求的维护一个中国原则的政治目标（包括美国停止对台军售）与台湾所宣示的"互不否认治权"、维系美台安全关系的立场，一旦在谈判桌上碰撞，将会破坏两岸的和缓气氛。[1] 其实美方人士更为担心的是，一旦两岸建立了军事互信机制，大陆可能将台湾停止对美采购先进武器和美台军事关系等敏感而又重要的问题提到议事日程。近年台湾问题日益跟南海和中美贸易冲突问题捆绑在一起，变得更加复杂。中美之间缺乏战略互信，是构成两岸军事互信难以建立的外部原因。

第三节　美台军事关系的演变

根据"与台湾关系法"，美国在中美建交后坚持对台军售，不但没有根据中美在 1982 年签订的《八一七公报》逐年从数量上和质量上减少对台军售以至最终停止，反而不断对台出售包括进攻性武器在内的各类军火，在价值上也远远超过了当初的水准。1995—1996 年台海危机后，美台军方加强了人员交流，以提高台湾的防卫能力。2008 年两岸关系进入和平发展时期后，美国对台军售和军方人员交流未减反增。正如郭拥军所指出的，军售问题是美国对台政策的支柱。奥巴马政府可以欢迎两岸探索建立军事安全互信机制，但肯定不会放弃对台军售。[2] 同时，近年来美方一些人士鉴于两岸关系和中美关系的变化，提出应重新检讨"与台湾关系法"和对台军售政策，但并非主流意见。在特朗普时期美台军事交流更是有增无减。2019 年 3 月蔡英文"过境"美国夏威夷期间与美军将领会面，郦英杰在 8 月下旬访问高雄左营，参观美国售台军舰，美台间的"准同盟"关系有了新的进展。4 月 3 日，"美国在台协会"发言人孟雨荷（Amanda Mansour）更公开宣称，美国海军陆战队从 2005 年开始就已入驻该"协会"的台北办事处（该办事

---

① Steven Goldstein, "Cross - Strait CBMs: Like a Fish Needs a Bicycle?" in Roger Cliff, Phillip Saunders, Scott Harold, *New Opportunities and Challenges for Taiwan's Security* (Washington, D. C.: Rand Corporation, 2011), pp. 38 - 45.

② 郭拥军：《以稳为主：奥巴马如何看台湾》，载《世界知识》2009 年第 20 期，第 49 页。

处的新馆于 2018 年落成，面积大于美国驻华大使馆）。① 与此相伴随的是美国对台军售的常态化。

一、美国对台军售的加强及其原因

2008 年两岸关系进入和平发展时期后，美国对台军售的数额并未明显下降。据统计，2008 年美台军售额为 64.45 亿美元，2010 年为 63.94 亿美元，2011 年为 58.52 亿美元，2015 年为 18.31 亿美元，总共超过 205 亿美元，比陈水扁时期的 256 亿美元和李登辉时期的 221 亿美元只是略微下降而已。② 但 2008 年 10 月的大规模军售案是 2001 年 4 月军售案（180 亿美元）以来的第一次，美方当时所持的理由是挑起台海危机的民进党当局已经下台，国民党当局没有推动"台独"的问题，因此可以放心军售。另外，小布什总统即将离任，即使引起中国大陆的抗议，新上台的总统也可以修补中美关系。与此同时，海协会会长陈云林于 11 月初访问台湾，两会就空航、海航、邮政和食品安全签署了 4 项协议，大陆方面也同意连战代表马英九参加亚太经合会。通过与大陆改善关系，台湾方面刻意营造出一个环境，让美国能与两岸维持比较轻松的关系。

2009 年奥巴马入主白宫，当年 12 月（刚刚结束访华之行）和次年 1 月，美方相继宣布向台湾出售价值 63.94 亿美元的各类武器、技术和装备，其中包括 60 架黑鹰直升机、2 套"爱国者 PAC - 3"防空导弹系统、两艘翻修过的"鹗级"猎雷舰、12 枚训练用的"鱼叉"导弹以及与"博胜案"有

---

① 美国在 2003 年开始暗中派遣陆军上校（colonel）级别的军官进驻"美国在台协会"台北办事处，执行军方的任务（active duty officers），只是这些军官在公开场合并不着军服。但相较于 2003 年前美国只派遣退役军官去台湾已经有很大不同，这意味着美方已对"一个中国政策"的意涵作了新的界定。其后，2018 年美国海军陆战队员带了军装悄悄入驻台北办事处新馆，但未公开对外宣称。这次化暗为明，进一步改变了美台关系的"非官方"性质。笔者访谈记录，2018 年 8 月 16—17 日，美国华盛顿。

② Shirley Kan, "Taiwan: Major U. S. Arms Sales since 1990," Congressional Research Service Report RL30957, October 21, 2011; 杭子牙，"对台军售 39 年，美国黑了台湾多少钱？"原载《华语智库》2018 年 1 月 16 日，引自同日《海疆论坛》，http://www.haijiangzx.com/2018/0116/1954145.shtml，访问日期：2020 年 2 月 20 日。

关的 C4ISR 系统。① 2011 年 9 月，奥巴马当局再次批准售台武器计划，主要用于 F – 16 A/B 型战斗机升级 F – 16V 型所需武器配备，总额达 58.52 亿美元。2015 年又售台 2 艘佩里级巡防舰、36 辆 AAV7 两栖突击车、250 枚便携式防空毒刺导弹等武器设备，价值 18.31 亿美元。总计奥巴马时期三次对台军售额达到 141 亿美元，比小布什时期的 304 亿美元（包括马英九执政早期的 64 亿军售案）明显减少。

在前期军售项目的驱动下，马英九在第二任期开始后，大幅推进美台军事合作。2012 年 11 月启用设置于台湾北部新竹县乐山基地的美制巨型早期预警雷达，2013 年开始逐步部署应对中国大陆潜艇的 P – 3C 巡逻机（购置于 2007 年 9 月），并计划在 2014 年初之前，部署 3 套经过升级的 "爱国者 – 2" 型导弹和 6 套 "爱国者 – 3" 型导弹。② 另据报道，自 2012 年 4 月起，3 套经过升级的 "爱国者 – 2" 型导弹和 6 套 "爱国者 – 3" 型导弹开始陆续运抵并部署到台湾，但台湾军方若要进行发射试验，须征得美国同意，原因在于美方担心发射过程易被中国大陆监测并获得相关重要参数，从而影响美国在日本、韩国及台湾地区打造的导弹防御网络的安全。③

马英九时期美国不顾中国大陆的坚决反对，继续对台军售的主要原因有三。

首先是政治考虑。美方人士认为两岸政治关系走向缓和后，台湾不再存在走向 "独立" 的危险，军售不可能鼓励 "台独"，也不是美国用来跟中国大陆在其他问题上讨价还价的筹码，因为美国的政策立场是不与中国大陆在对台军售问题上进行协商。④ 此外，马英九具有安抚岛内、改善美台关系的政治需求，美国有必要帮助马英九；通过对台军售，显示美国与台湾坚定的政治关系，可以避免台湾在政治上受到中国大陆的胁迫。美方人士认为，适当、适量的售台武器有益于两岸的政治和军事对话。时任美国国务院助理国

---

① C4ISR 是 command（指挥）、control（控制）、communication（通讯）、computer（计算）、intelligence（情报）、surveillance（监视）和 reconnaissance（侦测）七个英文单词的简写。C4ISR 系统的实质是把包括众多传感器和计算机在内的各种信息收集、获取、处理、控制、传输等设备联为一体，成为现代军队的 "神经中枢" 和 "大脑"。美台在 C4ISR 系统上的密切合作意味着，一旦台海战火燃起，美军可能通过 C4ISR 系统直接遥控指挥台军作战，而不必亲临现场指挥。

② 《台湾安全以美国为重心》，载《参考消息》2012 年 6 月 8 日，第 13 版。

③ 《台军报告渲染大陆攻台战力 美拒台试射爱国者 3 型导弹》，载《参考消息》2013 年 9 月 3 日，第 13 版。

④ Alan Romberg: "Ma at Mid – Term: Challenges for Cross – Strait Relations," *China leadership Monitor*, No. 33, Stanford University, July 2010.

务卿帮办大卫·希尔（David Shear）公开表示，对台军售是为了满足台湾的防卫需求，加强其与大陆的谈判筹码。① 卜睿哲认为，台湾所面临的最大挑战是大陆对统一的追求，台湾只有摆脱军事上的弱势角色，将来才能在与大陆的谈判中处于主动地位。② 容安澜认为，考虑到美国牛肉进口争端对马英九在岛内支持度的负面影响，对台军售可望加强马英九在岛内的信誉，表明马英九并没有以台湾的安全为代价去加强两岸关系；对台军售也有助于马英九实现改善两岸关系的议程，从而有助于两岸和平。③

其次是军事和安全战略考虑。美方人士认为，两岸军事对峙的局面依然存在，中国大陆继续在沿海增加导弹部署，加剧了两岸军力的不平衡局面。在美方看来，中国大陆对台加强军事能力的目标有三：一是遏止台湾"独立"；二是对台施加压力，使其接受大陆的统一条件；三是遏止、拖延或对抗美国可能向台湾提供的军事支持。曾任美国副总统拜登资深助手的季浩丰（Frank Jannuzi）认为，在两岸签署和平协议之前，美国不会停止对台军售。另一位民主党籍的国会资深助理也认为，必须将美国对华政策和对台政策分开处理，互不影响，两岸的政治关系和军事关系也应分开处理。对台军售虽然改变不了台海军力不平衡的格局，但可以拖延两岸交战的时间，比如从两个星期延长到四个星期，这样美国就有充分的时间做出反应。④ 卜睿哲认为，在台湾走向"独立"的可能性明显下降后，中国大陆虽然暂停增加沿海短程导弹的部署，但增加了巡航导弹的部署，再加上弹道导弹精确度和弹药量的提高，台湾需要继续加强其对大陆的军事威慑能力。⑤ 这与美国国防部部长盖兹（Robert Gates）在答复美国参议院情报委员会主席范世丹（Dianne Feinstein）的质询时，以巡航导弹和弹道导弹为由，说明对台军售

---

① David Shear, keynote speech at a conference on "Cross – Strait Relations in a New Era of Negotiation," hosted by Carnegie Endowment for International Peace, Washington, D. C. , July 7, 2010, at http://www. carnegieendowment. org/2010/07/07/cross% 2Dstrait% 2Drelations% 2Din% 2Dnew% 2Dera% 2Dof% 2Dnegotiation/21v.

② Richard Bush, "The Social Foundation of Taiwan's Future: Guns, Wheelchairs and Shark's Fin Soup. "

③ Alan Romberg, "2010: The Winter of PRC Discontent," *China Leadership Monitor*, No. 31 (Stanford University, 2010).

④ 作者访谈记录，2008 年 10 月 27 日，美国华盛顿。

⑤ Richard Bush, "Taiwan Faces Growing Threat: Communist China Undermines Rapprochement," *The Washington Times*, September 8, 2010, at http: //www. brookings. edu/opinions/2010/0908 _ taiwan _ bush. aspx.

的必要性，是颇为一致的。在卜睿哲看来，台湾不但需要购买适当的先进武器装备，而且要构建有意义的防卫战略。虽然台湾不能假定美国一定会在台海冲突中"协防"台湾，但台湾军方必须考虑台湾自己的可能作为，加强自身的抵抗能力，以便美军一旦介入就可以获得最佳效果。[1] 如果大陆持续增加台湾的不安全感，美国也应该对台提供可加强其军事威慑能力的武器系统，而不是那些只在政治上具有象征意义的项目。[2] 卜睿哲认为，台湾方面主要强调军售的政治意涵，以及由此产生的心理自信，却往往忽视实际的防务战略需求。如果台湾军购主要是为了降低对中国大陆的不安全感，台湾应客观评估其威胁环境、防务战略、军力结构等层面，并加强与美国的协同合作。[3] 与此类似，包道格也表示，中国大陆武力攻击能力的增强，决定了台湾当局必须寻求对外军购。[4] 容安澜认为，对台军售可以通过升高两岸军事冲突的成本，使北京更不愿意对台使用武力，从而维持西太平洋的和平与稳定。[5] 贝德认为，美国售台武器可以起到三重作用：第一，一旦大陆进攻台湾，可以使台湾有足够的能力支撑到美国赶来救援；第二，对台售武是美国对台湾安全承诺的重要象征；第三，这是美国在地区安全上的信誉所在。[6] 葛来仪指出，美国对台军售有重要的军事和地缘政治意义，可以借此发出一个美国遵守其义务的信号，这样那些在安全与稳定方面依赖美国的国家和地区可以放心，即美国的支持是可靠的和坚定不移的。[7] 综合上述美国官方和学术界人士的意见，美国对台军售的军事战略目的是遏阻大陆对台使用武力，加强台湾的军事抵抗能力，并彰显美国对台湾和亚太地区的安全承诺。

第三是经济考虑。价值 200 亿美元的军售项目，可以满足国内军工企业

---

[1] Richard Bush, "The Social Foundation of Taiwan's Future: Guns, Wheelchairs and Shark's Fin Soup."

[2] Richard Bush, "Cross – Strait Relations Improve: China Still Deploys Missiles," June 27, 2009, at http: //www. brookings. edu/opinions/2009/0627 _ cross _ strait _ relations _ bush. aspx.

[3] [美] 卜睿哲著、林添贵译：《未知的海峡：两岸关系的未来》，台北：远流出版事业股份有限公司，2013 年版，第 284—285 页。

[4] Douglas Paal, "Accommodation Will Not Work", *Foreign Affairs*, July/August 2011, http: // www. carnegieendowment. org/2011/07/01/accommodation-will-not-work/5a.

[5] Alan Romberg, "2010: The Winter of PRC Discontent," *China Leadership Monitor*, No. 31 (Stanford University, 2010).

[6] Jeffrey A. Bader, *Obama and China's Rise:An Insider's Account of America's Asia Strategy*, Washington, D. C. :Brookings Institution Press,2012 ,p. 71.

[7] Bonnie S. Glaser, "Debunking Myths about US Arms Sales to Taiwan", *PacNet* No. 6, Pacific Forum CSIS, Honolulu, Hawaii, February 17, 2010.

的需求，特别是在美国受到金融危机冲击、国内就业受到影响的情况下。美方人士亦承认军售可以帮助美国经济复苏，但同时强调政策考虑比商业考虑更为重要。由于美国民主党跟军工集团的关系不如共和党，故奥巴马时期对台军售不但在数额上远低于小布什时期，次数也明显减少，从 11 次减少为 3 次。

在上述三个原因中，政治考虑是首要的，战争本来就是政治的延续。在陈水扁主政之初，小布什行政当局于 2001 年 4 月，决定对台出售基德级驱逐舰、8 艘柴电动力潜艇（后未实现）、12 架 P - 3C 型 "猎户座" 反潜巡逻机等价值 180 亿美元的武器。但在 2002 年陈水扁鼓吹 "海峡两岸、一边一国" 之后，美国涉台关系进入低潮期，美国对台军售明显下降。当时美国在考虑对台军售时，必须兼顾两个问题：既要防止 "台独" 导致战争，又要避免大陆武力胁迫台湾接受统一。由于陈水扁刻意推行渐进 "台独" 路线，美国在考虑对台军售问题时，更关心的是如何 "防独"，而不是 "避统"。在这种情况下，对台军售只会增加两岸军事冲突的可能性，而没有其他意义。而在两岸关系和平发展时期，"台独" 引起战争的可能性下降，台湾被迫融入大陆、接受统一的可能性增加。对美国来说，对台军售的必要性上升，风险下降。为此，在两岸关系改善后，美国仍继续对台军售。其目的与其说是遏阻大陆对台使用武力，不如说是防止北京以武力为后盾，迫使台北接受大陆的统一条件。美方的意图是要确保未来的两岸和平协议——如果可能的话——是在两岸军力大致平衡的情况下签署的，使台湾不吃亏。而即使两岸签署了和平协议，美方认为仍有理由继续对台军售。其理由是在两岸实现统一前，中国军队将维持对未来台湾当局走向正式 "独立" 的遏阻能力，台北也因而有维系自卫能力、强化台美安全关系的需求。① 两岸关系的改善可能减少台湾对外购买武器的诱因，增加美方对售台更高级武器的疑虑，但在可预见的将来，对台军售仍是一个难以排除的议题，因为美国对台军售的未来走向，还取决于中美关系的基本态势和美国亚太战略的总体规划。

特朗普入主白宫后致力于提升美台实质关系，特别强调台湾在军事战略

---

① Alan Romberg, "US - Taiwan Relations: Looking Forward," paper presented at CSIS conference on US - Taiwan Relations in a New Era: Looking Forward 30 Years after the Taiwan Relations Act, April 22, 2009, Washington, D. C. .

上的重要性。美国国务院率先在 2017 年 6 月 29 日批准了包含七项军售案在内的总价高达 14.2 亿美元的对台军售。截至 2019 年底，美方在三年内对台军售 5 次，次数超过了奥巴马 8 年执政时期的总数；金额 125 亿美元，已经接近奥巴马时期的总量（约 140 亿），势头凶猛。所销售的武器项目包括 F-16 战机及其相关的零部件、培训和后勤支援服务，M1A2 "艾布拉姆斯" 坦克，MK48 重型鱼雷以及 AGM-88 哈姆高速反辐射导弹、标准二型舰载防空导弹和毒刺导弹等不同类型的导弹，以及对早期预报雷达系统的技术支持。特别是 2019 年对台出售三批价值百亿美元的武器，以加强台湾的 "非对称作战" 能力为目标，其价值为前两年的 4 倍以上。其中美方批准台湾购买的 60 架 F-16V 型战斗机比数年前大陆方面一直抵制的 C/D 型还高了一个档次，可以看到在中美战略竞争加剧的情况下美台 "准同盟" 关系的强化。此外，美国还以军机故障为由降落台南机场，以军舰突发性机械故障为由进入台湾军港维修以及派遣跟军方有关系的医疗船只访问高雄港。近年美国军舰频繁穿越台湾海峡，仅 2019 年就高达 9 次（2018 年 3 次），可谓前所未有。2018 年 4 月，美国国务院批准对台湾 "潜舰国造" 的行销许可证，允许美国军工厂商透过商业管道与台湾官方洽谈潜艇技术，美国军工厂商因此可以直接与台湾 "国防" 单位和厂商接触。这是台湾当局期待多年的目标。而美台 "防务工业会议" 于同年 5 月 10 日首次在台湾召开，也得益于美国国务院的上述解禁行为。① 另据台湾《中时电子报》2019 年 4 月报道，美国国防部宣布，美国雷神公司已获准签订价值近 2.8 亿元新台币合约，要在台北部署 "爱国者" 导弹防御系统。根据该项公告，这一导弹防御系统将在 2024 年 4 月 3 日前部署完成。② 此外，近年美方还对台湾有偿提供大量军事情报，美国对台军售的金额明显低于台湾的军购预算，跟提供军事情报这一外界不太注意的军售项目有关。

二、美国对台军售的制约条件

中美战略合作的加强和两岸关系的和平发展，对美国涉台军事关系提出

① 史书华：《台湾与美国建立更紧密国防合作》，英国《金融时报》中文网：http://www.ftchinese.com/story/001077534? full = y&archive，访问日期：2018 年 5 月 16 日。
② "台媒：美国将在台北部署爱国者导弹防御系统"，《华夏经纬网》，2019 年 04 月 08 日 https://news.ifeng.com/c/7lhYb8MlU1Y? from = groupmessage&isappinstalled = 0，访问日期：2019 年 4 月 10 日。

了新的制约条件。在具备这两个条件的前提下，美方不得不更多地考虑中国大陆的核心利益和两岸和平的新格局，避免台湾因素干扰中美战略合作，在对台军售的量和质的问题上比较谨慎。2010 年美国批准大批量的军售项目后，中国政府做出强烈回应，停止中美两军交流，拒绝美国国防部长盖茨（Robert Gates）在 2010 年亚洲之行中访问中国大陆，使美方感受到对台军售的代价。[①] 美方一些人士认为，在两岸关系和平发展时期，对台军售仍有合理性，但上述说法并没有得到美方政界人士的普遍认同。美国参议员范世丹在 2010 年 6 月的一次听证会上，就将对台军售称为中美关系中"实实在在的刺激因素"（substantial irritant），并询问国防部长盖茨，在什么条件下美国才可以考虑减少或停止对台军售。[②] 值得指出的是，范世丹在这之前刚刚率团对台湾进行过访问，马英九还对其强调，台湾需要先进武器，才能有信心与大陆协商两岸和平。[③]

总体说来，奥巴马时期美方对台军售的数量不如小布什时期，在质量上也有所节制。例如在 2010 年军售清单中，就没有包括 2001 年小布什政府同意出售的柴电潜水艇，以及台湾方面近年多次提出的 F－16C/D 型战斗机。2010 年 6 月 4 日，马英九在台北接见"美国在台协会"理事主席薄瑞光时，呼吁美方向台湾出售 F－16C/D 战机，所持的理由是"让台湾空军淘汰老旧战机，以维持台湾的自我防卫能力"。为了消除薄瑞光的顾虑，马英九还设身处地地强调台湾会持续对美采购武器，以降低两岸紧张局面，台湾方面"并不要求美国为台湾作战"，以表达"台湾自我防卫的决心和自信，符合'与台湾关系法'的要求"。[④] 在 2011 年 2 月会见薄瑞光时，马英九再次提到美国的"六项保证"，说明在海峡两岸军事实力已经失衡的情况下，获得 F－16C/D 型战机及柴电潜水艇，对台湾的防卫很有必要。[⑤] 但是，在 2011 年的美国对台军售案中仍然没有列入 F－16C/D 战机。薄瑞光只是在当年 9 月美台"国防工业会议"后表示，美国同意出售台湾 F－16A/B 型战机的升

[①] Craig Whitlock, "Secretary of Defense Robert Gates doesn't get hoped-for invite from China," *Washington Post*, June 3, 2010.

[②] Adam Entoes and Jim Wolf, "Senator questions arms sales to Taiwan," *Reuters*, June 16, 2010.

[③] 《马见范世丹：争取军售两岸和平有信心》，载《联合报》2010 年 6 月 6 日。

[④] 《台湾地区领导人的 F－16C/D 情结》，台海网，2011 年 5 月 28 日，http://www.taihainet. com/news/twnews/latq/2011－05－28/698559.html。

[⑤] 《马英九：美台军事合作还会继续》，台海网，2011 年 2 月 2 日，http://www.taihainet.com/ news/twnews/twdnsz/2011－02－12/650722.html。

级装备，并不代表排除了未来售台 F – 16C/D 战机的可能性。①

对于美国为何没有出售 F – 16C/D 型战机给台湾，美台有不同的说法。美方认为台湾没有将这一项目编入预算，台湾当局虽然提出过要求，但没有通过美国国会和利益团体对行政部门进行政治游说，去争取这一敏感的军售项目。② 台方则认为，美国一直没有向台湾出售 F – 16C/D 型战机的计划，如果台湾将其编入预算却无法兑现，这批款项就不能挪作他用。美台在这一问题上相互踢皮球，说明双方都有对外宣示愿买或愿卖的政治需求，但又担心一旦出手可能会影响到中美关系或两岸关系。例如曾任 "美国在台协会" 台北办事处处长的包道格 （Douglas Paal） 就坦承，如果奥巴马总统在台湾的要求下出售 F – 16C/D 型战机给台湾，就得准备为本已麻烦缠身的美中关系付出新的代价。③ 美台双方磨合的结果是，美方决定帮助台湾升级 F – 16A/B 型战机。就纯军事技术而言，升级后的 A/B 型战机和 C/D 型战机没有根本区别，但其政治意涵是避免刺激中国大陆。按照里根政府在 1982 年对台湾做出的 "六项保证"，美国在决定对台军售时，只考虑台湾的防卫需要，而不必跟中国大陆磋商。上述这一变通做法，意味着美国在对台军售问题上不得不更多地考虑中国大陆的想法。例如，美方人士解释说，帮助台湾升级 A/B 型战机，是要增强马英九当局与大陆政治对话的信心，并获得岛内多数民众的支持。有人还表示，既然中美双方都乐见国民党继续执政与两岸关系的稳定发展，大陆就不应该反对美国的这一军售计划。④ 但这一变通处理方式并不意味着美国对台军售政策发生了根本改变。2014 年 3 月 14 日，美国国会众议院外交事务委员会举行 "与台湾关系法" 的承诺听证会时，美国国务院东亚事务助理国务卿帮办梅健华（Kin Moy） 就强调："在安全关系方面，美国提供给台湾必要的防卫设备和服务，使台湾能维持充分的自我防卫能力。这一长期政策有助于维持台海和平稳定。加强与台湾人民的长久友谊仍是美国亚太再平衡战略的关键元素。美国在 "与台湾关系法" 下与台湾

---

① 《美在台协会官员称今年美对台军售金额近 60 亿美元》，新华网，2011 年 9 月 21 日，news. xinhuanet. com/tw/2011 – 09/21/c ＿122066225. htm。

② Robert Sutter, "Taiwan's Future：Narrowing Straits," *NBR Analysis*, Seattle, Washington, WA：The National Bureau of Asian Research, May 2011, p. 14.

③ Douglas Paal, "Taiwan：Doubled – Edged Victory," Carnegie Commentary, November 30, 2010, at http：//www. carnegieendowment. org/2010/11/30/taiwan-double-edged-victory/21s.

④ 笔者访谈记录，2011 年 6 月 22 日和 23 日，美国华盛顿。

的持久关系是美国的独特资产，也是美国区域影响力的重要放大器。"①

　　奥巴马任内美国内部出现了反省对台军售是否有必要的声音。坚持对台军售做法不变的人士认为，为了保持两岸军力平衡，美国有必要通过军售方式，保持甚至加大对台湾的军事支持。例如美国亚太事务助理国务卿帮办薛瑞福就表示，美国应当继续专注于传统安全挑战和"协防"台湾的使命，包括对台军售。他认为，即便在马英九主政时期，台湾支持"独立"的人数仍在增加，中国大陆难以达成和平统一的终极目标，而军力又在向大陆方面倾斜，台海的未来趋势变得更加危险。他甚至认为军售有利于两岸的建设性对话，例如"九二共识"、两岸经济合作框架协议（ECFA）都是在美国宣布对台重大军售案之后的当年达成的。为此，美国应当继续专注于"协防"台湾安全的传统使命，特别是帮助台湾军队改进训练和软件。美国国会对台军售的主要推手、参议员约翰·科宁（John Cornyn Ⅲ）也表示，自己坚信美台战略伙伴关系的重要性。他声称，"面对中国大陆咄咄逼人的军事现代化态势，台湾在2006年前后就提出购买F-16C/D战机，现在显得更为重要"；他对台湾似乎在从追求F-16C/D战机的立场上后退感到失望，要台湾警惕自己更危险，要求台湾须有政治意愿增加防务预算，不要让自己被奥巴马政府"欺负"了。②

　　主张检讨对台军售政策的温和派认为，虽然对台军售有不可替代的战略价值，但考虑到中美关系和两岸关系的总体形势，美国政府应根据当前的变化，检讨"与台湾关系法"的有关规定，逐渐减少对台军售。③ 这种主张在华府不是主流意见，但人数也不少。例如卡内基国际和平基金会的资深研究员史文认为，美国目前的台海政策将很难长期维持，美国政府应思考与北京讨论减少对台军售，同时督促中国降低对台军事部署和动武意图，进而走向两岸政治谈判。乔治华盛顿大学的"中国政策计划"项目主任沈大伟在2011年11月初曾强调，近几年来台海两岸关系已出现巨大变化，美国需要重新检讨对台政策，特别是军售政策。他认为，支持对台军售的论述有两

---

　　① Kin Moy,"The Promise of the Taiwan Relations Act," *Written Statement before the House Foreign Affairs Committee*, U. S. Department of State, Available from: http: //www. state. gov/p/eap/rls/rm/2014/03/223461. htm.

　　② 《薛瑞福：美在钓岛并不中立台湾不要添乱》，中评网，2013年2月10日，http://www. crntt. com/doc/1024/3/5/1/102435181. html。

　　③ 林红：《美国智库视野中的美台军售问题》，载（港）《中国评论》2011年10月号。

种：一种是强调台海两岸军力失衡，出售武器给台湾有助于达成某种程度的平衡，这种论述是一种虚构。另一种论述是，对台军售能够增加台湾与中国大陆进行谈判的意愿。沈大伟指出，美国对台军售其实是基于其他理由，包括"与台湾关系法"、美国国防利益及为美国增加就业机会等。过去大家总是说美国应该跟台湾站在一起，依据"与台湾关系法"出售武器给台湾，2010 年终于开始出现辩论，这才是正常的，"因为情势在改变"。[①] 普理赫表示，美国与中国的关系密切，但一旦扯上对台军售，往往就会陷入死胡同，不免因小失大，所以不妨重新思考对台军售，以跳脱由此产生的恶性循环。对台军售不足以让台湾单独抵挡中国的军事行动，台湾问题的解决不在军事领域，而在政治领域，美国应重新检讨与台湾的关系。[②] 美国民主党智库"国家政策中心"（Center for National Policy）主席斯哥特·贝茨（Scott Bates）提出了一个被称为"台湾 21"的计划（Taiwan 21 Plan），建议台湾减少军事力量，并将其重新界定为一支纯粹的"自卫力量"。与此同时，台湾应该将其"外交"努力专注于解决南海等地区内出现的主权争端问题，通过民主攻势（democratic offensive）创造亚洲的地区稳定，提升台湾的影响力。美国智库"东西方研究所"（East – West Institute）在 2013 年 9 月推出名为"艰难的穿针引线"（Threading the Needle）的报告，对美中处理对台军售问题提出建议。报告的作者之一、"东西方研究所"副所长方大伟（David Firestein）表示，美国对台军售已被中国大陆认为是妨碍两国战略互信的核心问题。美国和两岸对现行的对台军售情况都不满意。不过，在看似矛盾的三方博弈中，存在细微的线能穿过微小的针孔，为改善这个问题进行艰难的尝试。报告建议，美国在继续对台军售的同时要调整军售的数量，使得任何一年对台交付的武器都不超过考虑通胀因素后的 1979 年到 1982 年的峰值水准，即按照 2012 年美元价值的 9.41 亿美元；将来的军售不要一揽子通知国会，而是按照例行的、可预见的、正常的日期来通知；中国大陆为展示和平解决台湾问题的诚意，在保持现有导弹的同时，应将解放军二炮第 52 导弹基地的 5 个短程弹道导弹旅之一重新部署到超出对台射程之外的内陆，并拆除那个旅原有的实际发射设施；中国大陆应增加对台导弹部署的透

---

① 《美学者：两岸关系巨变美需重检讨对台军售》，你好台湾网，2011 年 11 月 6 日，http://www. nihaotw. com/yjpt/201111/t20111106_694327. htm。

② 刘屏：《军不军售看美国利益》，载（台）《中国时报》2011 年 4 月 21 日。

明度；美中之间在台湾问题上至少私下层面要更加诚实，并保持沟通渠道的畅通。① 美国国防部负责亚太安全事务的助理国防部长莱沃（Peter Lavoy）认为，台湾的长期安全不能完全依赖于购买数量有限的先进武器系统，台湾还必须正视不对称的概念和技术，以最大化台湾的持久力量和优势，希望台湾自身承担更多的防务需求。②

在奥巴马执政时期，包道格、格拉瑟等人曾公开撰文，提出美国政府可以考虑的两个政策选项：一是停止向台湾出售武器，但承诺在中国大陆"无缘无故发动袭击时保卫台湾"；二是继续向台湾出售武器，但声明一旦发生冲突，美国将不会代表台湾介入冲突，即便挑起冲突的并非台湾。③ 对照上述马英九在2010年6月要求美方出售F-16C/D战机时有关"台湾并不要求美国为台湾作战"的表态，可见美方对台提供武器和安全防卫承诺不存在必然的连接性。包道格等人提出的"两者择一"的方案，意味着美方确实有人希望要么以对台军售取代美国对台湾的安全承诺，避免卷入与中国大陆的军事冲突；要么以对台湾安全防卫的有条件、更明确的承诺，代替对台军售，避免中美两国在这个问题上的摩擦。其实，在奥巴马时期，美方对台军售也好，对台湾提供明确的安全防卫承诺也罢，主要的目的都是为了提高台湾当局的政治抗压能力，避免其被迫接受大陆的和平条件。如此看来，"两者择一"的思路或许是基于美方对成本效益的理性计算。但在中美关系和两岸关系同步紧张的特朗普时期，美方不但加大对台军售的力度，还将台湾视为印太战略的重要一环，美台"准同盟"关系有了新的发展。

第四节　小　结

2008年以来两岸关系的缓和与中美关系的磨合为美国涉台政策勾画出新的外部环境。对于美国涉台关系的未来发展，美国内部存在三种不同的声音。其一是"现状派"，他们主张保持台海"不统、不独"的现状，以"战

---

① 《美国智库报告建议：对台军售设年度上限》，星岛环球网，2014年1月16日，http://news.stnn.cc/hk_taiwan/2014/0116/43871.shtml。

② "Prepared Statement of Dr. Peter Lavoy, Acting Assistant Secretary of Defense for Asian and Pacific Security Affairs," Testimony before House Foreign Affairs Committee, October 4, 2011.

③ Shyu-tu Lee, Douglas Pal and Charles Glaser, "Disengaging from Taiwan: Should Washington Continue Its Alliance With Taipei?" *Foreign Affairs*, Jul./Aug. 2011, p. 182.

略模糊"或对台湾安全做出有条件的承诺,来维系台海和平;其二是"冷战派",他们将台湾视为美国遏制中国大陆崛起的重要棋子,主张强化美台关系,特别是军事上的准同盟关系;其三是"弃台派",他们主张放弃对台湾的安全承诺,被迫或乐于接受两岸统一的前景。鉴于先前多次台海危机的记忆,美国对两岸对话仍持鼓励态度,料定两岸即使展开政治对话,也只会限定于谈终结敌对状态,不可能将统一列入谈判议题。同时,美国为两岸对话设定了两条政策底线,一是美国涉台关系不会受到两岸关系和平发展的影响,二是台湾不会在被胁迫的情况下与大陆签署和平协议,特别是以和平统一为导向的和平协议。以往美国为应对台海军事冲突所设计的"战略模糊"政策及其所依托的"双向威慑"策略,因为反对中国大陆在任何条件下(包括台湾走向"独立")对台使用武力,也就无法杜绝岛内分裂势力对美国无条件介入台海军事冲突的幻想,从而向台湾方面传递了错误信息,不利于台海和平。只对台湾安全提供有条件承诺的"战略清晰"思路,排除了美国介入因"台独"导致的台海战争的可能性,逐渐成为美方的政策。随着"台独"现实危险性的下降,美国更担心的是中国大陆凭借军事优势,迫使台湾接受统一或签署有利于大陆的和平协议。这跟美国在 1979 年通过"与台湾关系法",防止大陆武力统一台湾的初衷倒有几分相似。

2016 年以来两岸关系的"冷和平"和"冷对抗"状态,一方面增加了台湾方面对美军购的诱因,同时也减缓了美方对售台高级武器的疑虑。为此,特朗普时期美国对台军售的次数、数量和质量都比奥巴马时期有了明显增长。台湾日益成为美国印太战略的重要环节,美台之间的"准官方""准同盟"关系更加突显。同时,美方认为两岸恢复对话协商的关键,是大陆方面积极回应蔡英文当局对"九二共识"既不接受也不否认的模糊立场,实际上是要大陆容忍民进党的"柔性台独"路线。在对待两岸和谈问题上,美方的一贯立场是台湾不能被迫接受大陆方面的谈判前提和要求,两岸和谈也不能影响美台关系的发展。在中美两国战略竞争要素突显的特朗普时期,美方对两岸的政治对话只会更为谨慎,同时也乐见对美国印太战略配合度更高的民进党在台湾地区继续执政。对于美国在台海和战问题上的政策立场,共和党与民主党、白宫与国会之间的最大共识就是美国不能放弃台湾,区别只在于如何打"台湾牌"的问题上。以下就进一步讨论影响美国涉台政策的内部因素。

第五章　影响美国涉台政策的内部因素

2008 年台湾政党再次轮替后，两岸关系进入和平发展的新时期。同年11 月，奥巴马（Barack Obama）当选为美国总统，结束了共和党的 8 年执政期。同时，民主党延续了在国会参议院和众议院的多数党地位。2010 年共和党再次夺回对众议院的控制权；2012 年奥巴马总统获得连任，民主党维持了参议院的多数党地位，形成了学者称之为"弱分立"的"府会"关系，即白宫与国会的关系。[1] 在 2014 年的中期选举中，共和党在参众两院和州长选举中均取得胜利，奥巴马在接下来的任期中成为"跛脚总统"。在2016 年选举中，共和党籍的特朗普当选总统，形成"一致政府"的行政—立法关系。2018 年中期选举后，民主党又夺回了众议院。其实，在美国的政治术语中，白宫和国会都属于政府（government）的一部分，所谓"府会"关系的概念，有将白宫等同于政府之嫌，宜避免使用，或以引号标明，以免引起读者不必要的误解。

美国的对外政策位于国内政治和国际政治的交叉点（point of intersection）。[2] 从多元主义的视角分析，美国涉台政策乃是政党政治、白宫—国会政治、利益团体政治、媒体和民意政治相互激荡的产物。政策幕僚和专家学者的意见也会在很大程度上影响到对外政策的形塑、决定、执行与评估。由于对外事务具有较高的专业性，一般美国民众对国外事务的关心程度远远不如国内事务，行政部门对外交政策的影响比国会更为明显，知识精英在外交政策中的作用也明显高于一般民众。就是以民粹主义和反建制主义为竞选口号的特朗普，其外交团队和核心智囊也是由不同类型的知识精英构成，包括建制派和非建制派。围绕特朗普身边的"老白蓝"，更不乏经济富豪和媒体

---

① 张光、刁大明：《美国国会议员涉华提案初探》，载《国际政治科学》2008 年第 1 期，第74—98 页。

② Shelley Rigger，remarks at a forum on Taiwan Studies in the World hosted by Center for Taiwan Studies，Shanghai Jiao Tong University，July 17，2013，Shanghai.

大亨或明星。① 反建制和经济民族主义或许有助于特朗普争取中下层民众的选票，从而有别于以华尔街为代表的新自由主义路数，但却跟社会民主派（social democrats）的主张相去甚远。

第一节 美国政党政治和白宫——国会关系

一、行政权力的党派属性与涉台政策

自从中美两国在 1979 年建交以来，美国的对华政策，包括涉台政策，总难免受到行政权力政党轮替的波动。哪一个政党候选人入主白宫，何时以及在什么背景下当选，总会影响到其任期内的对外政策走向。这是因为在美国三权分立的政府体系中，总统占据着轴心（pivot）地位，在对外关系中更是如此。按照美国宪法的有关规定，总统可以对国际事件做出反应（responding to foreign events），事后再寻求国会批准；在与外国发生的军事冲突中，总统扮演着三军统帅的角色；总统可以在对外援助等事务上提出立法建议；总统可以对外谈判，签署国际协议（agreements），但如果是条约（treaties）则需要获得参议院的批准（ratification）。总统可以发表政策声明，掌握对外宣示政策的话语权；掌握对外政策的执行权等。这些都是总统所拥有的政治资本。协助总统处理对外事务的机构有：国家安全委员会，负责协调内外政策，从而涉及许多政府机构（across many agencies）的功能；国务院，负责美国的对外关系和外交政策；国防部（五角大楼），协调军事力量，在军事事务上为总统提供建议；国家情报委员会（Directorate of National Intelligence），对来自不同机构的情报进行汇总和分析（coordinates intelligence and analysis from several different agencies）；商业部，促进美国商业和国际贸易的利益，执行与贸易相关的职能。② 不同部门在考虑对华政策时有不同的利益诉求和价值取向，由总统及其国安团队进行总协调。

1979 年民主党籍的卡特（Jimmy Carter）总统宣布与中华人民共和国建交，与台湾"断交、废约、撤军"，引起美国国内亲台力量和反共势力的强

---

① 吴旭，《特朗普对华政策十大高参》，观察者网，2018 年 10 月 5 日，https：//www. guancha. cn/WuXu/2018 _10 _06 _474421 _s. shtml？web，访问日期：2018 年 10 月 12 日。

② Shelley Rigger, remarks at a forum hosted by Center for Taiwan Studies, Shanghai Jiao Tong University, July 17, 2013, Shanghai.

烈反弹。这些利益团体通过美国国会发声，旋即转换成对行政部门的政策产生约束力的"与台湾关系法"。虽然民主党当时是国会参众两院的多数党，但白宫与国会在对外事务上相互牵制的固有矛盾并非"一致政府"（指的是总统和国会参众两院的多数党同属一个政党）就能化解，由此可见美国三权分立的制度设计和弱政党组织的特点。其后，共和党籍的里根（Ronald Reagan）总统在 1980 年竞选期间批评卡特总统牺牲"友邦"台湾，宣称一旦当选就要与台湾恢复"外交"关系，全然不顾与中国大陆的建交与关系正常化本来就是跟他同属共和党的尼克松（Richard Nixon）总统任内所定下的基调。不过，里根上台后并没有兑现他的上述竞选口号，足见他在选举期间的口号，主要是为了讨好亲台和反共的选民，而不是对政策议题的深思熟虑的结果。同时，在里根主政的 8 年期间，民主党一直是众议院的多数党，共和党对参议院的控制也只持续到 1986 年的中期选举，基本上属于"弱分立"政府时代。里根不可能从个人的意识形态偏好出发，为了与台湾的所谓"友邦"关系而影响中美关系大局。为此，里根入主白宫后就逐渐采取了较为务实的对华政策和涉台政策，还与北京签署了逐年降低对台军售水平、减少军售数额的中美《八一七公报》。

民主党籍的克林顿（William Jefferson Clinton）于 1992 年当选总统，结束了共和党长达 12 年的执政期。从 1968 年到 1992 年这 24 年间，民主党执政期只有 4 年，共和党 20 年。造成这一不平衡现象的主要原因是卡特总统未能连任，而老布什（George H. W. Bush）作为里根在任时的副总统有幸接棒，当了 4 年的总统，打破了战后美国总统顶多 8 年就发生政党轮替的一般性规律。不过，在里根主政末期和老布什时期，民主党控制了国会参众两院，属于"强分立"政府时代。从美国阿肯色州州长跳跃至总统宝座的克林顿，在其先前从政生涯中基本没有什么涉外经验。1991 年 12 月苏联的垮台和美苏冷战的结束，降低了中国在美国外交精英心目中的战略价值，20世纪 80 年代末海峡两岸政治发展的不同路径，则使美国的公共舆论朝向有利于台湾的方向倾斜。1992 年的总统大选恰好提供了美国反思对华政策和涉台政策的契机。老布什总统在下台前，决定向台湾出售 150 架 F－16 战机，允许美国部长级官员访问台湾，支持台湾加入"世界贸易组织"（WTO）的前身"关税暨贸易总协议"（GATT）。克林顿在选举期间抨击老布什的对华政策过于软弱，对中国大陆的人权问题大加指责。这些都是国际形势变化和国内选举政治相结合的产物。克林顿上任之初，凭借民主党同时控制参众两院的难得优势，推行内政优先的政策，致力于振兴美国经济，把外交政策的重要性置于内政问题之后，国会议员则以支持行政当局的国内政策为条件，获得了对台湾问题的操控权。在国会的压力下，白宫在 1994 年秋天宣布了一系列对台政策调整措施，包括将台湾驻美机构"北美事务协调委员会驻美国办事处"改名为"驻美国台北经济文化代表处"，进一步放宽美台高层官员互访的限制，支持台湾参加不以国家身份为会员资格的国际组织。① 在随后的中期选举中，共和党夺回了对参众两院的控制权。1995 年美国众议院以 396 比 0、参议院以 97 比 1 的票数通过决议，支持李登辉以私人身份访问美国。虽然白宫事先一直信誓旦旦地向中方保证，不会允许李登辉访美，但最终还是鉴于国会压倒多数的意见，被迫决定接受李登辉对康奈尔大学的"私人"访问。1996 年克林顿连任总统后，意识到台湾问题在中美关系中的"持续中心地位"（continuing centrality）以及和平解决台湾问题的重要性。② 特别是在 1995—1996 年的台海危机后，经过激烈的公共辩论和政策评估，克林顿政府采取了与中国"全面接触"（comprehensive engagement）的政策，寻求中国大陆在地区和全球事务上与美国合作，以此取代对中国的对抗和遏制政策，1997 年中美两国达成建立"面向 21 世纪的建设性战略伙伴关系"的共识。在这一战略框架下，美国虽然口头宣称对台政策的延续性，但微妙地调整了其在涉台事务上的立场。华盛顿通过限制台湾领导人在美国的活动，对台北的"务实外交"泼了冷水。另一方面，鉴于台海危机的教训，美国加强了涉台军事交流，以提高台湾的防卫能力。

共和党籍的小布什（George W. Bush）总统 2001 年年初就任后，对克林顿政府后期的对华接触政策提出批评，并将中国视为美国的战略对手，而非战略伙伴。从这一政策导向出发，美国将台湾视同传统"盟友"。2001 年 4 月 1 日中美撞机事件发生后，小布什宣称美国将竭尽所能"协防"台湾（do whatever to help Taiwan defend itself），并对台湾提供了一份史无前例的军售清单。"9·11"事件后美国对华政策从"接触—遏制"（congagement）调整为"接触"（engagement），重新将中国视为战略合作者，中美两国在全球反恐和地区安全问题上加强了合作。江泽民主席和小布什总统分别在

---

① Adjustments to U. S. Policy toward Taiwan Explained, *Background Briefing*, State Department of U. S. , Sep. 7 ,1994.

② Chas W. Freeman, "Preventing War in the Taiwan Strait," *Foreign Affairs*, Vol. 77 , No. 4 , July/August 1998, p. 6.

2001年10月、2002年2月和10月举行了三次会面。2002年中期选举后，共和党同时控制了美国参众两院，并延续到2006年。2005年进入第二任期的小布什政府，将中国视为现存国际体系中负责任的"利益攸关方"（stakeholder）。然而，"9·11"事件后中美关系的改善并未能阻挡美国涉台关系的同步发展。2001年秋天陈水扁"过境"纽约和休斯敦，21位众议员到纽约与其会餐，参众两院多数党与少数党领袖等20位重量级议员以会面或电话方式对陈水扁表达欢迎之意。2002年，台当局"国防部长"汤耀明和"第一夫人"吴淑珍先后访问美国，美台军事交流和政治接触明显提升。2003年11月初陈水扁"过境"纽约所得到的接待规格，更是美台"断交"以来最高的一次：台湾地区领导人得以在美国境内对媒体发表谈话。美国涉台关系的发展较之20世纪90年代上半叶可谓有过之而无不及。所不同的只是，90年代上半叶，美国在处理对华和涉台关系上是单向倾斜，而在小布什政府上任之初，美方是左右逢源，从两岸同时获利。只是因为2003年年底后，民进党不顾美方警告，执意推行渐进"台独"路线，才导致美国涉台关系的一度紧张。对比而言，克林顿政府和小布什政府的共同特点是在他们分别入主白宫之初，均采取了对台湾较为有利的倾斜政策，其后又意识到中美关系的重要性，而改弦更张。上述"面向21世纪的建设性战略伙伴关系"和"现存国际关系的利益攸关方"的用语虽然不同，含义却很类似，都是立意于重新界定中美关系，所择定的时机又刚好都是两位总统第二任期的第一年，意味着美国新上任的总统所面临的国内舆论和长远外交利益间存在着某种程度的张力，其外交政策学习过程（learning process）往往跟中美关系的危机有着难解之缘。换言之，美国对华和涉台利益关系的轻重取舍，与其说是体现政党利益的分野，不如说是受到选举周期的影响。

　　与前几任总统不同的是，民主党籍的奥巴马总统在2009年1月就职后，基本上延续了小布什总统的两岸政策，并没有出现明显的政策波动。美国的对华政策在经历了后冷战时代的"遏制"（containment）、"接触"（engagement）、"遏制加接触"（congagement）等政策话语转变后，"防范"（hedging）成为两党所共同接受的对华政策取向。与此同时，奥巴马政府延续小布什政府后期的涉台政策，鼓励两岸结束敌对状态、进行政治对话、协商涉外事务、加强经济文化交流，对两岸进行统一谈判的可能性表达关切并详加研判。美国迅速修复涉台关系，包括提高美台官员互访层次和台湾地区领导人"过境"美国的规格，继续对台出售武器。对于沦为反对党的民进党，美方鉴于陈水扁当局执意推动"法理台独"的前车之鉴和民进党内部的重重矛盾,采取了静观其变的态度。

作为美国历史上的第一位黑人总统,奥巴马的当选体现了美国选民的理性选择和民主机制的活力。2008 年美国总统选举中,选民的投票率达到 61% 左右,为 40 年来所仅见。从远因看,小布什总统在 2003 年出兵攻打伊拉克既缺乏正当理由,又无法迅速平定战乱,耗资巨大。从近因看,次贷危机所造成的经济萧条和公众对华尔街金融政治的不满,增强了美国选民希望政党轮替的呼声。奥巴马的肤色、年龄和家庭出身透露出"美国梦"的光环,使其在年轻人和有色人种中均得到较多选票。美国所独具的带有邦联制遗风的选举人团制度,则增加了观选的戏剧性。由于各州基本上按照人数多寡,分配选举人团的选票,候选人在某州取得多数票,就得到该州所有的选举人票,拥有较多选举人票而两党选票又较接近的州,就成了选战必争之地。如宾州、俄亥俄州和佛罗里达州,从 20 世纪 60 年代起便成为观选的重要指标,任何一个总统候选人都必须至少赢得三州之二,才能获胜。在 2008 年的选举中,奥巴马不但囊括了这三个决战州,而且还抢回了共和党的多年票仓弗吉里亚州。选举人团制度往往起到拉大得票差距的作用。虽然奥巴马得票率仅比约翰·麦凯恩(John McCain)多 7% 左右,但所得选举人票却为后者的两倍之多。①

奥巴马上任之初,民主党同时掌控国会参众两院,便于其推行内外政策。受 2008 年国际金融危机的影响,奥巴马上任伊始就加强了与中国的合作关系,首次中美"战略与经济对话"(China – U. S. Strategic and Economic Dialogue,SED)于 2009 年 7 月 9—10 日在北京开启,成为机制化的对话平台。但随着美国逐步从伊拉克和阿富汗的"反恐"战争中脱身,奥巴马政府从 2009 年下半年起又先后提出"重返亚太"(return to Asian – Pacific region)、"移轴亚太"(pivot to Asian – Pacific region)和亚太再平衡战略(rebalancing),中美在如何处理东海、南海岛礁的主权归属,邻近海域油气开采,航道安全等问题上的分歧加深。美国在 2010 年和 2011 年两次大规模对台军售,导致中美关系的紧张和中美战略互疑的加深。在 2010 年的中期选举中,民主党再次失去对众议院的控制权,在参议院也只是勉强领先,由

---

① 但有时也会出现候选人取得多数票,却无法得到过半选举人票的情况,如 2000 年民主党候选人戈尔败于共和党候选人布什,即为一例。

一致政府转入"弱分立"政府状态。在奥巴马第二任期的第一年（2013年）6月，中美两国元首在加州安纳伯格庄园见面，中方提出"新型大国关系"的概念，两国关系开始了新一轮的磨合。这与上述"面向21世纪的建设性战略伙伴关系"和现存国际关系的"利益攸关方"分别在克林顿和小布什第二任期的第一年提出，可以说是相映成趣。不同的是，当1997年克林顿总统考虑与中国建立战略伙伴关系时，处于"强分立"政府时期；2005年小布什政府提出"利益攸关方"概念时，处于一致政府时期；而2013年奥巴马接受"新型大国关系"提法时，美国又处于"弱分立"政府状态。2014年期中选举后，民主党失去了对参众两院的控制权。2016年特朗普当选美国总统时，共和党同时控制参众两院，但到2018年期中选举后，众议院又落入民主党手中，美国再次出现"弱分立"的政府状态（表4.1）。

表4.1　总统和参众两院多数党的政党属性（1979—2020年）

年份	国会届次	总统（党派）	参院多数党	众院多数党	府会关系
1979—1980	96	卡特（D）	D	D	一致
1981—1982	97	里根（R）	R	D	弱分立
1983—1984	98	里根（R）	R	D	弱分立
1985—1986	99	里根（R）	R	D	弱分立
1987—1988	100	里根（R）	D	D	强分立
1989—1990	101	老布什（R）	D	D	强分立
1991—1992	102	老布什（R）	D	D	强分立
1993—1994	103	克林顿（D）	D	D	一致
1995—1996	104	克林顿（D）	R	R	强分立
1997—1998	105	克林顿（D）	R	R	强分立
1999—2000	106	克林顿（D）	R	R	强分立
2001—2002	107	小布什（R）	D	R	强分立
2003—2004	108	小布什（R）	R	R	一致
2005—2006	109	小布什（R）	R	R	一致
2007—2008	110	小布什（R）	D	D	强分立
2009—2010	111	奥巴马（D）	D	D	一致
2011—2012	112	奥巴马（D）	D	R	弱分立
2013—2014	113	奥巴马（D）	D	R	弱分立
2015—2016	114	奥巴马（D）	R	R	强分立

续表

年份	国会届次	总统（党派）	参院多数党	众院多数党	府会关系
2017—2018	115	特朗普（R）	R	R	一致
2019—2020	116	特朗普（R）	R	D	弱分立

资料来源：本表借鉴张光、刁大明：《美国国会议员涉华提案初探》（《国际政治科学》2008/1，总第13期，第74—98页）一文中的表2-2。2007年以来的数字系笔者所补充。

美国涉台政策位于国内政治和国际政治的交叉点。行政当局在制定和执行美国涉台政策时，既要考虑中美关系和亚太区域战略布局，也要顾及美国国会的立场观点。毕竟，在美国三权分立的制度框架下，白宫和国会均属于联邦政府的不同分支，两者之间存在牵制和平衡（checks and balances）的关系。从这个意义上说，所谓"特朗普政府"（作为英文 Trump administration 的对译）这一用语是有失严谨的，无法传递"特朗普领导下的美国行政当局"的准确含义，且无意间将国会排除在了美国政府这一概念范畴之外。如上所述，作为美国政府体系的重要构成部分，美国国会本来就享有外交权，对外宣战和批准（ratify）国际条约（treaty）即属于国会的权限。但总统作为三军统帅在紧急情况下可以对外先采取军事行动再寻求国会批准，也可以与其他国家签署类似公报之类的协议（agreement）。总统和国会在外交权限上的模糊空间是制度设计者有意让两者互相牵制而非截然分开。中美建交之初，国会用"与台湾关系法"减缓中美建交联合公报对美国涉台关系的冲击，中美两国签署限制对台军售的《八一七公报》后，行政部门为应对来自国会的压力，以口头的方式向台湾方面做出"六项保证"，凡此均反映了白宫和国会在涉台政策上的博弈和互动。一般来说，当美国总统比较强势或总统所属政党同时控制参众两院时，国会对总统涉台事务的权限较少干预；而当总统比较弱势或参众两院均由反对党控制时，国会对总统涉台事务的权限就会更多介入。

特朗普貌似强势，但在处理对外事务时却有三个独特的弱点。第一，他在2016年总统大选中只是以306比232的选举人团票赢得选举，但在普选票数上比希拉里·克林顿少了280万张，也就是说他在人口比较多、中上层人士比较集中的东西部大城市是没有选票优势的。① 第二，因为特朗普反建

---

① "希拉里普选票数最终超过特朗普280万票"，搜狐新闻，2016年12月12日，http://news.sohu.com/20161212/n475579698.shtml，访问日期：2020年2月15日。

制、反全球化的民粹主义特点，他未能也未必愿意让行政系统官员包括国安幕僚团队及时到位，所衍生的一个现象就是在他主政前期华盛顿特区的交通状况为之改善。① 在特朗普身边的国安幕僚官员中，建制派和非建制派水火不容。特朗普上任三年间三次更换总统国家安全事务助理，两次更换白宫幕僚长和新闻发言人，就连国务卿蒂勒森和国防部长马蒂斯也遭撤换。他跟共和党重量级议员的关系也不融洽。这就使特朗普既不能为所欲为地推行政策，又往往突发奇想、出尔反尔而导致政策的上下波动，难免影响决策的可信度。② 第三，特朗普上台之初就深受"通俄门"的困扰，迫使其撤换了国家安全事务顾问弗林（Michael Flint），最后甚至在 2019 年遭到众议院的弹劾。特朗普在国会的支持度不高，有一半的共和党议员不支持他，只是公开批评他的议员不多而已。③ 为了寻求同党议员的支持，特朗普不得不对国会提出的涉台法案予以更多的尊重。加上国会两党在对华涉台政策上日趋一致，特朗普对这些法案往往照单全收，不动用否决权。其结果就是国会和白宫合力推动美台关系的"正常化"。

二、美国国会对白宫外交权力的制约

美国国会最主要的任务是立法。在一些有争议的问题上通过立法做出决定，例如医疗保险改革、战争、贸易、汇率等。法案要经过一系列的审议程序才能成为法律。如果总统不同意国会提出的法案（bill），可以使用否决权（veto power）或拒绝签署。但国会若再以 2/3 以上的多数通过，总统则必须接受。国会也可以提出立法方向（making legislative directives）和立法限制（legislative restrictions），包括指示行政部门不该做哪些事，拒绝对行政部门的某些特定活动提供资金（如伊朗门丑闻），形成对行政部门的压力（legislative pressure）；国会可以通过决议案（resolutions），发表政策声明，提出非正式的建议（informal advice）；也可以通过听证会、调查和委员会制度，监督行政权力（oversight）。众议院有权提出财政预算案和弹劾案，即有"看管荷包"的权力（power of the purse）和"致人难堪"的权力（power to embarrass），有权在特殊情况下复选总统。参议院有权审判弹劾案，有

①　笔者访谈记录，2018 年 8 月 15 日，美国华盛顿。
②　Bob Woodward, Fear: *Trump in the White House*, London: Simon & Schuster, 2018.
③　笔者访谈记录，2018 年 8 月 16 日，美国华盛顿。

权在特殊情况下复选副总统。英国"议会至上"（the supremacy of the parliament）的政治传统在美国现实生活中依稀可见。美国首都华盛顿的所有建筑物均不得高于"国会山"（Capitol Hill），所以人们在华府就看不到在纽约触目可及的摩天大楼。从外形看，"国会山"比起白宫（white house）倒更具宫殿式建筑的气派，白宫只是一栋不算非常起眼的白色的楼房而已，倘若一开始就被译为"白屋"，或许更名副其实。有些初来乍到的游客误将"国会山"当作白宫，实在不足为怪。即便如此，白宫毕竟是美国政治权力的重心，"国会山"建筑对议会权力的突显，或有助于破解"行政至上"的陈规和迷思，但立法系统要真正与行政系统平分权力，也并非易事。

就对外事务而言，美国宪法规定，国会拥有对外宣战权、缔约的批准权和修宪权。总统与外国缔结的条约及总统任命的高级官员须向参议院咨询并经其同意。总统为三军统帅，拥有美国外交和国防的决策权，承担对外事务的所有责任，从而形成了行政系统和立法系统对外事权的相互牵制和平衡。陈迪安（Dean P. Chen）指出，外交决策，特别是在安全事务领域的决策，属于总统和他的高级行政官员的权限。国内政治和批评意见虽然重要，但尚不至于为之牺牲国家安全利益。[①] 虽然在后冷战时代，美国对华政策出现了从以往的精英主义向更大程度的多元主义转变的迹象，但外交政策通常还是由行政部门来决定和执行，后者可以摆脱外部的社会压力。[②] 根据美国学者罗伯特·希尔斯曼（Robert Hilsman）的经典研究，总统及其国家安全政策幕僚和顾问是制定外交政策的最核心部分，包围这个核心的第一层是外交行政机构，第二层是国会、智库、压力团体，第三层是大众传播媒体与一般民意。这些不同层次的行为者之间，形成了层层包围的同心圆关系。[③]

在这个同心圆结构中，国会处于行政权力与社会组织之间，承担着连接政府与社会的重要功能，因而成为利益团体进行政治游说的主要对象。当美国处于国家紧急状态或战争时期，总统占优先地位，国会一般总是默认总统的行政决定。在越战后的冷战年代里，国会企图确立影响外交决策的优先主

---

① Dean P. Chen, *U. S. Taiwan Strait Policy: The Origins of Strategic Ambiguity*, Boulder, Colorado: First Forum Press, 2012, p. 6 & p. 11.

② Robert Sutter, *U. S. Policy toward China: An Introduction to the Role of Interest Groups*, Lanham, MD: Rowman & Littlefield, 1998, pp. 10 - 11; Stephen D. Krasner, *Defending the National Interest*, Princeton, NJ: Princeton University Press, 1978, pp. 74 -75.

③ Robert Hilsman, *The Politics of Policy - Making in Defense and Foreign Policy* (Englewood Cliffs, N. J.: Prentice - Hall, Inc., 1987).

导权，结果引发了美国的宪政危机。越战后的年代对总统们来说颇有受挫感，但从立法权与行政权的相互牵制与平衡来看，又是一个充满生机的时代。① 在后冷战时代，国会在美国外交决策过程中的作用进一步加强。1994年美国中期选举后，共和党主导的国会两院推行带有现实主义色彩的收缩外交政策，优先考虑国内事务和本国利益，与克林顿政府的全球主义及国际干预唱反调。② 1995 年年底国会通过紧缩行政开支的预算案，迫使美国政府从 12 月中旬起临时关闭非必要部门长达 28 天，其中包括位于华府的国家博物馆。时值圣诞节和新年期间，为弥补外地和国外游客的遗憾心理以争取人心，克林顿决定将白宫的部分空间在圣诞节之夜开放给游客参观，所有游客都可以拿到印有克林顿夫妇签名的贺卡。克林顿第二任期仍然面对共和党主控的国会，白宫推行与中国"接触"的政策，参众两院则出现了"中国威胁论"和"中国崩溃论"的声音，其后美国政策圈又出现了"红队"（主张与中国接触）和"蓝队"（主张遏制中国）之争。布什政府上台时，共和党控制众议院，两年后又掌控参众两院，行政与立法系统在外交事务上的竞争有所缓和。奥巴马当政的头两年，民主党同时掌握参众两院，但 2010 年中期选举后，共和党成为众议院的多数党，对奥巴马的内外政策又造成较大制约。最典型的案例是国会在 2013 年再次通过紧缩行政开支的预算案，迫使部分政府机构从 10 月 1 日起临时关闭，以至于奥巴马决定取消原定对马来西亚和菲律宾的访问，不参加在印尼巴厘岛举行的 APEC 峰会和接下来在文莱举行的东亚峰会。这成为奥巴马政府极力推行的亚太再平衡战略的一大败笔。

美国总统对外交事务的自由裁量权以 1971 年 7 月基辛格秘密访华，打开中美关系正常化的大门为最典型案例。以反共著称的共和党籍总统尼克松，在 1971 年派遣国家安全事务助理基辛格秘密访问北京，连掌管外交行政机构的国务卿威廉·皮尔斯·罗杰斯（William P. Rogers）都被蒙在鼓里。美国国会和一般民众只是在基辛格访华行程结束后所发布的新闻稿中才知道这件事。这一源自同心圆核心的外交举措，改变了美国官僚机构和公众对"红色中国"的刻板印象，一些后来成为民主党重要智囊的学者由此开始了

---

① 苏嘉宏：《中国的自许与美国的期待：美国晚近的美中关系研究之取向》，台北：五南图书出版公司，1998 年版，第 183 页；周启明、傅耀祖等译，［美］节里尔·A. 罗赛蒂著：《美国对外政策的政治学》，北京：世界知识出版社，1996 年版，第 283 页。

② 刘永涛：《美国国会管外交》，载《解放日报》1996 年 6 月 22 日，第 10 版。

对中国大陆的认识之旅。《中国的发展经验》（*China's Developmental Experience*）一书的编者奥格森伯格（*Michel Oksenberg*）置身反越战的自由主义氛围中，对中国大陆"文化大革命"中出现的"反官僚主义"的"新生事物"予以肯定，认为其值得西方社会学习和借鉴。虽然这一评论不一定完全符合实际情况，但确实反映了美国那一代"中国通"渴望了解和理解中国的积极心态。其后尼克松因为"水门事件"遭到国会的弹劾黯然下台，未能在其第二任期与中华人民共和国正式建立外交关系，美国国会意外地在对外交事务控制权上扳回一城，尼克松因之成为美国历史上最具争议性的总统。受水门窃听丑闻的影响，陈列于华盛顿总统肖像馆中的尼克松个人画像，是所有总统中尺寸最小的一幅。有趣的是，24 年后民主党籍的克林顿总统因为性丑闻事件遭到弹劾动议，女方当事人莱温斯基（Monica Lewinsky）恰好也是长期住在水门饭店（Watergate Hotel）。克林顿总统在事发后运用总统的自由裁量权，将原定于 1998 年年底访问中国的计划提早在 6 月进行，希望以此转移社会视线。①

总统运用自由裁量权的另一个案例是 2003 年小布什总统决定对伊拉克实行军事打击。2011 年的"9·11"事件使美国进入了"反恐"战争的非常时期。为了国家和人民的生命安全，美国公民的人身自由受到某种程度的干预，政府的行政权得到了一定程度的扩张。小布什总统以伊拉克拥有生物化学武器为由，在证据并不充分的情况下，突然宣布对伊拉克实行军事打击，且事先没有经过国会的讨论和表决。战争开打后，美国国内的爱国主义和民族主义情绪上升，最后国会也追认了这一军事行动的合法性。但即使在这种情况下，美国大多数知识分子还是认为战争的理由不充分。后来的事态发展表明，美国仍然无法提供伊拉克拥有生化武器的证据。假设当年小布什总统没有运用自由裁量权，而是将宣战权交给国会，或许就是另外一种局面。

美国国会对总统外交权力的限制主要有三个途径。第一是对总统提名外交和国防机构重要职位（助理国务卿帮办以上）的人选行使同意权。被提名的重要官员必须到国会发表证词，以获得国会议员的支持。美国对台军售的主要推手之一、参议员约翰·科宁曾有意阻挠奥巴马任内的国防部部长人选哈格尔（Chuck Hagel）的提名程序，理由是哈格尔在对台军售问题上态

---

① 苏嘉宏：《中国的自许与美国的期待：美国晚近的美中关系研究之取向》，第 196 页。

度不够积极。在这之前，科宁还以类似的理由，阻挠常务副国务卿威廉·伯恩斯（William J. Burns）和助理国防部长马克·李伯特（Mark Lippert）的任命，直到白宫表态后才予以过关。克里在处理美国涉台政策上较为谨慎。2001 年小布什总统主张美国应全力协防台湾时，他曾表示反对，强调美国没有为"台独"而战的义务。2004 年克里代表民主党角逐总统期间，甚至倡议两岸以"一个中国，两种制度"来化解政治僵局。但面对国会内的反华和亲台力量，克里很难以其先前的思想观点主导美国的对外政策走向。

第二是国会决议案。最典型的例子就是 1995 年李登辉应邀访问其母校康奈尔大学。美国国务院原先不打算发给李登辉入境签证，但在台湾当局通过公关公司对美国国会进行大规模游说后，参众两院以绝对多数同意票通过了允许李登辉访美的决议案，迫使克林顿政府同意放行。一般的决议案，就像点缀圣诞树的装饰品（ornament），多元而引人注目，但对政策的具体设计与执行影响有限。①

第三也是最重要的途径就是立法。根据早年担任美国众议员索拉兹主要助理后又担任"美国在台协会"前理事主席的卜睿哲的长期观察，美国涉台法案用词讲究。因为宪法规定总统才是外交大权的拥有者，立法者一般没有权力要求总统或者行政部门采取何种政策与行为，往往只有建议的权力。当法案发起人使用"shall（必须）"或者"is directed to（针对）"的时候，表明他们将该条款视为一个命令（order）而非建议（suggestion）。总统在签署法令时会表示这些立法侵犯了其个人权限，故在立法审议的过程中，这类词汇经常被"should（应该）"替代，意味着只是建议而已，通常是不具有法律约束力的（non-biding）。② 国会涉台立法最著名的案例就是当卡特总统于 1978 年年底宣布中美将正式建交后，国会不满于行政系统事先沟通不足，制定并通过了"与台湾关系法"这一国内法，作为中美建交联合公报的补充，以保证美国可以与台湾维持半官方的政治、经济和军事关系，包括对台湾的防卫安全提供某种模糊的承诺。美方一些人士甚至认为，"与台湾关系法"的位阶高于中美之间的三个联合公报，对行政部门的约束力也更强。中美建交前，基辛格曾预测台湾问题可望在近期得到解决，一旦美国决定从

---

① 笔者访谈记录，2018 年 8 月 16 日，美国华盛顿。
② 笔者访谈记录，2018 年 8 月 16 日，美国华盛顿。

台湾撤军，停止对台湾的政治支持，台湾除了接受某种形式的统一外，将别无选择。① 国会通过"与台湾关系法"就防止了这一局面的出现。通过财政年度预算授权法案（Authorization Act for Fiscal Year），限制行政部门的开支项目和额度，也属于同一途径。总统虽然可以通过行使否决权（veto power）退回国会的法案，但如果国会再次以三分之二的多数通过，总统就只能签署，使之成为法律。在 20 世纪 90 年代的最初几年，美国国会每年都要求白宫取消对中国的贸易最惠国待遇，将中国大陆的人权记录与贸易最惠国待遇相捆绑，但因为国会无法凑足三分之二的多数，始终无法通过取消中国贸易最惠国待遇的法案。

2013 年 8 月 1 日，美国众议院外交事务委员会通过 2013 年"对台政策法案"（Taiwan Policy Act），规定美方应鼓励美台高层互访，允许双方官员在所有美国政府部门的办公室会面。法案还规定，授权美国总统同意对台出售 4 艘"佩里"级导弹巡洋舰，增强台湾的防卫实力。美国总统接受台湾当局对 F－16C/D 战机的要求，并在规定时间内向美国国会做简报，提交各项关系到台湾安全的报告。② 根据众议员罗丝蕾婷娜（Ileana Ros－Lehtinen）的早先提案，其内容还包括美国应派部长级官员访台，"美国在台协会"驻台北办事处的处长任命必须经过参议院同意，美国应修订准则让美台可以举行高层会谈，并支持台北驻美"经济文化代表处"更名为"台湾代表办公室"，支持美台签署"引渡协议"，让台湾加入国际民航组织，美国延续对台"六项保证""美国在台协会"驻台北办事处的处长任命要经过参议院同意等，反映了国会试图影响总统对涉台官员的任命，进而影响美国的涉台政策。③ 2014 年 4 月 7 日，美国众议院无异议通过"2014 年确认'与台湾关系法'和军舰移转法案"，重申"与台湾关系法"的重要性，支持美国政府依据"与台湾关系法"的对台安全承诺；支持台湾民主机制；支持美台深化经贸关系，在影响美国出口的既有经贸问题获得解决后，在适当时机支持

---

① Memorandum of Conversation, July 10, 1971 (12:10 pm－6:00 pm), in ibid, p. 28; also, Alan D. Romberg, *Rein In at the Brink of the Precipice: American Policy toward Taiwan and U. S.－PRC Relations*, Washington, D. C.: Henry L. Stimson Center, 2003, p. 33.

② 《美众院通过 2013 台湾政策法案拟扩大美对台军售》，环球网，2013 年 8 月 2 日，http://world. huanqiu. com/exclusive/2013－08/4200686. html。

③ （台）《自由时报》，2013 年 1 月 30 日。

台湾参与双方和区域贸易协议。① 该法案明确支持行政当局对台出售柴电潜艇以及 F－16C/D 型战机，并授权美方移转四艘 "佩里" 级导弹巡洋舰给台湾，要求法案通过三年内必须完成巡洋舰的移交；② 2014 年 12 月 10 日美国众议院以口头表决方式，一致通过《海军舰艇移转法案》，授权美国总统依据 "与台湾关系法" 及《武器出口管制法》的相关条款，向台湾当局出售 4 艘 "佩里" 级导弹巡洋舰。奥巴马总统于同月 18 日签署该法案，完成对台出售巡洋舰的法定程序。并于 2015 年 12 月最终完成这一军售案。

特朗普上台后，国会不断提出新的法案与决议案，提升美台实质关系。2017 年 12 月国会通过的《2018 财政年度国防授权法》（NDAA2018 FY）很快就由特朗普签署生效。该法案强调美国将加强与台湾的 "防御伙伴关系"，包括邀请台湾参与 "红旗军演" 与 "美台军舰互泊" 等涉台内容。③ 2018 年 8 月生效的《2019 财政年度国防授权法》（NDAA2019 FY）则包括 "及时回应台湾的军购需求"，"强力支持台湾获得防御性武器"，发展 "不对称战斗力及水下作战能力"，推动美台军队之间的 "联合实战训练和军演"，"推动美台资深国防官员与军事将领交流" 等涉台条款。④ 2018 年 2 月 28 日参议院无异议通过 "台湾旅行法"（Taiwan Travel Act），并于 3 月经由特朗普签署成为国内公法。该法案指出，为了提升与巩固美台关系、加强台湾安全，"美国政府应鼓励美台各层级官员互访"（U. S. government should encourage visits between U. S. and Taiwanese officials at all levels）。⑤ 该法重在推进美台之间的 "准官方" 关系，鼓励不分层次的美台 "官员互访"，所以也有人主张应该将其翻译为 "与台湾交往法" 才更为准确。⑥ 2018 年 12 月 31 日生效的《亚洲再保证倡议法》（Asia Reassurance Initiative

① 《美国会通过法案再度确认 "台湾关系法" 重要性》，环球网，2014 年 4 月 8 日，http：// taiwan. huanqiu. com/article/2014－04/4958398. html，访问日期：2014 年 4 月 10 日。

② 笔者访谈记录，2018 年 8 月 16 日，美国华盛顿。

③ U. S. House of Representatives, *National Defense Authorization Act for Fiscal Year 2018*, Washington, D. C. : U. S. Government Publishing Office, 2017, pp. 405－407.

④ *John S. McCain National Defense Authorization Act for Fiscal Year 2019*, pp. 2057~58.

⑤ U. S. Congress. *Taiwan Travel Act*, Washington, D. C. : U. S. Government Publishing Office, 2018, pp. 132 STAT. 341－342.

⑥ 根据美国行政部门在 1994 年通过的台湾政策评估（Taiwan Policy Review），美方代表人士可以访问台湾地区领导人、行政部门负责人和外事部门负责人的办公室，台湾官员可以到美方相应官员的办公室访问，但不能到美国国务院和白宫行政官员的办公室访问；美台之间 "部长级" 官员互访可以偶然进行，但限于经济和技术事务；台湾地区领导人可以在美国 "过境"，但不允许进行官方访问或长时间的私人访问。

Act of 2018) 则要求总统定期对台军售，依据"台湾旅行法"鼓励美国高层官员访台以及将台湾纳入"印太战略"体系。尽管"与台湾交往法"通过迄今，尚未见美国部长级官员访问台湾（始于克林顿总统时期），但这种情况随时有可能发生。

2019 年上半年美国参众两院相继提出或通过"2019 年台湾保证法案"（Taiwan Assurance Act of 2019）的不同版本，旨在从增加台湾的国际能见度和推动美台经济和军事合作方面，强化台湾安全。按照美众议院外委会主席安格尔（Eliot Engel）的说法，该法案意在"重新确认'台湾关系法'中的承诺"，向国际社会发出"美台同盟未来会更加强化"的信息。两院的版本都将台湾视为美国所推行的自由与开放的印太战略的一个重要部分（a vital part of the United States Free and Open Indo – Pacific Strategy），都建议美国对台军售"常态化"（regular transfers of defense articles），让台湾参加联合军演，支持台湾采取"不对称"防御战略，重启美台"贸易暨投资框架协议"会谈，支持台湾"有意义"参与联合国、世界卫生大会（WHA）、国际民航组织（ICAO）、国际刑警组织（INTERPOL）及其他适当的国际机构。[①]参议院版本特别强调国防部必须（shall）将台湾纳入双方和多方军事演习，由将军或海军将官或将军出任"美国在台协会"的国防武官。[②] 众议院版本另外主张让台湾作为成员加入联合国粮农组织（Food and Agriculture Organization）、联合国教科文组织（United Nations Educational, Scientific and Cultural Organization）和其他不要求国家身份的国际组织。[③] 2019 年 10 月 29 日和 2020 年 3 月 3 日，参众两院分别通过"2019 年台湾盟友国际保护与强化倡议法案"，"要求美国行政部门以积极行动支持台湾强化与印太区域及全

---

① 《美国联邦参议院提案"台湾保证法"》，中评网，2019 年 3 月 27 日，http://www.crntt.com/crn – webapp/touch/detail.jsp? coluid = 189&docid = 105380851；史雨轩，美众院通过"台湾保证法"，外交部提出严正交涉，《观察者网》，2019 年 5 月 8 日，http://news.sina.com.cn/o/2019 – 05 – 08/doc – ihvhiews0665014.shtm；访问日期：2019 年 5 月 10 日。

② 该法案第六节以加强美台防卫关系（Enhancing the U. S. – Taiwan Defense Relationship）为题，其中第二款英文原文是：REQUIRED DEPARTMENT OF DEFENSE ACTIONS：The Secretary of Defense shall make efforts to include Taiwanese forces in bilateral and multilateral military exercises, as appropriate, to bolster Taiwan's defense capabilities；第三款的原文是：DEFENSE ATTACHE ?：The Chief of the Liaison Affairs section at the American Institute in Taiwan shall be a general or flag officer. 详见 https://www.congress.gov/116/bills/s878/BILLS – 116s878is.pdf，访问日期：2020 年 2 月 15 日。

③ https://www.congress.gov/116/bills/hr2002/BILLS – 116hr2002rfs.pdf, accessed on February 15, 2020.

球各国的官方关系与其他伙伴关系，以行动支持台湾的国际参与"。① 2019
年 12 月经总统签署生效的《2020 财政年度国防授权法》（NDAA2020FY）
不但增列了将台湾视为美国印太战略的一个重要部分的相关内容，还添加了
建议"加强美台防御关系"的立场表述（sense of congress on enhancement of
the United States – Taiwan defense relationship）。对比《2019 财政年度国防授
权法》可以发现，2020 年版的"授权法"的篇幅从 2 页增加到 3 页，字数
从 575 字增加到 954 字（不算目录中出现的涉台标题）。2020 年版还特别提
到美国国防部应该加强与台军的防御计划合作，改善协同能力（enhancing
cooperation on defense planning and improving the interoperability of United States
and Taiwan forces），让美国军舰定期过航台湾海峡，赞赏法国军舰在 2019
年 4 月 16 日过航台海的举措，鼓励其他盟邦和伙伴如法炮制。② 2020 年 2
月参议院二读通过的"2020 年台湾主权象征法"议案要求美国国务卿和国
防部长必须（shall）允许来访的台湾重要官员和公职人员（dignitaries and
service members）在政府举办的仪式性和功能性的活动中，展示伪旗，身着
制服徽章，出现在美国国务院和国防部社交媒体（social media）旨在推进
美台接触（promoting engagements with Taiwan）的报道中。法案的指涉对象
包括来自台湾当局的军队、"政府"代表以及"台北经济文化代表处"人
员。如果参议院最终通过这一法案，并经众议院同意和总统签署立法，就意
味着美台"准官方"关系的重大突破。③

　　上述已经通过的法案对行政部门产生了不同的约束力。例如，《2019 财
政年度国防授权法》于 2018 年 8 月生效时，时任美国国防部助理国防部长
薛瑞福对上一年度"国防授权法"有关"美台军舰互泊"的规定做了回应，

---

　　① U. S. Congress, *Taiwan Allies International Protection and Enhancement Initiative（TAIPEI）Act of
2019*（S. 1678），https：//www. congress. gov/bill/116th-congress/senate-bill/1678/text？q = % 7B%
22search% 22% 3A% 5B% 22Taiwan% 22% 5D% 7D&r = 5&s = 1，accessed on February 15, 2020. 2020 年 3
月 3 日（美国东部时间）众议院通过该法案后，参议院于 3 月 11 日再次通过经众议院微调的版本，
提交总统签署。因该法英文缩写跟台北的习惯拼音（Taipei）类似，故被一些中文媒体称之为"台
北法案"或"台北法"。新版的重要修改是根据众议院版本，将美台"非官方"关系的提法改为美
台"独特"（unique）关系，并对美台经济关系着墨更深，不以贸易议题为限。该法案于 2020 年 3
月 26 日经特朗普签署生效。

　　② https：//www. congress. gov/116/bills/s1790/BILLS – 116s1790enr. pdf. 与此类似的是，《2003
财政年度国防授权法》也提到应该给予台湾等同"主要的非北大西洋公约组织盟友"（major non –
NATO ally），建立美台间的"准军事同盟"关系（paramilitary alliance）和加强两军协同能力（inter-
operability）问题。

　　③ *Taiwan Symbols of Sovereignty（SOS）Act of 2020*, S. 3310.

表示美国海军医疗船只访台及高层将领互访都符合"与台湾关系法",国防部会在仔细研读条文后做出回应。① 据一位美国台湾问题专家表示,薛瑞福本人对军舰泊台尚有保留态度。② 而《2019 财政年度国防授权法》有关美方应"及时回应台湾的军购需求"、推动美台军事交流的说辞,从 2019 年美国连续三次对台军售和美国军舰九次过航台湾海峡可以看出端倪。美台联合军演早已是公开的秘密,美军人员正式着装,只是严禁记者拍摄而已。

根据台湾当局外事部门统计,从 2016 年 5 月 20 日到 2019 年 4 月 13 日,来台湾访问的"副助理部长层级"的官员已达 18 人。③ 如果说,2019 年美国国务院助卿帮办米德伟(David Meale)访台和台湾政要郑文灿、林右昌、柯文哲、韩国瑜、朱立伦等人纷纷访美尚未突破美台官员交流的层次的话,2020 年 2 月初台湾地区副领导人赖清德的美国之行则是一项新的突破。此外,2019 年 4 月初,华盛顿三家智库(战略与国际研究中心、布鲁金斯学会、威尔逊国际学者中心)联合举办"'与台湾关系法'40 周年与美台关系"研讨会,邀请蔡英文进行视频对话,许多美国知名学者参加,美国国务院负责东亚与太平洋事务的首席助卿帮办墨菲(W. Patrick Murphy)做压轴演讲,其规模之大、规格之高,为近年美台关系研讨会所罕见。④ 虽然两人没有在同一时段亮相,但也多少透露出美方对台湾地区现任领导人"官方"头衔的公开认可,可视为美国涉台关系的另一项突破。⑤ 在美国众议院于 2019 年 5 月 7 日通过"台湾保证法"后,台"驻美代表处"赶在次日于美国国会大楼举办了纪念美国通过"与台湾关系法"四十周年的酒会,美国众议院议长佩洛西(Nancy Pelosi)等 21 位众议员和 6 位参议员出席这一酒会,行政部门的参加者包括美国国务院负责国际组织事务的助理国务卿莫雷(Kevin Moley)、负责军政事务的助理国务卿库克(Nerissa

① 台湾东森新闻国际中心:"印太地区目标分歧 薛瑞福:必要时,美将与中国对抗"。
② 笔者访谈记录,2018 年 8 月 16 日,美国华盛顿。
③ 江音,"特朗普政府借 TRA 强化美台'实质关系'",《台湾周刊》,2019 年第 16 期,第 4 页。
④ 2009 年美国企业研究所、战略与国际研究中心和传统基金会分别举办三场纪念"与台湾关系法"通过三十周年研讨会,马英九应邀参加视频会议,但美方只有前行政系统官员参加。
⑤ 在这三家智库中,威尔逊国际学者中心属于联邦政府机构,理应更为谨慎。战略与国际研究中心多次举办涉台学术交流平台,除了在 2015 年邀请台湾地区领导人参选者蔡英文演讲外,在 2014 年邀请台南市长赖清德访问该中心时,更公开在其网页上展示以"青天白日满地红"旗帜与美国国旗并列的合影照片。

Cook)、国防部首席助理部长海大卫（David Helvey）、国务院台湾事务协调员何乐进（Jim Helley）、"美国在台协会"执行理事罗瑞智（John Norris）、白宫国安会网络政策主任普兰基（Sean Plankey）、亚洲经济安全主任田家希（John Cartin）、中国及蒙古事务主任简以荣（Ivan Kanapathy）等人。从参加人员的职务可以看出美国国会与行政系统在推动台湾参与国际组织、加强美台军事交流合作上的共识，也可看出行政系统对"台湾旅行法"的重视程度。①

　　尽管联邦政府中的行政部门和立法部门在对台政策上存在着互相制约的关系，但从上述"国防授权法""台湾旅行法""亚洲再保证倡议法""台湾保证法案"和"台北法"的立法过程来看，白宫和国会围绕涉台事务的政策动议更多的是互相配合而非彼此牵制。对比白宫制定《国家安全战略》报告及印太战略与参众两院的一系列立法，人们可以发现行政和立法部门高度将"台湾牌"发挥到淋漓尽致的地步。就立法内容来说，除了在一般法案中加塞涉台条款外，"台湾旅行法"重在推进美台之间的"准官方"关系，鼓励各层级的美台官员互访（visits between U. S. and Taiwanese officials at all levels）；②"台湾保证法案"则旨在从增加台湾的国际能见度和推动美台经济和军事合作方面，强化台湾安全，而"台北法"则重在维护台湾的"国际空间"。上述法案反映了在美国政府将中国大陆确定为"战略性竞争对手"的大背景下，美方加大打台湾牌的力度，不惜冲撞1979年中美建交基础（"断交、废约、撤军"）的冒险性。虽然国会倡导的法案都是表述"国会意见"（Sense of Congress），对行政部门不具备绝对约束力，与行政部门的实际政策往往存在一定距离，但立法部门的意见无疑大大增加了白宫偏离既有政策主轴的空间，其涉台政策的走向势将进一步偏向台湾方面。况且国会与白宫的立场也没有太多的差异。例如，参众两院的"台湾保证法案"版本在表示支持台湾"有意义"参与联合国等国际机构的活动时都提到了

---

　　① 美国国务卿蓬佩奥（Mike Pompeo）在2019年3月27日坦承，"'台湾旅行法'是非常重要的立法"。See "Travel act 'very important legislation,' Pompeo says," Taipei Times, March 29, 2019, p. 3.

　　② 根据美国行政部门在1994年通过的台湾政策评估（Taiwan Policy Review），美方代表人士可以访问台湾地区领导人、行政部门负责人和外事部门负责人的办公室，台湾官员可以到美方相应官员的办公室访问，但不能到美国国务院和白宫行政官员的办公室访问；美台之间部长级官员互访可以偶然进行，但限于经济和技术事务；台湾地区领导人可以在美国"过境"，但不允许进行官方访问或长时间的私人访问。

"一个中国政策"，众议院的版本还将参与这些机构的活动与作为成员加入不需要以国家身份资格的国家组织做了区分。但美台关系的提升与突破实际上是以牺牲中美关系为代价的。

第二节 美国利益团体和政治游说

美国是个多元的社会，工商界和劳工界的利益团体以及众多的非政府组织可以通过不同的形式影响政府部门的决策过程，包括雇佣专门从事政治游说的公关公司。除了综合性的利益团体，还有以专门议题为导向的利益团体（如大赦国际组织）和为特定国家或地区的利益进行政治游说的利益团体（country-oriented interest group）。利益团体影响公共政策的诉求对象主要有三。其一是直接向行政部门表达政策诉求，其二是直接向国会议员表达政策诉求，其三是通过基金会等非政府组织举办相关活动，提出政策诉求，以影响决策人士、国会议员、媒体和公众。由于行政部门的非选任官员（政治任命官员和文官）没有选举压力，故利益团体的游说对象以国会议员为主。美国的国会议员与部长级官员的政治地位相当。利益团体代表想要见到部长不容易，但要向议员提出类似要求，则比较容易得到满足。国会两院的立法活动经常受到院外活动集团（即利益团体）的影响，主要原因就是每个利益团体都代表了一定的选票。

不过，大部分美国人不会密切关注与亚洲相关的新闻事件。由于美国人对国际事务没有太多的注意，他们在思考国际事件时也就难免流于单一刻板。从历史上看，美国人对于中国的观点曾经在"非常积极"和"非常消极"两个极端之间摆动。一般美国人认为，中国快速的经济增长对美国和世界是一个威胁；中国不遵守游戏规则；中国的"军事扩张"显示其有"侵略意图"；中国政府"压制"中国人民；老一代美国人记得第二次世界大战和蒋介石，年轻美国人关于台湾的印象和观点则更多地被最近几十年来的事件所塑造。"台湾制造"曾经是"便宜"的代用语，现在的台湾则被视为生产全球高科技产品的地方。美国人认为台湾是一个民主社会，许多国会议员特别相信台湾是一个实现民主化的"模范生"，值得美国支持，尽管媒体所展现的台湾民主通常并不那么成功。美国人知道台湾和大陆存在争端，但许多人对具体情况并不了解。例如，根据 1999 年进行的一项调查，有50% 的美国人认为台湾在联合国拥有席位。美国人对台湾的印象好过中国大陆，在 1999 年，46% 的受访者认为中国大陆不友好，但只有 11% 的受访者认为台湾不友好。因此，美国人不愿看到中国大陆"强迫台湾接受统一"。不过也有一些美国人相信，台湾就像香港一样，也将"被安排走向统一"。美国人倾向于"支持弱者"（underdog），相信"民主应该被捍卫"，但美国人又不想跟中国大陆打仗，60% 的受访者反对美国派兵帮助台湾获得"独立"。① 根据美国芝加哥全球事务委员会在 2018 年的一项调查，过去 20 年以来民众对美国政府"协防"台湾持肯定立场的平均支持度仅 29.8%。② 上述公共意见为美国政府考虑对外政策选项提供了一个基本依据。

与美国选民的政治态度相联系，美国国会议员对国内事务的关心程度远远超过对国际事务的关心程度。特别是众议院议员，每两年就要改选一次，在单席选区的制度安排下，议员的当务之急是满足其选区内的选民需求，提供服务，以保证连任。而美国的一般选民对国际事务并不关心，更不用说某一国家或地区的具体问题。在一般情况下，国际问题和事件也很少能在媒体上引起公众的关注。在参众两院中，比较关心国际事务的议员有限，一般只限于参加参议院对外关系委员会和众议院外交事务委员会的国会议员。美国国会中的"台湾连线"就是由一批关心台湾议题的亲台议员所组成，而这些议员也正是友台利益团体的重点游说对象。

一、台湾对美直接游说活动

"美国以色列公共事务委员会"（American Israel Public Affairs Committee，AIPAC）堪称特定国家或地区进行政治游说的典范。该委员会公开宣称，要让所有不分年龄、宗教和种族的亲以色列分子拥有权力，介入政治事务，与美国国会内不同党派的议员建立关系，推动美国和以色列的关系；通过投身该委员会，进行亲以色列的政治鼓动，包括支持以色列的自卫权和加强对伊朗的制裁。该委员会的政策大会（AIPAC Policy Conference）是亲以色列运动的最大规模的集会，吸引了成千上万的来自美国各地的参与者。③ 亲以色列的政治游说对美国的中东政策具有重大影响，以色列被普遍认为是

① Shelley Rigger, Remarks at a forum on Taiwan Studies in the World hosted by Center for Taiwan Studies, Shanghai Jiao Tong University, July 17, 2013, Shanghai.

② Dina Smeltz, et al., *America Engaged: American Public Opinion and US Foreign Policy*, Chicago, IL: The Chicago Council on Global Affairs, 2018.

③ 可参见该机构官方网站：http://www.aipac.org。

对美国进行政治游说的最为成功的国家，也因此成为日本、韩国、台湾等其他国家或地区在美进行政治游说时的效仿对象。

台湾对美政治游说的力度仅次于以色列，其历史可以追溯到国民党退台之前。20 世纪 90 年代中期以来，鉴于台湾在国际社会上的持续孤立和中美战略关系的重塑，台湾加强了对美国的政治游说，以图提升美台实质关系。早在 1979 年美国与台湾当局"断交"后，后者为了弥补与美国行政当局高层官员接触渠道的缺失，就开始注重培植与国会议员及其助理、州长和州议员、重要城市的官员、前政府官员和议员、商会负责人以及主要智库和媒体负责人的关系，邀请大量美国政治人物，包括地方性政治人物访台，接受台方招待。例如，克林顿在 1993 年年初就任总统前，就曾 4 次访问台湾。根据《国会山庄报》2005 年 6 月的报道，"中华民国工商协进会"等组织在此前的 4 年中曾花费 23 万美元招待 34 名美国国会议员，包括众议院国际关系委员会的 9 名议员和 2 位"台湾连线"的公共主席。同时台湾还通过在美注册的专业公关公司和其他民间团体，花费数以百万计的美元在华府进行公关活动，通过雇佣美国专业公关公司和政治顾问团体（如卡西迪公关公司），或台湾人在美国设立的机构或组织（如"台湾人公共事务会""北美洲台湾人教授协会""台湾国际关系中心"等），对国会议员和行政部门官员直接进行游说，提出明确的要求。

由众多前政府官员组成的卡西迪公关公司（Cassidy & Associates）在推动李登辉 1995 年 6 月成功访美一事上，扮演了决定性的角色。卡西迪公司是美国政治公关界的龙头老大，无论是规模还是在政商界和民间的影响力，均属全美第一。公司于 1975 年成立，创办人杰瑞德·卡西迪曾为参议院及民主党担任过法律顾问。公司核心成员以民主党离职政客、政府退休高官为主，公司的四大说客除卡西迪外，还有中央情报局前中国事务专家卡尔·福特（Carl Ford）。其业务主要是进行政治游说，帮助客户对美国政府官员、国会议员及白宫施加影响。1994 年台湾当局派人与卡西迪公司签约 3 年，每年公关费为 150 万美元，合作重点就是推动李登辉访美。① 据《华盛顿邮报》报道，从 1994 年到 2000 年 6 月，卡西迪公司曾从由李登辉的财务大总管刘泰英主管的"台湾综合研究院"（Taiwan Research Institute）收到约 900 万美元的款项。而"台湾综合研究院"的这一笔款项，一般认为即来源于

---

① 《美日高官为何替台湾说话》，载《环球时报》2002 年 3 月 28 日，第 1 版。

李登辉在"国安局"内设立的高达 1 亿美元、且未列入"立法院"预算的秘密户头，也就是在 2002 年 3 月被台湾媒体广为披露的"国安基金"。而这一秘密户头中有一项"明德项目"基金即专用于对美日方面的政治游说工作。① 除了推动李登辉访美外，卡西迪公司还为提升美台关系、加强美台军事交流进行游说，并向台湾提供其所搜集到的有关华府的政治信息（因为李登辉并不完全信任台湾当局外事部门所提供的报告）。该公司顾问卡尔·福特在出任小布什政府分管情报研究事务的国务院助理国务卿之前，曾于 1999 年至 2000 年之间担任公司发言人，多次访问台湾，由台方提供资助。福特曾于 70 年代到 80 年代期间任职美国中情局、国防部和国会，一向主张美国对台提供军事援助。在福特任职卡西迪公司期间，该公司为台积极活动，向国会、白宫、国务院和国防部大肆游说，并设立网站，发布有关新闻和宣示政策立场的论文。福特亦亲自撰文，在国会作证，在帮助台湾对美游说上扮演了重要角色。据《星岛日报》报道，福特在 1999 年至 2000 年期间，曾 6 次提供捐款给小布什竞选阵营及共和党全国委员会，每次捐款额为 100 万至 175 万美元之间。这些资金是否来自台湾，颇受外界瞩目。② 根据美国司法部官网公布的台湾历年对美游说数字，李登辉执政 12 年期间对美政治游说的金额高达 3800 万美元左右，是此前 10 年台湾对美游说金额的 3 倍以上。③

陈水扁 2000 年当选台湾地区领导人后，"台湾综合研究院"与卡西迪公司的合同于当年 6 月到期。从当年 7 月开始，卡西迪公司改为替"台湾政经研究所"（Taiwan Studies Institute）进行游说。该研究所由台湾诚泰银行董事长林诚一出资成立，具有陈水扁当局的背景。卡西迪公司与"台湾政经研究所"签订了为期 1 年、总额为 200 万美元的公关合同，其主要任务是推动美国国会通过"台湾安全加强法案"。据美国司法部记录，从 2000 年 7 月到 2003 年 7 月，卡西迪公司（包括其所设立的子公司）从台湾方面收受的金额高达 703 万美元。数目如此之大，连美国一些亲台学者都觉得过于离

---

① John Pomfret, "Secret Taiwan Fund Sought Friends, Influence Abroad," *Washington Post*, April 5, 2002.

② 《聚焦台湾"国安局"密件外泄风暴》，载《参考消息》2002 年 3 月 27 日。

③ U. S. Department of Justice. Reports of the Attorney General to the Congress of the United States on the Administration of the Foreign Agents Registration Act, Washington, D. C.：U. S. Department of Justice, 2000.

谱。正如美国学者吉姆斯·曼（James Mann）所指出的，在出资与美国公关公司打交道这一点上，陈水扁比起李登辉可谓毫不逊色。① 根据卡西迪公司在美国司法部登记的资料，② 该公司在 2003 年 7 月中断了和台湾的合作关系。另据《美国之音》中文网报道，前共和党参议员多尔（Senator Bob Dole）所任职的奥尔斯顿与伯德律师事务所（Alston & Bird，LLP）从 2003 年开始为台湾"驻美经济文化代表处"公关。③ 2005 年台湾"国安会秘书长"邱义仁与美国 Barbour Griffith & Rogers 公司总裁罗杰斯签订了为期 3 年的合约，每年提供 150 万美元的经费，任务是落实台湾当局与美国政府的沟通。2006 年 11 月，陈水扁发表电视讲话，为自己被指控涉嫌贪污"国务机要费"辩解，声称以"国务机要费"支付秘密"外交"费，是因为卡西迪公司威胁要"去跟大陆签约"。卡西迪公司极为罕见地发表声明，驳斥陈水扁的指控"是极其明显的错误"，要采取行动为自己的商誉辩护。④ 其实该公司为台湾进行政治游说并不以李登辉时期为限，但因为陈水扁在美国有"麻烦制造者"之称，一般机构不愿意跟他扯上太多的关系而已。

"台湾人公共事务会"（Formosa Association for Public Affairs，FAPA）是一个海外"台独"组织，也是台湾对美进行政治游说的一个重要机构。该会于 1982 年在美国洛杉矶成立，首任会长为"台独"大佬蔡同荣，历任会长包括彭明敏、陈唐山、陈文彦、吴明基、高龙荣等人，现任会长为郭正光。⑤ 总会设于华盛顿特区，在全美各地设有 50 个左右分会，会员约 3000 人。该会宣称是世界性的"非营利"组织，其宗旨为：（1）推动国际上对"台湾人民建立一个独立、民主国家和参加国际社会"的支持；（2）促进台湾与美国的关系与合作；（3）捍卫台湾人民的"自决权"；（4）促进"台海和平与安全"；（5）促进世界各地台湾人社群（communities）的权利和利益。该会绝大多数成员是已加入美国籍或其他国籍的台湾高级知识分子。曾任会长的彭明敏被民进党尊为"台独教父"，他在 1996 年代表民进党参加

① Jim Mann，"Taiwan's New Era Looks a Lot Like Old One，"*Los Angeles Times*，July 12，2000.

② Jim Mann，"Taiwan's New Era Looks a Lot Like Old One，"*Los Angeles Times*，July 12，2000.

③ 《台湾与美国多家游说公司签约推动在美公关》，环球网，2010 年 2 月 12 日，http://world. huanqiu. com/roll/2010-02/717732. html。

④ 《陈水扁被卡西迪威胁？美公关公司：荒谬之极》，凤凰网，2006 年 11 月 7 日，http://news. ifeng. com/taiwan/detail _2006 _11/07/952209 _0. shtml。

⑤ 台湾人共同事务会，华夏经纬网，2018 年 7 月 26 日，http：//www. huaxia. com/lasd/twzlk/tdzz/2018/07/5827479. html，访问日期：2020 年 3 月 26 日。

台湾地区领导人首次直选时，曾宣称可以将台湾地图横过来看，就像一只海鲸，代表着台湾的"海洋国家精神"。不过，这只"海鲸"无法游离大陆，像一些"台独"分子所希望的那样，成为美国的"第51个州"。彭明敏在当年选举中，只拿到21%的选票，大大低于民进党在一般选举中的得票率，说明了极端"台独"路线在岛内是不得人心的。该会的创始会长蔡同荣素有"蔡公投"之称，90年代初从海外返台发展，成为民进党内"独派"的代表性人物，2014年1月病逝前曾多次担任民进党的中常委和"立法委员"。2003年蔡同荣所极力推动的"公投"，导致新一波台海危机，一直延续到2008年3月"大选"前的"入联公投"失败才算告一段落。

"台湾人公共事务会"在网页上宣称其使命是教育型的，即将有关台湾问题的信息及时提供给美国的决策者、媒体、学者和一般公众，特别是国会议员及其助理，并表达台湾人民的观点。他们所表达的观点是："2000年3月的总统选举是台湾在民主化道路上的发展高峰（culmination of Taiwan's path to democratization）。虽然台湾已经实现了充分的民主，但未能保证2300万台湾人民参加国际组织的权利。作为台湾民主的倡导者，台湾人公共事务会相信所有台湾人民应该享有平等的权利，与世界上的其他人民分享同等的责任。台湾是一个民主繁荣的、事实上独立的国家。台湾人公共事务会强烈相信并推动台湾的未来应该由2300万台湾人民在没有外来压力和威胁的情况下自行决定。自决权是基本的普遍权利。除了台湾人民以外，没有任何人拥有决定台湾未来的权利。"[1] 该组织认为，对台湾民主化的支持符合美国的利益，因为一个更为开放的台湾有助于培育太平洋地区的和平与安全。从其网站的宣传口气来看，该组织的语言还停留于10多年前，并没有根据2008年后台湾内部政治进展和两岸关系的重大变化做出调整和回应。

由于该组织标榜"促进海外台湾人的权利和利益"，以此跟其"台独"理念和行动相搭配，在海外台湾人中有一定的影响力。该会将总部设在美国首都华盛顿，以国会参众两院的议员为主要游说对象，曾促使美国参议院外交委员会于1983年通过"台湾前途决议案"，美国参众两院于1985年通过

---

① 参见该机构官方网站：http://fapa.org/new/index.php? option = com _ content&view = article&id = 19&Itemid = 27。

"台湾民主修正案"。1984 年 10 月 "江南事件"① 发生后，在 "台湾人公共事务会" 的奔走、推动下，美国众议员索拉兹、里奇，参议员小肯尼迪等 4 名议员发起成立国会 "支持台湾民主委员会"，有所谓 "四人帮" 之称。当年索拉兹议员的两位重要助理，一位就是后来担任 "美国在台协会" 理事主席的卜睿哲（Richard Bush），另一位是克林顿时期担任国务院亚太事务助理国务卿的陆士达（Stanley Roth）。台湾民主转型后，"台湾人公共事务会" 继续拉拢、收买美国国会中少数反华议员，为其推行 "两个中国" "一中一台" 效劳，包括要求美国国会支持 "台湾加入联合国"、通过 "台湾安全加强法案" 等。2000 年后，台北提出可以以台湾名义作为观察员加入世界卫生组织，以人道为由争取外界同情，同时要求美国亲台国会议员提出支持台湾加入世界卫生组织等国际组织的提案。2000 年 10 月，美国众议院旋即通过支持台湾加入世界卫生组织的决议案。2002 年 2 月众议院通过 "台湾安全加强法案"。根据该法案，国会将增强在对台军售问题上的影响，总统必须在每年与台湾举行军售会议前 30 天与国会领袖就这一问题秘密磋商，其内容包括台湾要求得到的防卫武器及其配套服务的具体细节，行政部门对台方所提出的清单是否确实符合其防卫需要的评估等，其用意是提升美台军事交流和协调的层次，避免行政部门为安抚大陆而牺牲台湾的利益。2002 年 1 月，陈水扁在该会 20 周年纪念大会上宣布，已批准 "外交部" 在 "护照" 上加注英文 "台湾" 字样，以此作为送给该组织的 "大礼"，对其在海外的公关活动予以高度肯定。

在 "台湾人公共事务会" 和卡西迪公司的推动下，美国众议院和参议院分别于 2002 年 4 月 9 日和 2003 年 9 月 1 日成立了 "台湾连线"（Taiwan Caucus），时任 "台湾人公共事务会" 会长吴明基出席成立仪式并致辞。除了推动美国国会通过对台有利的法案外，"台湾人公共事务会" 还游说美国国会 "台湾连线" 联合上书小布什总统，促请白宫解除对台湾高官访美的所有限制，考虑推动陈水扁正式访美。2002 年陈水扁夫人吴淑珍访问美国，"台湾人公共事务会" 动员美国议员前去捧场。虽然美国国务院不让吴淑珍

---

① "江南事件" 又称 "江南案"，发生于 1984 年 10 月，笔名 "江南" 的华裔美籍作家刘宜良因在其作品中透露了一些对蒋经国和台当局不利的信息，被台当局情报机构雇用的台湾黑道分子暗杀于美国加州。此案导致美台关系一度紧张，台当局虽承认该案为其情报官员主使，但强调是情报官员独断专行所致，而非高层授意，并逮捕了相关情报官员。然而，当时民间舆论普遍认为此案主谋可能是蒋经国的儿子蒋孝武，但并无确切证据。

在全美记者俱乐部发表演讲，但众议院却在 9 月 24 日通过欢迎吴淑珍来访的决议案，由一些议员共同出面邀请吴淑珍出席欢迎酒会。2003 年 11 月陈水扁"过境"美国，"台湾连线"的 4 位联合主席不顾行政当局有关不安排官方会见的规定，专门包机从华盛顿飞到纽约。陈水扁住在纽约的鲁尔道夫酒店，在美国境内对媒体发表评论。华航专机的机组成员与当时赴美国参加宋美龄逝世纪念活动的郝柏村等人恰好住在同一宾馆，虽然"道不同"，却住在同一"屋檐下"。① 根据学者对"台湾连线"成员的一项研究，在第 110 届（2007—2008 年）美国国会期间，参众两院分别有 26 位和 157 位议员参加该连线的活动。连线成员多来自美国南部，来自亚裔人口比重较大或与中国经济关系较密切的选区，还有就是来自"台湾人公共事务会"成员比较活跃的选区。连线成员中参加参议院对外关系委员会和众议院国际关系委员会的议员较多，意识形态保守的议员较多，共和党的议员也较多。② 由此可见台湾方面政治游说的效果。根据美国司法部的统计资料，陈水扁在执政期间对美游说年均预算高达 375 万美元，比李登辉时期年均 320 万美元高出甚多，对亲台议员介入对台政策过程作用不小。③

2008 年 5 月马英九上台后，对美游说的力度减弱，经费跌到历史最低的 1750 万美元左右，年均不到 220 万美元。④ 在处理与美国的关系上，秉持不制造意外、不作为"麻烦制造者"的原则，与美国卡西迪公司和海外"独派"组织"台湾人公共事务会"《台湾公报》等保持距离，另寻对美政治游说的合作对象。据"美国之音"中文网 2010 年 2 月 12 日报道，美国司法部资料显示，台湾当局在 2009 年新雇用了三家美国公司协助提升美台关系。第一家是"布鲁与洛特领袖集团"（Bureauz Lott Leadership Group, BLLG），台湾当局"驻美代表"袁健生在当年 5 月 12 日与该公司签下一年合约，给付该公司 20 万美元，由其协助推动台湾当局与美国白宫和国会的

---

①　笔者当年也在同一宾馆开会，正好有机会与这两拨人偶遇。

②　张光、刁大明：《美国国会"台湾连线"成员分布决定因素实证分析》，载《台湾研究集刊》2009 年第 3 期。

③　例如陈水扁在 2005 年和与白宫关系密切的大牌游说公司 BGR（Barbour Griffith & Rogers, LLC）签订一份为期两年的合同并向其支付 270 多万美元薪酬，后者安排台美官员见面，并就邀请陈水扁访美等事务展开游说。详见：U. S. Department of Justice, *Reports of the Attorney General to the Congress of the United States on the Administration of the Foreign Agents Registration Act*（FARA），Washington, D. C., November 14, 2006, p. 226.

④　FARA reports, 2016.

关系。BLLG 由参议院共和党前领袖特伦特·洛特（Trent Lott）与民主党的约翰·布鲁（John Breaux）共同创办，具有雄厚的国会背景。第二家是由出身于纽约州的前联邦参议员达马托（Senator Alfonse M. D'Amato）创办的帕克策略公司（Park Strategies, LLC）。台湾当局付给该公司 10 万美元，约定服务期为半年，由其代表台湾当局协助安排台湾驻美官员与美国国会议员及其幕僚的会晤，安排美国国会人士访问台湾，协助安排"与台湾关系法"实施 30 周年纪念活动和 2009 年 5 月"过境"美国的马英九与美国议员通电话等咨询服务。第三家是美国椒木国际公司（Pepperwood International Corp.）。台湾当局付给该公司 2.5 万美元，由其代理"台北经济文化代表处"在美推动公关工作，包括提供美国学者和前官员的相关资讯，以及在媒体上撰文评论美台关系，为期 4 个月。此外，前共和党参议员多尔的"奥尔斯顿与伯德律师事务所"在 2009 年 5—10 月间，曾协助台湾"驻美代表"袁健生与 10 位两党重要联邦参议员的会晤。台湾方面为此付出大约 14 万美元。与此同时，成为在野党的民进党继续雇用能说流利闽南语的"台湾通"彭光理（Michael Fonte）担任民进党驻华盛顿联络人，从事对美公关工作，包括协助 2009 年 5 月来华盛顿访问的蔡英文与白宫国家安全委员会亚洲事务高级主任贝德（Jeffrey Bader）、美国贸易代表署主管中国事务的助理贸易代表蒂姆·斯特拉福德（Tim Stratford）、国防部主管东亚事务的副助理部长米德伟（Derek J. Mitchell）以及国务院东亚助理国务卿希尔（Christopher R. Hill）等人的见面。①

通过政治公关，游说美国加强对台军售，提升美国涉台关系，是台湾当局和在美台湾社团共同努力的目标。在台湾方面的运作下，美国国会内部以"台湾连线"为代表的亲台势力多次要求奥巴马政府向台湾出售 F－16C/D 战机、"佩里"级柴电潜艇等性能更加先进的武器，认为这样才能"加强台湾的防御"。根据国民党籍前"立委"雷倩的分析，2012 年马英九派其亲信金溥聪驻美，是相对亲近美国、疏离大陆的表现。她认为金溥聪是马英九当局内部跟美国军工复合体关系最为密切的人物。美国企图保持对亚太事务的主导地位，决定了中美关系难免存在紧张状态，台湾就会成为美国的一个重要杠杆。这也是马英九最喜欢的一个角色，让台湾重新赢得对美国具有极高

---

① 《台湾与美国多家游说公司签约推动在美公关》，环球网，2010 年 2 月 12 日，http:// world. huanqiu. com/roll/2010－02/717732. html。

战略价值的重要伙伴地位，避免过去 20 年来台湾被渐渐边缘化的不利局面。① 据报道，台湾方面"驻美代表"金溥聪上任一年时间内，就拜会了近百位美国国会议员。"台湾人公共事务会"前会长高龙荣在 2012 年年初透露，"台北经济文化代表处"（TECRO）的官员在过去是无法进入美国国务院的，但现在这个情况改变了。美国国务院官员也开始与该会的代表有联系，经常提供建议及协助。②

　　美国司法部报告显示，蔡英文上任之后持续加大对美游说力度，2018年上半年（下半年数据尚未披露）用于游说金额就达到 100 万美元以上，估计全年游说总额应在 200 万美元以上，加上 2017 年 183 万美元对美游说金额，蔡英文执政最初两年对美游说金额应该在 380 万以上。③ 具有"台独"背景、与民进党关系密切的"台湾人公共事务会"近年来也加强对国会议员的"草根"游说。根据该会公布的时事通讯与官方介绍，"台湾旅行法"不仅由该组织一手策划，而且手把手教导和动员全美台湾民众亲自拜访或者向所属选区联邦议员写联署书的方式，促成该法案获准立法。④ 民进党于 2015 年在华府成立的全球台湾研究中心（Global Taiwan Institute）在政治游说上也极为活跃。该智库临近杜邦圆环，由赖义雄为董事长，萧其良担任执行长，曾长期任职美国国务院的安大维担任资深研究员。其顾问理事会（Advisory Council）包括陈文彦、周钜原（Peter Chou）、蔡武雄（David Tsai）、James Wang 四人，顾问委员会（Advisory Board）包括林蔚（Arthur Waldron）、金德芳（June Dreyer）、谭慎格（John Tkacik）、石明凯（Mark Stokes）、费学礼（Richard Fisher）、王晓岷（Robert Wang）、简淑贤（Shirley Kan）、章家墩、罗达菲、汤姆·休斯（Thomas Hughes）等 21 位美欧学者，多具有"偏绿"色彩。⑤ 研究中心坐落于临近杜邦圆环的 Jefferson Place，与布鲁金斯学会、美国企业研究所、卡内基和平基金会等智库只有

---

　　① 《雷情：金溥聪与美国军工复合体关系密切》，台海网，2012 年 11 月 18 日，http://www.taihainet.com/news/twnews/twdnsz/2012 - 11 - 18/980256.html。

　　② 《FAPA 邀高龙荣谈台湾大选后形势》，凤凰平台网，2012 年 5 月 4 日，http://www.fh69228.com/692280618/29567.html。

　　③ 资料源于美国司法部官网（https：//www.justice.gov/nsd-fara）。

　　④ 2017 年"台湾人公共事务会"春季时事通讯向台湾侨民提供了联署书模板，官网（https://fapa.org/wp/）上也对提交联署信和登门拜访议员事宜给予了详细说明。详见：FAPA, FAPA News, Vol. XXXV–I（Spring 2017）；FAPA News, Vol. XXXVI–I（Spring 2018）.

　　⑤ http：//globaltaiwan.org/advisory-board/，访问日期：2020 年 4 月 4 日。

几分钟的步行距离。研究中心的主要任务是出版全球台湾电子版周刊，举办公开座谈会和年度高峰会，探讨美台关系重大议题，包括台湾在美国政策圈有关传统和非传统政策议题上扮演的角色。同年在华盛顿成立的台美关系研究中心则具有国民党的背景，位于西北区第 7 街 419 号的一座律师楼内，在气势上不如前者，由曾担任马英九发言人的陈以信（国民党不分区"立委"）担任负责人。两家机构不相往来，民进党对美游说的力度明显超过国民党。此外，美国企业研究所、哈德逊研究所、战略与国际研究中心等保守主义智库和向来反华亲台的 2049 计划研究所（2049 Project Institute），通过发表文章评论、到国会作证、拜会蔡英文等方式，为台湾当局代言。① 凡此种种，皆显示美台勾连程度持续加强的迹象。特朗普当局在政策思路和国安团队构成方面均有悖常理（美国国务院助理国务卿位置严重空缺，国安会和国务院、国防部、海军之间缺乏政策协调），为民进党提供了对美游说的便利。

二、台湾对美间接游说活动

台湾对美间接游说主要是指，通过各种渠道影响美国智库和学术机构的研究方向，也影响美国大众媒体的报道倾向。例如，以"驻美代表"或"驻美代表处"的名义，致信有关机构和个人，寄送《台湾年鉴》和重要领导人的出版物、重要议案和政策说帖以及其他宣传品，在信件中突显台湾的"主权独立"。"驻美代表处"官员和来美访问的党政人士主动拜会、联络美国学术和媒体机构，特别是主要智库的负责人及研究人员。此外，台湾当局还对一些重量级的学者或政界人士提供研究津贴。

例如，曾任美国国务院负责武器控制和国际安全的国务次卿（undersecretary）的约翰·波尔顿（John Robert Bolton）在 2002 年确认国务院现职任命的听证会上，就承认他曾在 90 年代中期收受台湾当局的 3 万美金资助，为其撰写 3 篇研究论文，探讨台湾如何重返联合国。据《华盛顿邮报》的报道，此一款项即来自台当局的"国安基金"秘密账户。虽然波尔顿在听证会时表示，此一经历不会影响他任职后对有关台湾问题的利益判断，但波

---

① Ralph Jennings, "Who's Behind the Quick Rise in US – Taiwan Relations," VOA News, 2019 – 03 – 27, https：//www.voanews.com/east-asia/whos-behind-quick-rise-us-taiwan-relations, accessed on January 19, 2020.

尔顿领取此项研究津贴期间，曾两次在国会作证以支持台湾"重新加入联合国"，却是无法抹去的事实。波尔顿曾任华府智库"美国企业研究所"的资深副总裁，陈水扁夫人吴淑珍2002年秋天访问华府在美国企业研究所发表演讲时，波尔顿作为国务次卿特意回到该所与其见面，该所负责人还当场表示希望陈水扁未来能到华府访问，由此可见台湾方面政治游说的成效。另外，美国国务院负责东亚事务的助理国务卿凯利（James Kelly）在出任现职前，曾主持过华府智库"战略与国际研究中心"（Center for Strategic and International Studies, CSIS）下属的"太平洋论坛"（Pacific Forum，位于夏威夷）。据2002年4月初的网络消息，该论坛曾于1999年12月和次年6月收到来自李登辉秘密账户的10万美元，用以资助一位前日本防务厅官员Masahiro Akiyama在哈佛大学的访问研究。台当局的"国安基金"秘密账户曝光后，华府"战略与国际研究中心"副总裁兼发言人法拉（Jay Farrar）对此一传闻先是予以否认，只是承认该中心在2001年收到过"台北驻美经济文化代表处"所给予的25万美元的资助。① 但两天后该发言人又承认"太平洋论坛"确曾透过哈佛大学资助该日本防卫厅官员。上述福特、波尔顿和凯利等人均属美国行政当局内的重量级人物。另据《华盛顿邮报》报道，当年"明德"项目还拟资助美国其他高官，包括时任国防部副部长沃尔福维茨（Paul Wolfowitz）和国防部助理部长坎贝尔（Kurt Campbell），只是迄今没有证据表明他们收受"国安基金"的酬金。

台湾当局与非政府组织非常注重加强与美国大学和智库的关系。如在台举办具有官方背景的国际学术会议，主办方不但负担所有费用，高规格接待，还安排领导人同与会专家学者见面。在美国与当地学术机构共同举办明显具有政策色彩的学术讨论会，为来自台湾的官员和政党人士提供论坛，使台湾问题引起外界的关注和同情。在华府的重要智库中，"传统基金会"（Heritage Foundation）和"美国企业研究所"（American Enterprise Institute）与台湾的关系最为密切，"战略与国际研究中心"（CSIS）、"布鲁金斯学会"（Brookings Institute）、"卡内基国际和平基金会"（Carnegie Endowment for International Peace）次之。此外，台当局"驻美代表处"也曾出资赞助民主党智库"国家政策中心"（Center for National Policy）在国会举办系列研讨会，

① David Corn, "Capitol Games," *The Nation*, accessed at http://www.thenation.com, accessed on April 2, 2002.

为来自台湾的政界人士提供讲坛。2002 年 12 月台湾政要萧万长率团访美推动建立"美台自由贸易区"时，在美国智库"布鲁金斯学会"举办主题为"加强两岸经贸交流可能对美台关系产生的冲击"的研讨会，来说服美国接受台方的建议，推进"美台自由贸易区"建设。台湾当局领导人从陈水扁到马英九，每年 5 月都会参加"战略与国际研究中心"的视频会议，与美方政界和学界人士直接交流。

"台湾人公共事务会"除了对美国政府和国会游说、拉关系外，其成员经常向美国报刊投书，包括《华盛顿邮报》等大报，与美国相关智库合办国际学术会议。最近的例子是 2014 年 6 月 27 日与美国保守型智库"2049 项目研究所"（Project 2049 Institute）在华盛顿联合举办"台湾太阳花运动：一道新的政治景观"（Taiwan's Sunflower Movement：A New Political Landscape）研讨会。参加该次会议的除了"台湾人公共事务会"前会长高龙荣（Mark Kao）和曾任美国亚太事务助理国务卿帮办的"2049 项目研究所"所长薛瑞福（Randall Schriver）外，还有参加"太阳花学运"的领袖李俊达（Chun‐ta Lee）、《台湾公报》（Taiwan Communiqué）主编荷兰人韦杰理（Gerrit van der Wees）、"新美国安全中心"（Center for a New American Security）亚太安全项目资深主任克罗尼（Patrick Cronin）、"国家利益研究中心"（Center for the National Interest）中国和太平洋项目主任泰勒（Joanna Yu Taylor）以及其他一些学界人士。[1] 该次研讨会的议题是："太阳花运动"的深层原因及其对台湾内部政治、未来两场选举、两岸关系、对外政策和地区安全的影响。[2]

蔡英文上台后，进一步利用美国智库从事公关工作。如上所述，2019 年 3 月间蔡英文同美国保守派智库传统基金会举行视频会议时，美国参众两院的重要人士参加了这一会议；2019 年 4 月初战略与国际研究中心、布鲁金斯学会、威尔逊国际学者中心等三家智库联合举办的"'与台湾关系法'40 周年与美台关系"研讨会的规模和规格也不同以往。对比 2009 年 4 月，美国企业研究所、战略与国际研究中心和传统基金会只是分别举办三场研讨会，马英九虽然也应邀参加视频会议，但美方只有前政府官员参加。与美国

① 《台湾公报》原来由"台湾国际人权委员会"出版，从 2006 年 2 月起改由"台湾人公共事务会"经营。

② Accessed at http://fapa.org/new/，accessed on September 2，2014。

共和党和军方关系密切的 2049 计划研究所（Project 2049 Institute）执行主任石明凯早在蔡英文当选台湾地区领导人之初就发表一篇研究报告，主张在不违反美国一个中国政策的前提下，以"一个中国，两个政府"（One China，Two Governments）界定台海关系。根据他的说法，两个政府与两个国家不同。前者只涉及治权（jurisdiction），后者才涉及主权（sovereignty）；美国的这一政策有助于避免台湾走向"独立"，特别是在台湾面临大陆不断"打压"的情况下更是如此。他认为，既然 1972 年时美国可以一方面跟台湾当局"建交"，一方面在北京建立联络处，尼克松总统还可以访问北京，那么美国日后也可以在台湾设立"联络处"，派高官访问台湾，而不违反"一个中国政策"。① 他还建议让美国国务卿担任"美国在台协会"名誉主席，便于其以这一身份访问台湾。② 如第三章所述，2018 年 9 月 14 日，薛瑞福出席第七届首尔防务对话会议时透露，"美国与台湾恢复正常关系正在展开磋商"。③ 薛瑞福口中的恢复美台"正常关系"和石明凯所抛出的在台湾设立"联络处"的设想也许存在某种关联。在薛瑞福离开国防部后，由其创办的"2049 项目研究所"执行主任石明凯邀请台湾远景基金会董事长、外事部门前负责人陈唐山于 2019 年 11 月率团访问华府时，再次提出将"美国在台协会"提升为"美国驻台联络办事处"的构想，并建议美台签订"联合公报"，双方进行沙盘推演后决定将这一构想推销给美国参众两院试试水温。④ "2049 项目研究所"的这一新动作，透露出美国行政部门与智库之间的微妙关系。

综上所述，台湾当局和海外台湾社团利用美国多元社会和利益团体政治的特点，一直注重对美国政府，特别是国会参众两院进行政治游说，并在一定程度上达到了其政治目的。特别是卡西迪公司和"台湾人公共事务会"在 20 世纪 90 年代和 21 世纪初与台湾当局分进合击，活动极为活跃，颇有

---

① 笔者访谈记录，2018 年 8 月 17 日，美国华盛顿。

② Joseph Yeh, "Taiwan has role in Indo - Pacific Security Strategy: Ex - U. S. official," *Focus Taiwan*, March 11, 2018, http://focustaiwan.tw/news/aipl/201803110009.aspx, accessed on June 24, 2018.

③ 张心怡等：《薛瑞福：中美双方应正确管理竞争关系》，中评网，2018 年 9 月 14 日，http://hk.crntt.com/crn-webapp/mag/docDetail.jsp? coluid = 0&docid = 105187959，访问日期：2020 年 2 月 14 日。

④ Keoni Everington, "American think tank pitching US - Taiwan joint communiqué to normalize relations," Taiwan News, November 28, 2019, https://www.taiwannews.com.tw/en/news/3826493, accessed on November 30, 2019.

"向不可能挑战"的意味。不过有时也会因为台北在游说美国国会和媒体方面过于用力，导致美国国务院的反弹，转而迁怒于台当局外事部门和行政机构，结果适得其反。例如，1995—1996 年台海危机后，美中寻求发展"面向 21 世纪的建设性战略伙伴关系"，对台湾游说国会本来就颇为反感的美国国务院，对台湾领导人"过境"美国开始采取严格限制措施。陈水扁主政时期，台湾的"国安密账"曝光，台湾当局与美国卡西迪公司的合作面临外界的更多质疑。美国涉台关系因为陈水扁推行"台独"路线而越来越紧张，直到马英九主政后才恢复正常。马英九在处理与美国的关系上，秉持不制造意外、不作为"麻烦制造者"的原则，与海外"独"派组织保持距离，同时另寻新的政治游说公司，但力度有所减缓，也更为讲究技巧。同时由于美国涉台关系的改善，台湾当局可以更多地直接接触美国国会议员和专家学者，影响美国的涉台政策。

第三节　美国学术界的政策主张

如上所述，由于对外事务具有较高的专业性，知识精英在外交政策中的作用高于一般民众。美国政治圈和学术圈的"旋转门"制度设计，使前任官员可以在智库继续发挥其专业特长，或撰写研究报告，或投书媒体，影响在职的官员，或等待时机东山再起，为将来可能再次从政而进行必要的知识储备。美国行政部门的政策咨询制度和国会的听证制度，又使得专家学者可以有机会与行政官员和国会议员面对面接触，提出自己对特定政策议题的看法。

一、美国的主要智库

美国的主要智库一般都集中在首都华盛顿地区。此外尚有位于加州的兰德公司（Rand Cooperation）和胡佛研究所（Hoover Institute），位于纽约的"对外关系委员会"（Council on Foreign Relations）和"外交政策全国委员会"（National Committee on American Foreign），位于夏威夷州的"东西方研究中心"（East－West Center）和"太平洋论坛"（Pacific Forum, CSIS），以及位于华盛顿州的"国家亚洲研究局"（National Bureau of Asian Research）等。位于其他州的哈佛大学、耶鲁大学、普林斯顿大学、哥伦比亚大学、芝加哥大学、斯坦福大学、加州大学等一流学府，也云集了一大批从事社会科学研究和教学的著名学者，包括中国问题专家。位于首都华盛顿的智库，主要有布鲁金斯学会、美国企业研究所、卡内基国际和平基金会、战略与国际研究中心、伍德罗·威尔逊国际学者中心、传统基金会、凯托研究所、和平研究所和史汀生中心等。兹分别简介如下：

1. 布鲁金斯学会（Brookings Institute）。该学会创建于 1927 年，是美国著名的综合性政策研究机构和第一个现代意义上的智库。与民主党关系密切，从杜鲁门总统以来的历届民主党政府都起用该学会成员充任要职，故又有"民主党流亡政府"之称。布鲁金斯学会自称遵循"独立、非党派、尊重事实"的研究精神，提供"不带任何意识形态色彩"的思想，旨在充当学术界与公共政策之间的桥梁。该学会以持自由派观点著称，唯在 30 年代初曾对罗斯福新政大加批评。二战后协调民主党和共和党在执行"马歇尔计划"上的不同意见，为国会拟订了一项折中方案。肯尼迪、约翰逊和卡特政府时期，该学会作为民主党的重要智囊曾发挥重大作用。该学会共有经济研究、治理研究、对外政策研究、城市政策研究和全球经济与发展研究 5 个部门，截至 2020 年，该学会汇集来自全球的 300 多位政府和智库专家。曾在里根和老布什政府担任要职的迈克尔·阿马克斯特（Machael Amacost）担任学会会长期间，该学会跟共和党的关系比较密切。2002 年 7 月，曾任克林顿政府副国务卿的斯特普·塔尔博特（Strobe Talbott）接任会长一职。2009 年奥巴马入主白宫后，该学会成员进入政府者多达 35 人以上，包括出任美国驻联合国大使的苏珊·赖斯和担任国家安全委员会亚洲事务高级主任的杰弗里·贝德。2017 年 11 月，美国海军陆战队退役四星上将、前北约驻阿富汗国际安全援助部队（ISAF）司令约翰·艾伦（John Rutherford Allen）出任学会会长。根据官方介绍，艾伦担任过美国国防部长办公室亚太政策首席主任。他曾参与涉及东亚（包括台湾地区）、东南亚的事务，如致力于朝鲜半岛无核化的"六方会谈"；在应对中东事务上展现外交能力，尤其在奥巴马任内有效阻止了"伊斯兰国"的扩张。该学会董事会联合主席约翰·桑顿（John L. Thornton）对中国有着强烈的兴趣，2003 年成立约翰·桑顿中国中心（John L. Thornton China Center），并设立了北京办公室，由著名的"中国通"李侃如（Kenneth Lieberthal）担任第一任主任，桑顿同时也担任清华大学经济管理学院全球领导力项目主任兼教授。①

---

① 可参见该机构官方网站：http://www.brookings.edu/。

2. 美国企业公共政策研究所（American Enterprise Institute for Public Policy Research，AEI），简称美国企业研究所，始于 1938 年建立的美国企业协会（American Enterprise Association，AEA）。1943 年该协会从纽约市迁往华盛顿特区，1962 年正式改为现名。企业研究所属于保守派的重要政策研究机构，与布鲁金斯学会并称为美国华盛顿的"两大思想库"，有"保守的布鲁金斯"之称。该研究所与共和党渊源较深，共和党的尼克松、福特政府下台后，许多重要官员纷纷加入该研究所，故舆论界又称它为共和党的"流亡政府"或"影子内阁"。里根竞选总统期间，该研究所 20 余名研究员和学者充当他的顾问；里根当选总统后，这些顾问中有不少人被任命为政府重要官员，该研究所也成为里根的重要智囊团之一。其宗旨是"为政策制定者、企业家、学者、新闻界和公众提供对国内、国际问题的客观分析"。它在成立早期主要从事经济问题的研究，向国会兜售维护企业界利益的言论，宣扬自由市场思想。70 年代后将研究范围扩大到政治、外交、防务、能源和社会等各个方面。当前，该研究所的学者达到 100 多位，政策研究从原有基础进一步延伸到教育、健保、政治舆论、贫困研究等领域。① 2019 年 1 月，共和党人罗伯特·多尔（Robert Doar）被美国企业研究所董事会选为研究所第 12 任主席。多尔曾在纽约市长迈克尔·布隆伯格（Michael Bloomberg）主政时担任市人力资源管理局（Human Resources Administration）局长，主要负责管理公共援助项目。②

3. 卡内基国际和平基金会（Carnegie Endowment for International Peace）。该基金会成立于 1910 年，是世界上第一个研究和平问题和推广世界事务的公众教育机构，也是美国著名的主流思想库。该基金会标榜超脱党派、兼容并蓄，"以促进国家间合作以及美国的国际交往"为宗旨，并重视研究的实际成效。它主要研究国际事务和美国外交政策，研究方向涉及网络安全、民主治理、地缘经济与战略、核政策等诸多领域。在意识形态上偏向国际主义、多边主义，主张进行裁军、军备控制、接触谈判和国际合作，并支持把联合国作为国际论坛和世界秩序的象征，具有自由主义或理想主义的特征。其总部设在华盛顿。基金会共有成员 140 多人，研究项目覆盖亚洲、欧洲以

① 可参见该机构官方网站：https：//www. aei. org/our-scholars/。
② https://www. aei. org/profile/robert-doar/；https://www. washingtonpost. com/politics/aei-names-robert-doar-as-new-president-as-conservative-movement-tries-to-find-its-way-in-trump-era/2019/01/18/129f54da – 1b41 – 11e9-9ebf-c5fed1b7a081 _ story. html，accessed on March 20，2020.

及中东地区；其中"亚洲项目"旨在寻求为决策者提供解决影响亚洲发展潜力的社会、制度以及政治层面的障碍。该项目包含中国与世界（China and the world）、日本与美国（Japan and the United States in Asia）和朝鲜半岛（Inside Korea）等诸多议题。① 现任董事会主席是曾经担任第38届美国商务部长的佩妮·普利兹克（Penny Pritzker），于2018年2月上任。总裁由威廉·伯恩斯担任，伯恩斯为美国民主党政治人物，于2011至2014年任美国常务副国务卿。2015年，伯恩斯被任命为该基金会第九任总裁。前任总裁为杰西卡·马修斯（Jessica T. Mathews）。马修斯曾任美国国家安全委员会全球问题办公室主任，1997年担任总裁后着手扩大莫斯科中心，在中国启动合作研究项目，创立"全球政策项目"（The Global Policy Program），并把《外交政策》杂志由季刊变成双月刊。值得关注的是，在2010年，清华大学和卡内基国际和平基金会合作成立了"清华—卡内基全球政策中心"，该中心同时也为该会亚洲项目的一部分。其研究项目涉及"中国军控和战略稳定""中国与南亚""中国与发展中国家""中国崛起及其影响""中国新外交""中欧关系""中美关系""全球商务和经济学项目""能源与气候变化"等。该中心邀请了中国政府、商界等领域的精英组成咨询委员会为其提供指导与支持。其研究重点方向是安全隐患（disruptive security）、治理（governance）和技术风险（technological risks）。②

4. 战略与国际研究中心（Center for Strategic and International Studies, CSIS）。该中心成立于1962年，是美国规模最大的国际问题研究机构，以非营利、无党派、非官方的政策研究思想库自诩。中心具有保守色彩，早期侧重美苏战略关系研究，素有"冷战思想库"之称。70年代开始扩大评估各国实力，也加强了对亚太和中国问题的研究，成为抨击卡特政府对外政策的排头兵。进入后冷战时代，中心在关注传统研究领域的同时，又加强了对全球性问题、恐怖主义等新生问题的前沿研究，在对外政策方面的主张较为温和，但对共和党政府的影响力仍然较大。中心共有500余名雇佣人员，包括100多位研究专家，年度预算经费为4000多万美元，主要来自财团捐款，个人捐助资金在其预算中仅占约10%。中心下属的"太平洋论坛"于1975年在夏威夷檀香山成立，是该中心通往亚太地区的大门，其预算和管理相对

---

① 参见该机构官方网站：http://carnegieendowment.org/。

② https://carnegietsinghua.org/about/? lang = zh, accessed on March 20, 2020.

独立，主要研究亚太区域的政治、安全、经济与商业问题。① 中心总裁和首席执行官是前副国防部长约翰·哈姆雷（John J. Hamre）。哈姆雷于 2000 年 1 月任职至今，在加入中心之前，曾担任美国第 26 任国防部副部长。根据宾夕法尼亚大学兰黛研究所下辖智库和公民社会项目（The Think Tanks and Civil Societies Program，TTCSP）于 2019 发布、旨在检视政策研究机构在政府和公民社会中所扮演角色的《全球智库报告（Global Go To Think Tank Index Report）》显示，该智库在美国智库排名中位居第一。②

5. 伍德罗·威尔逊国际学者中心（Woodrow Wilson International Center for Scholars，WWC）。该中心 1968 年由国会拨款建立，属于联邦政府机构和教育型的思想库。其一半经费来源于民间募款，工作人员中也有一半属于非联邦政府雇员。中心的宗旨是在学术界与公共政策之间搭建桥梁，通过组织学术会议，讨论政策性议题。与一般智库不同的是，该中心作为一个半官方性质的研究机构，并不以中心的名义向美国政府部门提供研究报告和政策咨询，但其中的研究人员是否以个人名义提供此类服务则因人而异。该中心每年接待几十位驻点访问学者，为其提供从事学术研究及与华盛顿政策圈、学术界和媒体直接交流的机会。中心以超党派和非营利为宗旨，但跟民主党的关系比较密切，具有自由主义的倾向。中心前主任李·汉密尔顿（Lee Hamilton）曾经是民主党在众议院的重量级议员，与克林顿总统关系密切。现任主任是前联邦众议员简·哈尔曼（Jane Harman）。哈尔曼于 2011 年加入威尔逊中心，也是该中心第一位女性主任。中心内设有历史与公共政策、冷战国际史、亚洲研究、基辛格中美研究所（Kissinger Institute on China and the United States）等 22 个项目，并出版《威尔逊季刊》（Wilson Quarterly）杂志。③

6. 传统基金会（Heritage Foundation）。该基金会成立于 1973 年，属于美国保守派的重要智库。传统基金会公开表明自己的保守派观点：①主张小政府，限制政府开支和规模；②捍卫个人自由；③捍卫传统价值；④强调美国需要有强大的国防实力。作为智囊组织，其主要活动集中于学术出版、政策研究和建议、培育国家人才。其主要经费来自民间的小额捐款。现任总裁

---

① 可参见该机构官方网站：http://csis. org/。

② https://repository. upenn. edu/cgi/viewcontent. cgi? article = 1017&context = think _ tanks, accessed on March 20, 2020.

③ 可参见该机构官方网站：http://www. wilsoncenter. org/。

为凯·詹姆斯（Kay C. James）。其他知名人士有传统基金会杰出学者（Distinguished Fellow）、曾任美国劳工部长的赵小兰（Elaine L. Chao）和保守派政策分析家迈克尔·约翰斯（Michael Johns）等。基金会设有亚洲研究项目。① 传统基金会有意选择靠近国会的地点，其服务对象是国会，而不是行政部门，这是其跟大部分智库不一样的地方。近来其办公场所有了新的扩充，原因是基金会所支持的共和党近年在国会中较占优势地位。

7. 凯托研究所（Cato Institute）。该研究所成立于 1974 年，属于美国少有的自由意志主义（libertarianism）思想库。根据美国宾州大学"智库和公民社会"项目于 2020 年 1 月发布的《2019 年全球智库报告》，该研究所在美国智库中排名第 13，全球智库中排名第 20。② 其在官方网站上宣称的宗旨是"在个人自由、有限政府、自由市场与和平的原则基础上，激发、传播和增进人们对公共政策的理解"。现任总裁为彼得·哥特勒（Peter N. Goettler），执行长为大卫·博兹（David Boaz）。③

8. 美国和平研究所（United States Institute of Peace）。该研究所是根据美国国会的有关决议于 1984 年成立的一个国际问题研究机构，旨在研究各种国际冲突的解决办法，供美国国会与政府在制订政策时参考，以增强美国和平解决国际冲突的能力。研究所的董事由美国总统提名，并经参议院任命同意。现任执行总裁是南希·林伯格（Nancy Lindborg）。前美国亚太事务助理国务卿、驻菲律宾大使理查德·所罗门（Richard Solomon）曾担任该职务长达 20 年（1992—2012）。他不仅长期担任美国政府负责亚太事务的高级官员，还是一个地道的中国通，曾数十次访问中国。因此，该研究所对美国政府制定对外政策，特别是制定亚太和中国政策有相当大的影响，被认为是美国最重要、最有影响的思想库之一。④

9. 亨利·史汀生中心（The Henry L. Stimson Center）。该中心成立于 1989 年，是"非营利、超党派"，但与国会和政府的联系十分紧密的自由派思想库。其宗旨是"为全球安全挑战寻找切实可行的解决之道"。中心的研究工作集中在防扩散、技术与贸易、资源与气候、国际秩序与冲突、亚洲以

---

① 可参见该机构官方网站：http://www.heritageofthomasville.org/。
② *2019 Global Go To Think Tank Index Report*（Think Tanks and Civil Societies Program，University of Pennsylvania）.
③ 可参见该机构官方网站：http://www.cato.org/about。
④ 可参见该机构官方网站：http://www.usip.org/。

及美国外交政策等方面。近年来，史汀生中心加强了对东亚尤其是台湾问题的研究，是美国诸多思想库中颇具影响力的后起机构。现任总裁兼 CEO 为布赖恩·芬莱（Brian Finlay）。1998 年 12 月，中心研究员亚伦（Kenneth W. Allen）曾发表建立两岸军事信任措施的论文。① 已故的容安澜曾是该中心的著名台湾问题专家。

表 4.2 是上述智库的基本情况对比。

表 4.2　华盛顿主要智库情况对照表（2017 年度）

英文简称	成立时间	党派色彩	人数	年度经费（＄）	负责人
Brookings	1927	偏自由派	595	9896 万	John R. Allen
AEI	1938	保守派	287	5085 万	Robert Doar*
Carnegie	1910	偏自由派	168	3740 万	William J. Burns
CSIS	1962	偏保守派	501	4584 万	John J. Hamre
WWC	1968	偏自由派	179	2454 万	Jane Harman
Heritage	1973	保守派	275	7200 万	Thomas Saunders Ⅲ
Cato	1974	自由意志主义	66	2915 万	David Boaz
USIP	1984	偏自由派	120	联邦政府拨款	Nancy Lindborg
Stimson	1989	偏自由派	49	374 万	Lincoln Bloomfield

资料来源：根据维基百科和相关智库的官方网站资料整理，包括：

http：//www. brookings. edu/~/media/About/Content/annualreport/2014annualreport. pdf；

http：//carnegieendowment. org/about/pdfs/financials2014. pdf；

http：//en. wikipedia. org/wiki/The _ Heritage _ Foundation#Funding；

http：//www. stimson. org/images/uploads/Stimson _ Funding _ Report _ 2014. pdf.

除了上述智库外，美国国会研究处（Congressional Research Service）、海军分析中心（Center for Naval Analysis）、兰德公司华盛顿分部（Rand Co-operation，Washington Division）、"2049 项目研究所"、新美国安全中心等，也是华府的重要智库。特别是成立于 1948 年、拥有 800 名员工、总部位于加州的兰德公司，堪称美国乃至世界上最负盛名的决策咨询机构。

美国智库影响公共政策和外交政策的主要方式是：①为政府提供专项政策咨询；②出版非正式发行的研究报告（report）或简报（briefing），寄送给政府行政机构、国会、非政府组织等，或放在网页上供读者自由取用；③出版学术专著，例如布鲁金斯学会、美国企业研究所、卡内基国际和平基金会、

---

① 参见该机构官方网站：http：//www. stimson. org/。

战略与国际研究中心、威尔逊国际学者中心等都有自己的出版社，卡内基国际和平基金会出版《外交政策》，威尔逊国际学者中心出版《威尔逊季刊》等学术、政策性的公开刊物；④组织学术会议和论坛，为政府行政官员、国会议员、非政府组织、媒体提供政策资讯和建议，促进同行间的政策对话。

华府的主要智库和高校一般都坐落在西北区。例如，布鲁金斯学会和卡内基国际和平基金会比邻而居，紧挨杜邦圆环（Dupont Circle）地铁站，而史汀生中心就在杜邦圆环。从杜邦圆环往东两个街区可达约翰·霍普金斯大学国际关系高级研究院（SAIS），往南一站地铁的距离就可到达位于 K 街的战略与国际研究中心（2013 年年底该中心已经迁往邻近 SAIS 的罗德岛圆环）。从该中心往西一站地铁的距离，可达乔治·华盛顿大学，往东搭乘地铁，途经白宫及与之比邻的国家安全委员会，可到达位于宾州大道的威尔逊国际学者中心。从战略与国际研究中心步行几分钟可到达位于 17 街的美国企业研究所。从乔治·华盛顿大学往南步行则可到达美国国务院。传统基金会虽然位于东北区，但距离划分华府西北、东北、东南、西南四区中轴点的国会山也在步行距离之内。华府智库如此密集而便捷的地域分布，自然有助于智库之间、智库与大学和政府之间、智库与外地来访者之间的接触和交流。

二、美国"台湾通"的意识形态和政策取向

华府的主要智库和高校，一般都有一两个或三五个中国问题专家。例如布鲁金斯学会的约翰·桑顿中国研究中心的李侃如、李成和东北亚研究中心的卜睿哲，美国企业研究所的林蔚、卜大年（Dan Blumenthal）和克劳德·巴菲尔德（Claude Barfield），卡内基国际和平基金会的包道格（Douglas Paul）和史文（Michael Swaine），战略与国际研究中心的葛来仪（Bonnie Glaser）和弗里曼（Chas Freeman），威尔逊国际学者中心的芮效俭（Roy Stapleton）和史伯明（Douglous Spelman），传统基金会的史剑道（Derek Scissors）和成斌（Dean Cheng），凯托研究所的特德·卡彭特（Ted Galen Carpente），史汀生中心的容安澜（Alan Romberg），彼得森国际经济研究所（Petersen Institute for International Economics）的尼古拉·拉迪（Nicholas Lardy），国会研究处的凯丽·丹波芙（Kerry Dumbaugh）、雪莉·康（Shirley Kan），海军分析中心的迈克尔·麦克德维特（Michael A. McDevitt）、戴维·芬克尔斯坦（David M. Finkelstein）等。此外，某些知名的中国问题专

家任职于华盛顿的某些高校。例如，约翰·霍普金斯大学国际事务高级研究院的兰普顿（David Lampton）、卜道维（David Brown）、石文安（Anne F. Thurston），乔治敦大学对外事务学院（School of Foreign Affairs）的沙特（Robert Sutter）和 2012 年去世的唐耐心（Nancy Tucker），乔治·华盛顿大学的沈大伟（David Shambaugh）和布鲁斯·迪克逊（Bruce Dickson），美利坚大学国际关系学院的华人学者赵全胜等。上述学者专家除了个别退休或过世外，大部分仍活跃在学术圈。

美国研究中国问题的专家学者大多都会在不同程度上关注台湾问题。研究中美关系难免涉及台湾因素，研究中国大陆的政治、经济、社会又往往会以台湾的不同发展道路作为比较研究的参照物。台湾研究只能作为中国研究的组成部分，而不可能成为独立的"国别"研究，在美国也没有以"台湾研究"命名的研究机构或专业设置，这是由中美建交的现实和美国的"一个中国政策"所决定的。个别专家学者对台湾研究投入较多的精力，但数目有限。如果以 2000 年以来出过两本有关台湾研究的学术专著作为"台湾通"标准的话，恐怕就只有卜睿哲、容安澜、唐耐心、任雪丽、范希奇和虽已退休仍笔耕不辍的康培庄（John Copper）了。[①] 其中，唐耐心还只是从外交史的角度切入美国涉台关系，也曾谦虚地对笔者表示她不是台湾问题专家，因为不太了解台湾内部的政治运作。根据任雪丽的观察，2003 年前后美国的台湾研究取向发生了明显的转变：社会科学（政治、经济、社会）的研究大幅减少。之所以如此，部分原因是台湾在早期美国学术社群中被视为通往中国大陆研究领域的桥梁，许多学者自然关心台湾在各方面的发展，

---

① Bush, Richard. *Untying the Knot*: *Making Peace in the Taiwan Strait*, Washington, D. C. : Brookings Institution Press, 2005; *Uncharted Strait*, Brookings Institution Press, 2013. Alan Romberg, *Rein In at the Brink of the Precipice*: *American Policy toward Taiwan and U. S. - PRC Relations*, Washington, D. C. : Henry L. Stimson Center, 2003; *Across the Taiwan Striat*: *From Confrontation to Cooperation 2006 - 2012*, Henry L. Stimson Center, 2012. Nancy Bernkopf Tucker, *Dangerous Strait*: *The U. S. - Taiwan - China Crisis*, New York, NY: Columbia University Press, 2005; *Strait Talk*: *United States - Taiwan Relations and the Crisis with China*, Cambridge, Mass. : Harvard University Press, 2009. Shelley Rigger, *Politics in Taiwan*: *Voting for Democracy*, London, England: Routledge Publishers, 1999; *From Opposition to Power*: *Taiwan's Democratic Progressive Party*. Boulder: Lynne Rienner Publishers, 2001; *Why Taiwan Matters*: *Small Island*, *Global Powerhouse*. Boulder: Rowman and Littlefield, 2011. Dennis Hickey, *Foreign Policy Making in Taiwan*: *From Principle to Pragmatism*, London: Routledge, 2007; *The Armies of East Asia*: *China*, *Taiwan*, *Japan and the Koreas*, Boulder, CO: Lynne Rienner Publishers, 2001. John F. Copper, *Playing with Fire*: *The Looming War with China over Taiwan*, New York, NY: Praeger, 2006); *Taiwan at A Tipping Point*: *The Democratic Progressive Party's Return to Power*, Boulder, CO: Rowman and Littlefield, 2017.

但90年代以后台湾的上述桥梁角色逐渐式微。此外，中国大陆研究的热潮吸引了大量的社会科学研究者，造成美国投入台湾研究的人力显著减少。

不过由于台湾因素对中美关系的高度敏感性，美国智库对台湾问题倒是持续密切关注的，特别是从90年代中期到2008年期间。例如，美国大西洋理事会在2004年到2008年期间，在华府举办有美方和两岸学者参加的有关东亚安全的系列闭门圆桌研讨会，每年2—3场，一共办了10场以上。美方参会者除了李侃如、何汉理、唐耐心等知名中国问题专家外，还有国务院的官员；台湾方面的参会者中也有几个具有官方背景的人士；大陆方面则基本上全由专家学者参加。如果以官方交流为"一轨"，官方加学者交流为"二轨"，纯学术交流为"三轨"，大西洋理事会的圆桌研讨会应该可以被称为"二轨半"的对话会。在这期间，位于纽约的美国外交政策全国委员会也举办过类似的三边"二轨半"系列研讨会，美方参会者除了个别官方人士外，还有前驻华大使洛德（Winston Lord）以及卜睿哲、容安澜、葛来仪等知名学者。除了美国国务院官员外，两个系列研讨会的组织者和参与者原则上"从一而终"，互不交叉，便于衔接前后讨论的内容，不混淆主办方各自的研究成果。除了大西洋理事会和美国外交政策全国委员会外，战略与国际研究中心在1998年曾与全美中国政治研究学会联合举办过类似的闭门研讨会；威尔逊国际学者中心和战略与国际研究中心在2000年5月的台湾政治过渡期，也分别邀请了两岸重量级学者在华府讨论中美关系与台湾问题。面对两岸学者围绕一个中国原则及其含义的争论，唐耐心在威尔逊中心举办的"中美关系及台湾因素"国际学术研讨会上，曾颇为自得地以"世界上只有一个中国，首都就在华盛顿"相调侃，流露出美国力图主导两岸关系发展进程的基本心态。不过，2008年后的一段时期内随着两岸关系危机的过去，美国智库对台湾问题的重视程度明显下降，相关会议的数目较少，台湾问题甚至出现边缘化的迹象，恰好说明台湾问题的重要性在某种程度上是缘于台海危机而突显的。

美国大学内的中国问题专家一般都主张与中国交往，在21世纪初围绕对华政策是遏制还是接触的"蓝队"（blue team）和"红队"（red team）之争中，基本都被列为"红队"的学者较多，赞成对华采取遏制政策的学者较少。① 这也许可以溯源到美国高校的自由主义传统，也跟这些"中国

---

① 佛罗里达大学的金瑞芳（June Dryer）和宾夕法尼亚大学的 Author Waldron 教授（在美国企业研究所有兼职）算是两个例外。

通"的成长背景有关：他们中的大部分都是在中美关系正常化和"联中制苏"的战略背景下开始崭露头角的。而年轻一代的"中国通"因为师承关系，也受到他们思维倾向的影响。相较而言，美国智库中的专家，因为智库的成立背景和"旋转门"的关系，更容易辨别出不同的党派色彩和政策取向。在以上所列的 9 家智库中，属于绝对自由派的 1 家，偏自由派的 5 家，偏保守派的 1 家，属于保守派的 2 家，左右大致平衡。绝对自由派和保守派都不隐瞒其对其他意识形态的排斥性，偏自由派或偏保守派的智库则不完全排除不同的意识形态流派。例如，属于共和党籍的理查德·哈斯（Richard Haas）在 20 世纪 90 年代就曾长期担任布鲁金斯学会对外关系研究部门的负责人。威尔逊国际学者中心设立以共和党人基辛格命名的中美关系研究所，由前驻华大使芮效俭担任首任所长（姑且不论威尔逊中心本身就坐落于以共和党前总统命名的里根大楼内的东南角）。自由派倾向接受国际关系理论中的理想主义（或自由主义）理论假设，认为不同国家之间的经济合作和相互依赖有助于克服其在传统国家安全领域的利益冲突，相信价值和制度的共享有助于维护世界和平。保守派倾向于接受国际关系理论中的现实主义（或保守主义）理论假设，认为不同国家之间的经济利益和安全利益一样，都具有冲突性，相信军事实力远比价值、国际规则等更有助于维护国家利益和国际秩序，世界和平取决于大国之间的权力平衡或某个超级大国对国际安全的保障。典型的现实主义者，如米尔斯海默，甚至不希望中国成为他们心目中的民主国家，因为那样将使中国成为美国的劲敌。美国的民主党较多地接受自由主义的理论预设，热衷于推动人权外交（以卡特总统为典型）和国际干预（以克林顿总统为典型），传播美国式的自由民主制度，但其左翼出于保护劳工利益的考虑，对国际自由贸易持保留态度，反对新自由制度主义。共和党较多地接受保守主义的理论假设，热衷于推动对美国有利的权力平衡（以尼克松总统为典型）、军备竞赛（以里根总统为典型）和单边主义的强势外交（以小布什总统和特朗普总统为典型）；既赞成经济自由化和国际化，又不愿意接受国际规则对美国利益的约束。在小布什政府第一任期，新保守主义盛行，其要义就是结合了现实主义对军事实力的迷恋和理想主义对价值道德的执着，将美国与一些国家的利益冲突上升为正义与邪恶的道德之争，为实现政权改变（regime change）的目标，不惜诉诸武力手段。事实上，一些新保守主义者原本就是从自由主义者转化而来的。

美国知识精英的意识形态取向，难免影响到其对海峡两岸的看法。保守主义者基于现实主义对国际关系理论的基本假设，认定中美两国的利益分歧是固有而不可调和的，难脱对中国采取遏制政策的思维定式。自由主义者则基于理想主义对国际关系理论的基本假设，认为可以通过与中国的接触交往，改变其政权性质和国际行为模式，将之纳入西方大国所规范的国际体系。美国国内政治和学术精英在对华政策上的意见分歧，在经历遏制还是接触、选择"蓝队"还是"红队"这种非此即彼的话语权争夺后，转化为对"防范"（hedging）战略的不同理解，并延续到对亚太再平衡战略的不同诠释，展现出意识形态与政策取向之间的明显关联性。不过，在围绕"弃台论"的争论中，两者的关系则更为复杂和微妙。如第三章所述，主张美国应该放弃台湾的人士，可能是基于两岸军事力量差距扩大、大陆在台湾问题上的政治意志足以弥补中美军力悬殊的理性算计，也可能是基于中美在全球范围内进行经济和战略合作的现实考虑。如果说，前者属于现实主义的理论演绎，后者则更多地带有自由主义的理论意涵，考虑到了中美利益的共同点。而主张美国不应放弃台湾的人士，可能是从现实主义的理论假设出发，强调台湾在中美战略冲突格局中具有不可替代的作用；也可能是从自由主义的理论假设出发，"守护"台湾所体现的西方式自由民主精神。有趣的是，在当年"蓝队"和"红队"的两军对垒中，美国的中国问题专家多选择主张与中国接触交往的"红队"，"蓝队"成员则大多是并不熟悉中国事务的亚洲问题或宏观战略的研究人员。而在前几年围绕"弃台论"的争辩中，主张美国可以放弃台湾的也不是台湾问题专家。至于这是否意味着不同领域的专家对其研究对象难免存在"移情"（empathy）效应，恐怕就属于"知识社会学"（sociology of knowledge）的研究范畴了。值得注意的是，以往的"遏制"抑或"接触"之辩中，所考虑的行为主体是美国，带有单边主义的意味；而在亚太再平衡战略或印太战略中，美方限于力有未逮，更多地诉诸多边主义的途径，希望通过日本、澳大利亚、菲律宾、越南等行为体，与美国一道来平衡和形塑正在和平崛起过程中的中国。美国的涉台政策和涉台关系，也被置入一个更为宏观的战略框架。

第四节　小　　结

美国的对外政策位于国内政治和国际政治的交叉点。从国内政治的视角观察，美国的涉台政策是政党政治、白宫—国会政治、利益团体政治、媒体政治和民意政治相互激荡的产物。与此同时，政策幕僚和专家学者的意见也会不同程度地影响到美国涉台政策的形塑、决定、执行和评估。由于美国涉台事务跟一般民众的生活关系不大，行政部门对涉台政策的影响力超过了国会，知识精英的作用也高于一般民众。美国总统在对外关系中占据轴心位置，总统人选的更替难免带动美国涉台政策的微妙变化。共和党籍的里根、小布什和民主党籍的克林顿在人主白宫之初，均不同程度地采取了对台湾较为有利的倾斜政策，而后又基于国际政治和中美关系的现实，更加重视与中国大陆的关系，反映了美国国内政治与国际政治现实之间所固有的内在张力。国内政治更多地受到利益团体、媒体和民意政治以及意识形态的影响，通过国会这一中介，影响到行政部门的对华和涉台政策；行政系统和知识精英则对国际政治的利益博弈有着更为深刻和敏感的把握。台湾对美政治游说，以国会和智库为主要对象，确实在一定程度上实现了既定目标。不过，美国涉台政策的变化趋势，还同时受到美国的全球战略、中美关系和两岸关系等外部因素的影响，政治公关的作用毕竟有其局限性。

第六章　影响美国涉台政策的外部因素

影响美国涉台政策的外部因素主要有三个。一是美国的亚太区域战略乃至其全球战略，二是中美关系的发展态势，三是两岸关系的发展趋势。随着美国宣称将其战略中心转向亚太地区，美国的这一战略调整将对台海局势和两岸关系带来什么样影响——特别是当两岸关系获得改善，正处于和平发展之际——就成为人们关注的焦点之一。而中美关系和两岸关系又将在多大程度上影响到美国的涉台政策走向，也是人们所关心的问题。

第一节　美国区域战略对涉台政策的影响

美国推出亚太再平衡战略以来，一方面加强与中国大陆的战略和经济对话，共同维护世界经济秩序；一方面强化与日本、韩国、菲律宾、澳大利亚等亚太国家的同盟关系，同时改善与印度和越南的关系，维护其在亚太地区的战略霸权地位。世界经济和亚太战略格局的变化，为美国涉台政策的未来走向，投下了不确定的因素。由于学界对再平衡框架下的美国对华政策取向没有形成足够的共识，关于在此战略框架下的美国涉台政策取向为何，一度存在争论。美国官方发出的信号也含糊不清，或自相矛盾。有些信号明显鼓励台湾在美国亚太再平衡战略布局中发挥重要作用，另外一些信号却显示美国有意无意地忽视甚至"怠慢"台湾，台湾在美国的新战略中似乎可有可无。如果把这两类信号综合起来看，就很难对奥巴马政府的涉台政策取向做出一个清晰判断。

例如，2011年10月4日，当时主管东亚与太平洋事务的助理国务卿坎贝尔（Kurt Campbell）在众议院外交事务委员会作证时指出：与台湾保持强有力的、多层面的非正式关系，并承诺保障台海和平稳定，是美国新战略的重要组成部分；与台湾的安全关系是"美台关系中最引人注目的部分"，美国将保持对台军售，并维持长期以来与台湾牢固有效的军事关系，帮助台湾建设一支训练有素、斗志昂扬、装备精良的现代化部队，来抵御恐吓和胁迫，在安全事务上增强信心与能力。① 在同一场听证会上，美国国防部代理助理部长莱沃伊（Peter Lavoy）说得更具体、更直白。他认为，美国对台安全政策是美国亚太政策的子政策；除了持续对台军售外，美国还将密切参与和指导台湾推进的防务改革，帮助台湾进行军事转型，改进防务采购计划，构建不对称的战略优势，以提高"吓阻和抵御中国大陆攻击"的作战能力。② 在同一时期，美国商务部助理部长、能源部副部长、国际开发总署署长、环保署长等高级官员相继访台，着力推动美台高层交流，借此显示美国对台"战略再保证"的决心。尤其是美国环保署长麦卡锡（Gina McCarthy）于 2014 年 4 月 14 日访问台湾，是美国内阁级高官 14 年来首次访台。美国还继续支持台湾"有意义"地参与国际组织，商讨美台"贸易与投资框架协议"（TIFA）和台湾加入 TPP 等事宜。也有学者指出，美国确实将维系海峡两岸的权力平衡，作为实施亚太再平衡战略的内容之一。③

若仅从上述表象来看，美国似乎确实已把台湾当作再平衡战略的一颗重要棋子。但也有另外一些重要事实并不支持这个结论。例如，奥巴马政府发表于 2010 年 5 月 1 日的 NSS 报告中，只在短短的一句话里提到台湾："我们将继续鼓励中国大陆和台湾之间关系的缓和。"④ 美国总统奥巴马、国务卿希拉里·克林顿和国家安全顾问托马斯·多尼隆在 2011—2013 年期间有三次涉及再平衡战略的政策声明，均没有提到台湾。在 2012 年 1 月 5 日由美国国防部发表的"新军事战略指南"中，对台湾只字未提。美国官方文件在提到加强与亚太地区盟友的关系，或要求该地区盟友发挥配合作用时，经常提到日本、韩国、澳大利亚、泰国、菲律宾等传统盟友，台湾却总是

---

① Hearing Before the Committee on Foreign Affairs, House of Representatives, One Hundred Twelfth Congress, First Session, Oct 4,2011, Serial No. 112 – 70, pp. 11 – 19.

② Hearing Before the Committee on Foreign Affairs, House of Representatives, One Hundred Twelfth Congress, First Session, Oct 4,2011, Serial No. 112 – 70, pp. 20 – 28.

③ Bernard D. Cole, remarks on a roundtable discussion at the conference of "Cross – Strait Relations in a New Era of Negotiation," hosted by Carnegie Endowment for International Peace, July 7,2010, http://carnegieendowment. org/2010/07/07cross-strait-relations-in-new-era-of-negotiation/lz7k; accessed on September 16,2012. The original text is that "U. S. participants repeatedly affirmed that the United States would honor its defense commitments to Taiwan and respond to any Chinese aggression across the Straits. However, the balance of power could shift as China gains more leverage, particularly in the aftermath of the financial crisis. Cole also made the important observation that the question of cross – Strait balance is really a subset of the larger strategic balance in Asia, and that the Taiwan issue must be analyzed in a regional context. "

④ National Security Strategy of the United States of America, Washington, D. C. : The White House, May 2010, p. 43.

"榜上无名"，明显缺席。

对于这一现象美国学界主要有三种理论解释。第一是"大势已去论"，也就是通常所说的"弃台论"。该理论认为美国的再平衡战略并不包括台湾。随着综合国力的逐渐强大，中国在国际事务中发挥着越来越大的作用，台湾卷入大陆的发展轨迹，对美国的重要性在减弱，甚至可能成为负资产（liability）。持这种观点的人士认为，如果两岸政治对话导致最终统一，对美国不是一件坏事。第二是"尚未定论说"。这个理论认为，美国的亚太再平衡战略提出来的时间还不算长，两岸关系的最新发展对美国利益的整体影响尚在评估之中，台湾与美国的亚太再平衡战略究竟有什么关系，尚有待观察。第三是"隐性同盟论"。该理论认为，虽然美国表面上没有提到台湾，但是实际上台湾仍然是美国的重要盟友，是再平衡战略的环节之一，只是美国考虑到美中关系，不好明说罢了。美国里奇蒙大学（University of Richmond）教授王维正认为，上述三种说法中，以"隐性同盟论"较符合美台关系的现实。在美国看来，台湾是占据全球制造业网络关键部分的强大经济体，拥有"令人向往的充满活力的民主政体"，其战略位置对中国大陆具有至关重要的地缘政治意义。从台湾的地理位置、经济水平、两岸和解等角度来看，美国的亚太再平衡战略不能不包括台湾。他认为，台湾若能与美国建立战略互信，增强自身的防卫能力，避免经济上过分依赖大陆，以及在东海和南海问题上不与大陆采取同步行动，就可能从美国的再平衡战略中获利。

从宏观的角度来看，美国涉台关系难免成为美国亚太战略的重要一环。虽然美国官方人士在提到亚太再平衡战略时没有提到台湾，但并不等于台湾不重要。这里的关键是：中国大陆在美国心目中的定位到底是什么？美国是否真正将中国大陆视为现存国际体系的利益攸关方，真心期盼中国大陆成为民主、繁荣、强大的国家？美国提出亚太再平衡战略，是出于贸易、投资、市场等经济因素的考虑，还是因为战略目标的转移，将中国视为其主要竞争对手？如果台湾是美国亚太再平衡战略的一个环节，以什么样的角色嵌入？正如王维正所观察的，美国还是有不少人认为，在美国推行亚太再平衡战略的背景下，台湾应该在其亚太安全战略中发挥一种独特的"隐形"作用。美国希望通过加强与台湾的安全合作和"间歇式对台军售"，提升台湾的安全力量，以牵制中国大陆军事力量在东亚地区的扩张，并希望台湾在南海海域争端上放弃断续线的既定立场，以釜底抽薪的方法破解两岸对南海的主权要求。在越南发生反华骚动后，美国鼓励越南坚持通过多边途径解决南海问题，希望由东盟牵制中国大陆，让菲律宾唱主角，通过国际仲裁裁决，以制约两岸对南海的主权要求。2014 年 2 月以来，美国政府和智库开始对马英九当局施加压力，要求台湾单方面澄清南海断续线的含义。美国亚太助理国务卿丹尼尔·罗素（Daniel Russel）首先发难，声称中国的南海断续线不是基于地貌特征，其海洋权益要求"不符合国际海洋法"。与此同时，布鲁金斯学会的贝德（Jeffrey Bader）也撰文附和罗素的观点，挑战中国断续线的合法性。贝德甚至建议美国政府应当与台湾展开讨论，逼迫台湾澄清其对断续线的立场。① 2014 年 6 月台湾原本准备跟东南亚国家谈判自由贸易协议，但美国对台湾施加压力，要求台湾先改变对南海主权的论述，以削弱中国大陆对南海行使主权权利的合法性基础。虽然台湾当局顶住了这一压力，但大部分台湾民众并没有特别关注东海和南海问题，有些人甚至主张放弃这些对台湾并不重要的岛礁，以换取美日对台湾安全的支持。这些人鉴于台湾自身防务力量的有限性，希望通过"配合"美国的亚太再平衡战略，获得美国在安全上的"奖励"，以谋求对己有利的情势，避免在两岸关系和平发展与中美构建新型大国关系的背景下被边缘化。实际上，在亚太再平衡战略的影响下，美方已开始重新评估台湾在其中应具有的地位，台美军事交流的层次因之明显提升。美方除了默许现役将官（如美国夏威夷州民防厅长兼国民民兵司令官黄达民少将）访问台湾外，还于 2013 年 10 月正式邀请台湾海军司令陈永康上将与美国的五个亚太盟邦（日本、韩国、新西兰、澳大利益和菲律宾）的军事首长公开同台出席美国太平洋舰队司令的交接典礼。②

更重要的是，美国公开介入中国大陆与日本在钓鱼岛问题上的主权争端，以及中国大陆与菲律宾、越南等国在南海权益上的争端，并且公开要求台湾不要跟大陆联手捍卫海洋权益。美国前国务卿希拉里·克林顿在接受台湾《商业周刊》访问时，警告台当局"经济依赖中国，台湾容易受伤"。传统基金会资深研究员威廉·威尔逊（William T. Wilson）也表示，"经济倾斜"将使台湾的命运受制于中国大陆的"政治决定"。这些言论与华盛顿明示或暗示台北放弃南海断续线的非官方说法相互呼应，反映了一些美方人士

---

① 《胡伟星：关于两岸南海合作的五点建议》，华夏经纬网，2014 年 9 月 24 日，http://www.huaxia.com/thpl/sdfx/4084673.html。

② 《台报报道台美军事交流现"实质突破"》，载《参考消息》2014 年 6 月 18 日。

难脱以台湾牵制大陆的思维定式。美国前亚太事务助理国务卿帮办薛瑞福（Randall Schriver）2014 年 2 月 8 日出席传统基金会的一个论坛时，告诫台湾在钓鱼岛问题上不要"添乱"，要发挥"更积极、更具建设性"的作用。这一"告诫"的主要内容有三。首先，台湾应避免在钓鱼岛问题上与中国大陆有任何协作。虽然美国在钓鱼岛主权问题上不选边站，但美国并不是完全中立，因为美国是日本的盟国，有条约义务，《美日安保条约》第五条适用于钓鱼岛，这是前副国务卿阿米蒂奇（Richard Armitage）最近在东京和北京访问时已经清楚表达过的立场；而且美国从长远战略利益考虑，也不想让钓鱼岛及其周边地区主权归中国所有。其次，台湾必须与东京积极合作，尽力改善台日关系。虽然台湾夹在最大的经济伙伴中国大陆与最大的安全伙伴美日同盟之间很为难，但如果台湾从事任何活动引起与日本的摩擦，就会引起与美国的摩擦，从而损害美台关系。第三，台湾应避免插足已经不确定、混乱的局面。他认为，中日钓鱼岛之争已经很危险，如果台湾加入争端，将给不确定的环境"添乱"，美国对台湾的看法就会非常负面。此外，薛瑞福还希望台湾考虑其军队在美国"转向"亚洲过程中发挥"积极支持作用"，探讨在海上预警、分享海下图片等方面做贡献的可能性，让台湾和美日盟友在应对挑战时处于更有利的位置。同时出席论坛的传统基金会研究员成斌（Dean Cheng）、前副总统切尼的副国安顾问叶望辉（Stephen Yates）也都在钓鱼岛问题上表达偏向日本的立场，强调中国大陆军力扩张会令台湾更不安全。① 与此同时，美国国会研究处的一项报告宣称，尽管台湾与中国大陆并没有经过明确的协调，但双方在抗衡日本、伸张对钓鱼岛主权的行动上齐头并进，增加了对日本的压力。报告警告说，自 2008 年以来，美国对两岸关系发展趋势最为关切的，就是两岸的密切互动关系是否让台湾在两岸利益一致的涉外议题上更愿意与中国大陆合作。

事实上，中日东海争端从早期的油气资源开发到近年来钓鱼岛主权归属争议，愈演愈烈，其导火索就是日本政府在 2012 年做出将钓鱼岛"国有化"的错误决定。中国在东海及钓鱼岛问题上的做法是中国对既有领土主权的声索和合法海洋权益的维护。无论从地理、地质、历史、使用、法理等角度，都可以证明钓鱼岛是中国的固有领土，只是因为在甲午战争中清政府

---

① 《美国警告台湾不要赴钓鱼岛巡航毋学中国大陆》，观察者网，2013 年 3 月 3 日，http://www. guancha. cn/Neighbors/2013 _ 03 _ 03 _ 129345. shtml。

的惨败，才导致钓鱼岛列屿被日本非法窃取。二战期间由同盟国签署的
《开罗宣言》《波茨坦公告》和《日本投降文书》规定日本窃取自中国的领
土要归还给中国，因此在日本战败投降、二战结束后，钓鱼岛理应与台湾、
澎湖列岛一样回归中国。自 20 世纪 60 年代末钓鱼岛争端发轫后，虽然两岸
对钓鱼岛问题的处理方式有所不同，但都宣称对钓鱼岛（台湾方面称之为
钓鱼台）拥有主权。国民党的基本政策立场是钓鱼岛是"中华民国"的固
有领土。马英九当年就是投身海外保钓运动的热血青年，后来进入蒋经国的
个人班底，成为"革新保台"派的典型代表。马英九认为，钓鱼岛问题不
仅是国际法问题，还是安全、资源问题。民进党对于钓鱼岛问题的立场比较
含混不清。民进党前党主席苏贞昌虽然宣称"钓鱼台是我们的"，但又批评
马英九团队"在外交上没有注意到与周边国家的和谐关系，让人忧心"。①
民进党的地方政治人物，出于争取选票的利益考虑，在保钓问题上倒是比民
进党中央积极得多。宜兰县县长林聪贤于 2012 年 8 月 15 日与宜兰多名渔民
代表在苏澳港搭乘"护渔号"救援船，在海上宣示钓鱼岛"主权"，强调钓
鱼岛需要兴建灯塔与避难场所，提供台湾渔民海上整补或休息。他还表示，
钓鱼岛属于宜兰县头城镇的行政区划范围，"主权"属于台湾。如果"国有
财产局"愿意把钓鱼岛拨给宜兰县政府，他就要带"中华民国国旗"和宜
兰县县旗登钓鱼岛挂门牌，而且邀请马英九一道前往，以具体行动宣示
"主权"。在十多名日本议员以"举行追悼会"之名登上钓鱼岛后，宜兰县
14 名议员也在县议会连署，表示要出海登上钓鱼岛，林聪贤表示支持，希
望届时"国军"或"海巡署"派船随行保护。② 总之，两岸都基于历史事
实，宣称对钓鱼岛拥有主权。日本却认为，北京和台北只是在发现那里的石
油和天然气等资源之后才表示对这一岛礁感兴趣，因此不存在钓鱼岛争端这
一问题，也不存在协商谈判的空间。换句话说，日本认为钓鱼岛主权归属问
题是一个"事实清晰、不容谈判"的问题。日本的这一主张当然受到中国
大陆乃至台湾地区的强烈反对。面对中日争端，美国立场模糊，在钓鱼岛主
权归属问题上不表态，但承认日本对于该岛有行政管辖权。一旦钓鱼岛海域
发生军事冲突，美方将根据《美日安保条约》介入争端。美国在钓鱼岛问

---

① 《泛绿政党站在日本人立场看问题可耻!》，台海网，2012 年 8 月 20 日，http://www. taihai-
net. com/news/twnews/latq/2012 - 08 - 20/923932. html。

② 《宜兰县长林聪贤想登钓鱼岛挂门牌》，台海网，2012 年 8 月 15 日，http://www. taihai-
net. com/news/twnews/bilateral/2012 - 08 - 15/918120. html。

题上对日本的袒护，构成其亚太再平衡战略的重要环节之一，对中美关系、两岸关系和美国涉台关系，均有不同程度的影响。

正是在日本右翼分子鼓吹要"购买钓鱼岛"或将其收归"国有"、民间保钓运动风起云涌之际，马英九发表"东海和平倡议"，在重申钓鱼台列屿是台湾属岛和"中华民国"固有领土的立场之余，呼吁相关各方依据《联合国宪章》及国际法准则，和平解决争端，处理方式包括谈判（协商）、斡旋（调解）、仲裁及诉讼等。马英九表示，对于钓鱼岛主权争议，台湾当局一直主张以"主权在我，搁置争议，和平互惠，共同开发"的原则解决问题。在马英九看来，主权不能分割，但天然资源可以分享，否则就只有诉诸武力。各方应承认争议的存在，努力解决争端，合作开发东海资源，让东海成为"和平与合作之海"。与大陆不同的是，台湾当局对钓鱼岛"主权"的宣示，以不影响台日关系为政策底线。马英九虽然在上任之初，曾有为了维护钓鱼岛"主权""不惜与日本一战"的说法，但近年来不断向日方人士澄清，他不是"反日派"，台湾当局不会和大陆合作解决钓鱼岛问题。马英九一方面同意民间人士的保钓活动，同意渔民出海并派船保护，另一方面又强调不要太急躁，要和日本维持良好关系，同时乐见日本和大陆合作开发东海油田。2012 年夏天，在香港"启丰二号"渔船出海保钓后，台北通过"海巡署"补给物资。在搭乘该渔船的港澳和大陆保钓人士成功携带"中华民国国旗"和五星红旗登上钓鱼岛而遭日方逮捕后，台"外交部政务次长"董国猷约见了日本驻台"代表"樽井澄夫，重申"中华民国"拥有钓鱼岛"主权"的立场，但表示香港保钓人士携带"中华民国国旗"登上钓鱼岛为自发行为，"外交部"事先不知情，与"中华民国政府"无关，台湾不与大陆联手处理钓鱼岛问题的立场并未改变；"海巡署"为香港保钓人士补给饮用水及食物是出于人道考量。同时要求日方尽速释放香港保钓人士，台日双方尽速召开第 17 次渔业会谈，改善双方关系。时任国民党秘书长的林中森表示，必要的话要通过国际法庭，厘清钓鱼岛的主权归属这一长久累积的争议。相比而言，民进党更坚持"台日外交优先"的基本立场。正如民进党"国际事务部"前主任刘世忠所指出的，民进党处理钓鱼岛问题和马英九当局不同之处就在于"尽量秉持不要让它上纲，伤害到台湾跟日本之间的关系"。为此，民进党"立委"批评国民党指涉日本"窃占"钓鱼岛是用词不当，唯恐得罪日本；谢长廷还有"对日宣战就是对美宣战"的说法。民进党最担心的是给外界造成两岸联手对抗美、日的印象。至于在维护渔民的权益方面，台湾两大政党的区别不大。根据台湾"海巡署"的资料，从 2003年到 2006 年，民进党当局也曾在钓鱼岛海域先后 5 次护航执法。例如 2005年 7 月 9 日，"新海洋 1 号"和"名洋号"渔船在钓鱼岛西南方 7.7 海里处遭遇日本巡逻船，"海巡署"出动了"钦星舰"与日舰对峙长达 8 小时。不同的是，国民党当局的执法强度和频率超过了民进党当局。从 2008 年 5 月至 2012 年夏天，"海巡署"共出动船舰 11 次，前往钓鱼台附近海域保护台湾渔船。其中，2008 年 6 月 15 日和 2012 年 7 月 3 日，台湾渔船"全家福号"在"海巡署"船舰戒护下，分别逼近钓鱼岛 0.4 海里和 1.6 海里，是近 10 年来最近的两次。[①]

根据美国密苏里州立大学教授范希奇（Dennis Hickey）的研究，相较于中国大陆和日本在东海问题，尤其是钓鱼岛问题上的针锋相对，台湾当局则是从现实的地缘政治出发，在钓鱼岛问题采取软硬两手策略。"软策略"也就是传统外交手段。马英九提出的"东海和平倡议"理念即源自于欧洲国家间达成的"各自声称主权，同时实现资源共享"的协议。在面对日本时，台湾不可能放弃对钓鱼岛的"主权声索"，但现实的政治博弈又使得台湾对钓鱼岛"主权声索"的可操作性极其有限；面对大陆时，台湾既不愿意国际社会认为两岸在联手"保钓"，又不愿意放弃大陆这一筹码。"软"的策略旨在为台湾赢得国际声誉。马英九提出"东海和平倡议"的目的，就在于向国际社会突显台湾的"理性"形象，愿意分享东海丰富的油气和渔业资源。"硬策略"或者说更加积极自信的方法，就是适度接近大陆，参与解决国际争端。台湾地区的一些分析家认为，如果台湾只采取和平的提议，那么不仅日本不会理睬，任何国家都会置之不理。台湾是一个弱小的行为者，从国际关系理论来看，台湾只有采用两种手段，软硬兼施，才能在国际社会发挥其影响力。范希奇注意到，台湾在钓鱼岛问题上采取的软硬两手策略已使其获益良多，在复杂的亚太地缘政治环境中显示出以灵活策略换取自身利益的可能性。首先，"软策略"让经年已久的台日渔业谈判在日本做出妥协退让的情况下取得进展。尽管日本仍强调在钓鱼岛主权归属问题上没有争议和谈判的空间，但是在资源共享上某种程度地回应了马英九"东海和平倡议"有关"各自声明主权，共同开发资源"的论述。在渔业谈判中获利不等于台湾放弃了对钓鱼岛的"主权诉求"。马英九在随后发表声明就指出：

---

① 林冈：《台湾政党保钓立场面面观》，载《社会观察》2012 年第 9 期。

"钓鱼岛是'中华民国'的领土，台湾不会否认，但是很高兴在这一地区拥有渔权。"渔业谈判的成功鼓励台湾当局在类似国际争端中继续采取"软策略"，谋求自我利益的最大化。其次，台湾利用大陆因素增加在国际谈判中的筹码。一方面迫使日本在渔业谈判中让步，另一方面也让美国更加关注台湾在中美博弈中的重要作用。最后，树立台湾在国际事务中的理性形象，摆脱"麻烦制造者"的名声，利用美国和日本等外部因素增加与大陆互动的筹码，给大陆充分的想象空间，如果大陆持续调整对台政策和适当让利，会让台湾和大陆走得更近。① 在范希奇看来，"东海和平倡议"尽管没有得到中国大陆和日本的官方背书，但是在日本内部也有人支持这一做法。美国也有些前官员和学者认为，这对于缓和该地区的紧张关系来说是一个不错的办法。"软策略"也得到了欧洲国家的积极回应，认为台湾的做法有利于世界的和平，如欧洲议会友台集团（Parliament – Taiwan）副主席范巴伦（Hans van Baaien）就指出："就台湾所做的努力而言，应该授予其诺贝尔和平奖。"不过，台湾两手策略中所隐含的"硬策略"也引起一些国际势力的紧张，美国对两岸走得太近充满疑虑，尤其是在中美双方就南海问题相互指责、互别苗头的关键时刻，美国更不希望台湾和中国大陆走到一起，在东海问题上进行伸张中国主权的强硬表态。例如，美国国务院前官员指出："期望台湾在钓鱼岛问题上不要做出引起误解或紧张的行动，尤其是不要和日本的关系处于紧张状态。"美日同盟是美国应对中国崛起的重要平台，维系周边国家和地区（包括台湾地区）与日本的友好关系对美国而言相当重要。美方一些人士认为，台湾的战略地位也不应该被低估，尤其是不能和中国大陆走得太近；这对美国而言，将是非常被动的局面。②

面对美国的压力，马英九 2013 年年初在会见美国亲台参议员丽莎·穆考斯基（Lisa Murkowski）时表示，台湾将继续在美国与大陆间维持三角关系的平衡，处理好"两大之间难为小"的问题，小心应对两岸关系的迅速变化和岛内蓝绿关系的变数。③ 台湾"驻美代表"金溥聪在接受西方媒体采

①　Dennis V. Hickey,"Taiwan and the Rising Tensions in the East China Sea：A Mouse That Roared," *Asian Survey*, Vol. 54, No. 3, pp. 492 – 514.

②　Dennis V. Hickey,"Taiwan and the Rising Tensions in the East China Sea：A Mouse That Roared," *Asian Survey*, Vol. 54, No. 3, pp. 492 – 514.

③　《旺报：美国新国安团队，台湾需审慎应对》，中评网，2013 年 2 月 17 日，http://www.crntt.com/crn-webapp/doc/docDetailCreate.jsp? coluid = 0&kindid = 0&docid = 102405622。

访时表示，台湾需要美国的有力支持，也必须谨慎地与大陆打交道，因为大陆现在是台湾最大的贸易伙伴，这是一种"战略模糊性"（Strategic ambiguity），是台湾拥有的最好盾牌。根据民进党"立委"的说法，"美国在台协会"（AIT）在 2013 年年初的一次闭门会议中，对马英九处理钓鱼岛问题的态度和做法曾提出质疑。不过卜睿哲（Richard Bush）并不这样看，他认为马英九的"东海和平倡议"与美国立场有许多重合之处，中日钓鱼岛争端的紧张升高则令人担忧。他希望台湾与日本的渔业谈判进展顺利，并很快有结果。他个人不认为北京会对台湾和日本推动渔业谈判感到不满，北京似乎觉得台湾与其他国家签署经济协议不成问题。对于台日关系，卜睿哲指出，两岸都不期待对方与他方发展关系会威胁己方利益，如果台湾发展与日本作为遏制中国战略一部分的关系，那将不会顺利进行。他认为台湾也不会这么做，相信日本也不会接受。① 卜睿哲的上述观点，没有区分"台日渔业协议"与台湾跟其他国家签订的类似自由贸易协议的不同，其实两者在性质上有根本区别。中国大陆虽然不反对台湾与一些经济伙伴签署协议，但"台日渔业协议"没有正面挑战日本对钓鱼岛的主权声索，不利于两岸分进合击、共同保钓的态势。

2013 年 4 月 10 日，台日渔业谈判获得 17 年来最大突破，日本决定对台湾让出三块捕鱼区。4 月 16 日，马英九与美国国安幕僚进行视频会议，由国务卿赖斯（Condoleezza Rice）主持，时任亚太事务助理国务卿帮办薛瑞福间接肯定了马英九所主导的"东海和平倡议"，并表示"台日渔业协议""改变了东海区域的动态，美国可以向台湾取经"，甚至还表示希望未来马英九"能在美国土地上发表演说"。就在美方人士对"台日渔业协议"表达肯定态度的第二天，马英九全副戎装参加汉光实弹反登陆演习，为 2008 年以来的首次军演，规模空前，多达 7682 名海陆空三军官兵参加。与此同时，马英九公开拒绝"两岸政治对话"，以实际行动展现"亲美远中"，露骨表态支持美国的亚太再平衡战略。

如上所述，美国亚太再平衡战略对中美关系和美国涉台关系的影响，需要根据再平衡战略的不同面向来评断。如果美国再平衡战略偏重军事介入，在领土主权争端问题上扮演幕后黑手的角色，将不可避免地令中国大陆感到

---

① 《卜睿哲：不应假设北京对台无限忍耐》，中评网，2013 年 2 月 8 日，http://www.crntt.com/doc/1024/3/3/9/102433925_2.html。

威胁，平添中美战略互疑和猜忌，拉高中美关系紧张情势。同时，台海地区因地处亚太区域重要战略枢纽，也难免卷入紧张升级的亚太局势。只要亚太地区紧张情势加剧，两岸均难免受到其消极影响。如果美国确实能主动调整亚太战略，由单一军事介入转向侧重政治、经济、文化等方面，总体上应有助于缓和亚太地区持续紧张的安全局势，为两岸和平发展创造较为有利的周边环境，这对两岸关系和平发展既是机遇，但也带来了更大挑战。两岸必须面对美国政治、经济、文化等各方面的渗透。美国在两岸政策上继续软硬兼施，客观上对两岸因应局势变化，保持两岸关系稳定发展提出了新的更高的要求。虽然克里国务卿与其前任希拉里·克林顿的外交思维并不同调，但有一点是相同的，那就是依然要维护和巩固美国在亚太地区的战略利益和主导权，这仍然是奥巴马政府第二任期的重要外交着力点。美国调整亚太战略不会从根本上放松对亚太的介入和影响，相反只能更加深入。与以往不同的只是在具体政策层面上根据时局变化进行相应的调整，亚太战略将更加具体化，更具灵活性。而美国调整再平衡战略不但不可能对台湾问题放松，相反还会在整体亚太战略格局下对两岸关系进行更加全面、更加深入的介入与影响。①

　　美国亚太再平衡战略是其全球战略的重要环节，推行这一战略的面向和力度既有赖于美国经济实力的支撑，也取决于美国对其主要对手的判定。从现实主义的视角观察，美国在推行全球战略时，心目中总是有个假想敌。过去曾经是英国、德国和日本，在冷战时期是苏联。进入后冷战时代以来，这个假想敌就难免转移到正在崛起的中国身上，也就是从欧洲转移到了亚洲。20世纪90年代美国内部出现的"中国威胁论"和"中国崩溃论"虽然立论不同，但都以中国为其聚焦对象。从90年代的"遏制论""接触论""遏制接触论"到近年的亚太再平衡战略，可以看到美方对中国的高度战略关注。"9·11"事件和全球"反恐"战争使美国找到了新的战略对手，但在"反恐"告一段落后，美国的注意力又转移到亚太地区，将其视为21世纪的全球政治、经济和文化中心，中国又被认定为美国的主要对手。但从全球战略格局来看，美国的主要对手究竟是在亚太还是欧洲，恐怕还是未定之数。正如中国学者李绍先所指出的，最近恐怖主义活动的卷土重来，是美国

① 《美国调整亚太战略两岸须稳健致远》，中评网，2013年2月13日，http://www.crntt.com/doc/1024/2/4/0/102424001.html。

实施亚太再平衡战略、持续从中东进行战略收缩所导致的滞后负面效应。反恐在美国全球战略中的地位再次上升，可以看作是对美国亚太再平衡战略的"再平衡"。①

随着特朗普当局对印太战略的进一步部署，台湾在美国的区域战略中扮演更实在（solid）的角色。② 2018 年 8 月 7 日，时任美国国防部负责亚太事务的助理国防部长薛瑞福公开宣称，"在美国自由与开放的印太战略蓝图中，台湾扮演着重要贡献者的角色，美方应该要创意思考台美的非外交伙伴关系"。③ 8 月 30 日，在美国与日本和台湾地区共同举办的"2018 年印太安全对话——推动自由开放的印太地区"研讨会上，前北约最高司令部司令、美军上将史塔福（James Stavridis）更露骨地说："台湾是区域合作的重要'国家'……可作为区域集体安全的一环，与澳大利亚、新西兰、马来西亚、印度尼西亚、菲律宾以及越南等国家合作参与印太战略。"④ 9 月 25 日，"美国在台协会"台北办事处处长郦英杰在"世界台商联合总会"年会上发表致辞，强调"美国对于一个自由且开放的印太地区有明确的愿景……这些也是我们与台湾共享的价值……很期待与台湾在印太战略的能源、基础建设及数字经济等重要倡议上能更密切地合作"。⑤ 郦英杰的上述说法未提及军事和政治领域的合作，但不等于台湾在美国印太战略中只扮演经济角色。事实上，时隔半年，他就于 2019 年 3 月公开访问了台外事部门，与其负责人吴钊燮商谈建立印太民主治理协商机制问题，并于 9 月在台北举办首届会议，形成制度化的对话模式。对此，台湾方面早就做了人事安排上的布局：台外事部门"政务次长"徐斯俭、陆委会副主委陈明祺、"国安会"咨询委员陶仪芬以及海基会副董事长姚人多都是乐于占据"民主价值高地"的学

① 《李绍先：中东大乱局是美国再平衡的负面效应》，中评网，2014 年 9 月 19 日，http://mcn. zhgpl. com/doc/1033/9/1/4/103391443. html？coluid＝91&kindid＝2710&docid＝103391443。

② Joseph Yeh, "Taiwan has role in Indo – Pacific Security Strategy: Ex – U. S. official," *Focus Taiwan*, March 11, 2018, http: //focustaiwan. tw/news/aipl/201803110009. aspx, accessed on June 24, 2018.

③ 台湾东森新闻国际中心：《印太地区目标分歧 薛瑞福：必要时，美将与中国对抗》，《东森新闻云》，2018 年 8 月 8 日，https://www. ettoday. net/news/20180808/1230386. htm，访问日期：2020 年 2 月 14 日。

④ 翁嫆珺：《北约前司令：台湾参与 不一定要激怒大陆》，《东森新闻云》，2018 年 8 月 30 日，https：//www. ettoday. net/news/20180830/1247419. htm，访问日期：2020 年 2 月 14 日。

⑤ 黄筱筠：《AIT 郦英杰出席世界台商联合总会年会批中国》，中评网，2018 年 9 月 25 日，http：//hk. crntt. com/doc/1051/9/8/3/105198366. html？coluid＝0&kindid＝0&docid＝105198366，访问日期：2020 年 2 月 14 日。

运世代。美方的上述动作显示，特朗普当局已将台湾视为"印太战略"的重要环节，并广泛涉及军事、经济和政治领域。这一战略布局进一步提升了美台之间的"准官方"和"准同盟"和关系，严重侵蚀了中美建交的三大前提。

作为同时面向大西洋和太平洋的大国，美国在外交史上向来有"重欧轻亚"的传统。亚太再平衡战略和印太战略对美国来说是否真正可欲、可行？是暂时目标还是永久目标？可以肯定的是，随着美国在亚太地区霸权的相对衰落，今后可能较多地采取"非干预主义"（non-interventionist）的外交政策。① 根据弗兰克·克林伯格（Frank Klingberg）对美国外交政策的长期研究，其规律是徘徊在国际主义和孤立主义两极之间，以 25 年为周期；2014 年前后美国外交政策可能回归孤立主义。② 2008 年全球金融危机后国际经济结构的变化、中国的和平发展和俄罗斯政治和经济实力的恢复，是否将迫使美国回归大西洋国家的历史定位？这些都值得我们进一步观察。

第二节　中美关系的合作与冲突

中美关系的发展趋势对美国涉台政策有着直接的影响。美国战略再平衡的主要对象被公认是中国，不等于中美之间只有斗争，没有合作。事实上，几年来的中美关系始终是在既有合作又有竞争甚至斗争、斗而有道、斗而不破的轨道上运行。

从历史上来看，如果中国大陆和美国加强了在亚太以至全球的战略合作，难免对美国涉台关系和涉台政策产生更大的制约作用，甚至不排除美国在必要时牺牲台湾的利益。如本书第三章所述，美国在中美关系正常化之初就考虑过放弃台湾。近年来"弃台论"的主张者也是看到了在中美在诸多领域的战略合作与美国承诺防卫台湾安全及对台提供军售之间存在着明显张力。即使是不遗余力地反对"弃台论"的卜睿哲，也很坦率地承认，如果

---

① Douglas Paal,"The Rise of China and Alliance in East Asia: Implications for Diplomatic Truce," keynote remarks at the 39th Taiwan – American Conference on Contemporary China, Taipei, December 9, 2010.

② Frank Klingberg, "Cyclical Trends in Foreign Policy Revisited in 1990," *International Studies Notes*, 15 (1990), pp. 54 – 58. Cited from Glenn Hastedt, *American Foreign Policy: Past, Present, Future* (Upper Saddle River, New Jersey: Prentice Hall, 1997), p. 27.

北京在伊朗和朝鲜问题上的政策与美国的利益更为一致，美国也会更多地将中国大陆在台湾问题上的敏感性列入决策考虑范围。[1] 一向对台湾表示同情和支持的美国企业研究所研究员卜大年（Dan Blumenthal），更干脆批评美国是台湾的"易变和不稳定的伙伴"（fickle and uncertain partner），认为这不利于两岸关系的长期稳定。[2] 但历史经验也表明，如果中美关系处于极度紧张状态，台湾问题对中国大陆的政治敏感性将大大提升，台湾也可能成为中美冲突的牺牲品，美国在处理涉台关系上也会更加谨慎。1995 年李登辉运用台湾在美国的公关公司和美国国会内亲台议员的力量，不但迫使白宫改变既定立场，允许李登辉以康奈尔大学校友的身份赴美，还利用在美国访问的机会，大力宣扬台湾的"主体意识"和民主经验，导致中美两国在台湾海峡紧张对峙，甚至出现可能擦枪走火的危险局面。危机过后，美国对台湾领导人访美（而不是"过境"）做出更为严格的限制，迄今还没有出现第二例。所以，从台湾的角度看，最好的状态是中美关系不要太好，但也不能太坏。

美国总统奥巴马上任的第一年，中美关系不但没有像以往那样，因为新政府的上台而受到影响，反而呈现良好的发展势头。2009 年 11 月 15 日至 18 日，奥巴马总统对中国进行了国事访问。两国发表的《中美联合声明》指出，"相互尊重主权和领土完整"这一根本原则是指导中美关系的三个联合公报的核心，双方均不支持任何势力破坏这一原则的任何行动。双方一致认为，尊重彼此核心利益对确保中美关系稳定发展极端重要。奥巴马还表示美国在台湾问题上坚持"一个中国政策"，遵守中美三个联合公报的原则。美方欢迎台湾海峡两岸关系和平发展，期待两岸加强经济、政治及其他领域的对话与互动，建立更加积极、稳定的关系。[3]

但奥巴马政府显然不愿意因为中美战略合作的需要而牺牲台湾。事实上，奥巴马早在 2008 年竞选期间就提出，中美合作不能影响到台海两岸间的"健康平衡"（healthy balance）。2009 年 11 月奥巴马刚刚结束访华之行，就于当年 12 月和 2010 年 1 月宣布对台军售。同时，台湾地区领导人马英九

---

[1] Richard Bush, "Taiwan Comes Between the U. S. and China Again," February 11, 2010, at http：//www. brookings. edu/opinions/2010/0211 _ taiwan _ security _ bush. aspx.

[2] Dan Blumenthal, "The United States and Cross – Strait Relations. "

[3] 该声明全文可参见中国网：http://www. china. com. cn/policy/txt/2009 – 11/17/content _ 18904837. htm。

也于 2010 年 1 月"过境"美国前往中美洲访问。在奥巴马政府不顾中国大陆的强烈反对抛出对台军售案后,中方采取了四项反制举措:一是暂停中美两军计划内的有关互访安排;二是推迟中美两军部分交流项目;三是推迟双方拟于近期举行的中美副部长级战略安全、军控与防扩散等磋商;四是对参与售台武器的美国公司实施制裁。在中美两国围绕 2010 年美国对台军售进行激烈争论的过程中,美国派出常务副国务卿斯坦伯格(James Steinberg)和国家安全委员会亚太事务资深主任贝德于 2010 年 3 月访问北京。针对中方提出美方未来应该就对台军售问题与中国进行谈判,斯坦伯格的回应是:任何涉及台湾问题的讨论,不能把美国对台军售当作焦点,但是可以整体来谈区域的军事平衡,以及透过所有各方的行动而非仅是美方的行动来降低紧张。[①] 在这次会谈中,美国官员重申其对台政策不变,表示支持两岸减少冲突的努力,中国则宣布胡锦涛主席将参加 2010 年 4 月中旬在华盛顿举行的核安全高峰会,中方也将支持联合国通过对伊朗实行制裁的决议。[②] 从后续发展来看,中国的实际应对还是相当克制的。暂停的两军互访很快就恢复了,而制裁参与售台武器的美国公司更是没有了下文。不过,美方愿意与中国大陆就包括对台军售在内的区域军事平衡问题进行讨论,比起"六项保证"第 3 条所规定的"美国在决定对台军售之前不会先跟中国咨商"的立场,还是发生了一些变化。台湾方面有人注意到,中国国防部长常万全在会晤美国国防部长时,要求美方停止对台军售,并提出要成立工作小组探讨这一问题,显示出中国大陆在处理美国对台军售问题上正采取日益主动进取的做法。[③] 也有人指出,台湾目前最需要的是战斗机,其次是潜艇,第三是水面舰艇,而美国所卖武器并非"陆海空关键性作战装备",也没有超过台湾现有武器装备的作战性能水平,从长远来看美国似乎有回归 1982 年中美《八一七公报》所称"不超过中美建交后近几年供应的水平"的趋势。[④] 这些台湾人士所担心的恰恰是:美国涉台政策和涉台关系难免受到中美关系的

---

① Jeffrey A. Bader, *Obama and China's Rise:An Insider's Account of America's Asia Strategy*, Washington, D. C. :Brooking Institution Press,2012,pp. 76 – 77.

② Alan Romberg, "All Economics Is Political: ECFA Front and Center," *Chinese Leadership Monitor*, No. 32, Stanford University, May 2010.

③ 《赖怡忠:中方处理美军售台积极攻击性上升》,中评网, 2013 年 8 月 21 日,http://www. crntt. com/doc/1026/9/0/0/102690099. html。

④ 《张国城:美台军售默默走向"817 公报化"》,中评网, 2010 年 2 月 1 日,http://www. crntt. com/crn-webapp/doc/docDetailCreate. jsp? coluid = 7&kindid = 0&docid = 101216864。

影响。

如上所述，2010 年春夏以来，中美在东海和南海问题上的歧见日益加深。在美国推行亚太再平衡战略的影响下，日本、菲律宾、越南等国闻风而动，企图在美国的保护下谋取其利益。日本不顾中方的强烈反对，宣布钓鱼岛"国有化"，拒不承认中日在钓鱼岛问题上存在主权争端，导致东海局势紧张。菲律宾和越南等东南亚国家也相继挑战中国在黄岩岛及南沙群岛和西沙群岛的领土主权，争夺南海油气资源的开采权。美国虽然在钓鱼岛主权归属问题上"不持立场"，但将钓鱼岛及其周边海域列入《美日安保条约》的适用范围，支持菲律宾、越南等国提出的对南海岛礁主权的声索，主张南海问题应通过多边途径解决，希望由东盟牵制中国大陆，让菲律宾唱主角，通过国际仲裁裁决，制约两岸对南海的主权要求。2014 年 6 月台湾本来准备跟东南亚国家谈判自由贸易协议，但美国对台湾施加压力，要求台湾澄清在南海岛礁主权的立场，以削弱中国大陆对南海岛礁行使主权的合法性基础。

美国的亚太再平衡战略将在何种程度上影响中美关系的未来发展？根据美方智库人士费雪（Alan Fiedberg）的诠释，美国的亚太再平衡战略不是什么新东西。美国行政当局历来对中国采取两手政策，通过贸易和外交改变中国；通过在亚太地区投放兵力，维持对美国有利的权力平衡。美国实施再平衡战略的目的是"吓阻"（deter）中国对美国的亚洲盟友采取强制性行动，并通过接触和交往"驯服"（tame）中国，鼓励中国成为现存国际体系中负责任的利益攸关方（responsible stakeholder），"从威权主义走向自由民主"。在费雪看来，奥巴马政府的政策与其前任没有根本区别，但更偏重交往，并将气候问题列入议程，减少中美两国在人权问题上的歧见。虽然奥巴马政府无意放弃权力平衡战略，但对之予以淡化处理，避免使用"防范"（hedging）这一术语来描述美国在亚洲结盟和军事部署的目标，唯恐这一术语将传递出对中国的不信任感，而是强调"相互再保证"（mutual reassurance）的重要性。[1] 问题的关键在于中美两国能否在亚太地区建立互信。如果中国大陆对台湾地区或其他邻国施加压力，美国就增加在亚太的军力部署，如此将导致恶性循环。一旦中美两国关系紧张，台湾问题就会浮上台面。可见，台湾在美国亚太再平衡战略中的角色和地位是由中美关系的性质决定的。如

---

[1]　Aaron Fiedberg,"The Next Phase of the 'Contest for Supremacy' in Asia," *Asia Policy*, No. 14 (June 2012), p. 31.

果中国大陆是美国再平衡战略的对手和目标，台湾自然会成为这一战略的重要环节。

葛来仪（Bonnie Glaser）认为，奥巴马在第一任期提出"重返亚洲"后，中国大陆就开始评估美国的真正意图。随着这个战略的展开，越来越多的中国人认为美国亚太再平衡战略就是针对中国，他们认为美国有意组成一个国家联盟，对中国实行"战略包围"。葛来仪观察到，虽然中国最高领导层尚未把美国的政策视为对中国的遏制，但在中国学者和精英中确实存在着对美国亚太战略更多的猜疑和担心，希望美国做出中国不是其遏制目标的"再保证"。她相信，中国最高领导层依然认为美国愿与中国接触，发展积极关系，但确实也存在不确定性和猜疑。葛来仪表示，奥巴马总统在其第二任期内不会重演其第一任期内对中国"先软后硬"的政策，而是积极寻求在两国确有利益交汇点的领域进行合作，例如朝鲜问题就是美中可以合作的最紧迫问题，如果双方能对可能发生的危机进行合作管控的话，双方就能建立起某种程度的互信。葛来仪指出，中美两国建立互信是自下而上，而非自上而下的过程，不是两国领导人今天说两国要建立良好关系，明天就自然会有良好关系；双方必须通过合作去逐步建立互信。①

芮效俭（Roy Stapleton）认为，美国的再平衡战略没有遏制中国的意思，反而意味着美中关系对美国将更为重要。由于中国的崛起，亚洲国家要求美国更多地介入到地区事务中来，同时也不希望看到美中两个大国在亚太地区发生冲突。中国希望美国不要介入亚太地区的领土冲突，美国的立场是要介入，但介入不等于与中国对抗。美国不想遏制中国，中国也不应企图将美国赶出亚洲。如果中国大陆对台湾施加压力，美国在台湾问题上对中国大陆进行挑衅，将引起这些国家的担心。②

洛德（Winston Lord）认为，未来四年的中美关系，是既有大国（established power）与复兴大国（returning power）的矛盾。亚太地区不存在权力重心从一个国家转移到另一个国家的问题。美国再平衡战略不是针对中国，而是因为受到其他亚太国家的邀请。在跨太平洋伙伴关系协定问题上，美国不是有意孤立中国，而是因为中国存在大量国企，不能享受该协定的好处，

---

① 《葛来仪：担心中国视美国政策为遏制》，中评网，2013 年 2 月 16 日，http://www.crntt.com/doc/1024/3/9/0/102439004.html。

② 笔者座谈记录，2012 年 6 月 4 日，美国威尔逊国际学者中心。

如果中国能解决国企问题，美国是欢迎中国加入 TPP 的。①

蓝普顿（David M. Lampton）认为："美中两国未来几年是相互合作还是发生冲突，将是亚太地区能否保持和平、繁荣、稳定的主要决定因素。取得最佳结果的最好途径就是追求合作平衡政策。"蓝普顿强调，美中两国所面对的主要战略挑战是如何相处，使得各自能够专注于自身建设，合作应对全球性问题，两国都承担不起互不相让、针锋相对的代价。美中关系的特征就是合作与竞争并存。蓝普顿建议，亚洲应当逐步发展经济和安全架构，美中应当共同参与，而不是各自为政；美中两国现有的对话机制要重启和调整，军事交往和战略对话也要加强。应鼓励中美之间的相互投资和人文交往，奠定双边关系的战略基础。②

容安澜（Alan Romberg）认为，美国政府长期以来已经接受了中国崛起的不可避免性，美国政府所寻求的是形塑中国的行为方式，使之可以对双方所面临的巨大的共同挑战做出建设性的贡献。要采取这一途径就必须清晰地了解到：中国应该在全球规则的制定上扮演一个适当的角色，而不仅仅是规则的遵循者。平衡全球经济需要中国的介入。有人认为台湾是美国的战略资产，美国对台军售的目的就在于保持这种战略关系。但容安澜认为，严肃的军事行动计划者不会将台湾视为军事资产，将之作为对付大陆的进攻性工具，因为台湾太容易受到大陆的攻击了。而且，就如美国在太平洋的军事指挥官所不断提及的，他们面临的主要头疼问题之一是因为台湾的缘故而与中国大陆开战，这样在他们眼中，台湾就更不是战略资产了。对他们来说，两岸问题的和平解决也许可以令其从这一烦恼中摆脱出来。③

葛来仪、芮孝俭、洛德、蓝普顿和容安澜的上述观点可以说明为何台湾在美国的亚太再平衡战略中缺席。这些学者都比较强调中美战略合作的重要性，认为美国没有"打台湾牌"的政治诱因。鉴于东海和南海紧张局势的升高，进入第二任期的奥巴马总统，在处理中美关系时对既有战略思维进行调整，改变以往因军事介入导致的中美战略互疑不断升级局面，转为加强中美战略对话，强调中美两国的战略合作关系，以此缓和中美关系，稳定亚太

① 笔者会议记录，2012 年 6 月 5 日，美国外交政策全国委员会。
② 《蓝普顿：别想用美国之血填空白支票》，中评网，2013 年 2 月 9 日，http://www.crntt.com/doc/1024/3/4/8/102434886.html。
③ Alan Romberg, "2010: The Winter of PRC Discontent," *Chinese Leadership Monitor*, No. 31 (Stanford University, 2010).

局势。与前任国务卿希拉里·克林顿在亚太事务上咄咄逼人的强势姿态明显不同，时任国务卿克里在任职参议院外交委员会主席时，就以务实态度面对中国崛起及台海两岸关系。虽然他关注两岸军力失衡现象，明确支持台湾加入国际民航组织，但反对国会立法强制性地要求奥巴马出售先进战机给台湾。其务实的外交风格，可在一定程度上纾缓北京对美国围堵中国的疑虑。① 2013 年 6 月 7 日至 8 日，中美两国领导人习近平主席与奥巴马总统在美国加州进行举世瞩目的庄园会晤，习近平主席提出建立"新型大国关系"的概念。从迄今为止的情况来看，美方并没有明确接受中方提出的这一概念，美国学界对它的深入讨论也不多见。美方不愿放弃中美关系的话语权和主导权，不愿跟随中方节奏起舞的心态可见一斑。以中国为主要目标的美国亚太再平衡战略决定了中美战略互疑现状并不容易从根本上得到改变。国际货币基金会"独立评估办公室"公布的一份报告就承认，该基金会曾配合美国对中国经济政策的施压。奥巴马总统正式签署的《国防授权法案》，也意味着华府有意放弃对钓鱼岛主权争端不持特定立场的承诺，开始向日方倾斜。② 这一立场势必影响到美国涉台政策的未来走向。

通过上文对美国亚太再平衡战略的主要目标及该战略框架下美国对华政策的分析，我们并不认为美国目前有对中国实施"遏制"战略的意图和能力，它的对华政策在本质上仍属于"接触"的范畴。美国在诸多方面对中国的借重将继续上升，寻求中国合作的意愿也将加强。但它对中国的防范之心也将随着中国国力的持续上升，以及美国对华依赖度（虽然这种依赖是相互的）的上升而增强。在中国的综合实力获得对美国的绝对优势之前，美国不大可能放弃"西化""软化"中国、把中国纳入美国战略轨道的企图。反映在台湾问题上，美国一方面不愿看到中国的综合实力因两岸走向统一而骤然增强，因而对岛内分裂势力进行某种形式的包庇和纵容的做法将持续下去；另一方面又不愿看到由于岛内分裂势力的冲撞行为而导致台海局势剧烈动荡，使美国陷入是否干涉、如何干涉的两难境地，因此又不得不对岛内分裂势力画下红线。表现在宏观的涉台政策上，就是一方面鼓励两岸对话和交流交往，使台海地区维持一种和平稳定状态，另一方面又对两岸政治谈

---

① 《美国调整亚太战略两岸须稳健致远》，中评网，2013 年 2 月 13 日，http://www.crntt.com/doc/1024/2/4/0/102424001.html。

② 《中美竞合关系改变台湾地区需调整脚步》，凤凰网，2013 年 1 月 7 日，http://news.ifeng.com/gundong/detail_2013_01/07/20899524_0.shtml。

判、军事互信等动向密切关注，防止"失控"。美国涉台政策的根本要旨就是要掌握台海局势的话语权和主导权，保持整个局面的可控性。

但这并不意味着主张对华战略遏制的声音就甘于寂寞，而且近年愈演愈烈。早在 2007 年，詹姆斯·霍姆斯（James R. Holmes）就在《21 世纪中国海军战略》一书中指出，中国已经崛起，并试图改变 1945 年以来由美国主导的海上贸易和商业自由体系，修改国际制度。美国及其盟友有责任对中国施以足够的威慑，恢复美国的实体力量。① 《中国、美国和东南亚的未来》作者戴维·邓恩（David Denoon）则认为，小布什总统专注于伊拉克和中东，未能对中国在 2007—2008 期间的愈发自信的行为给予回应；奥巴马当局提出亚太再平衡战略，但后续行动不如人意。美国的金融危机与软弱的外交政策相结合，导致中国人愈发自信，继续对南海伸张主权，并推出了一系列新的机构和计划（包括"一带一路倡议"、亚洲基础设施投资银行、新开发银行和丝绸之路基金），旨在与邻国发生更大的经济、能源和战略连接。《闪避：美中在太平洋的角力》一书的作者迈克尔·法贝（Michael Fabey）也认为美中两国的军事力量，特别是海军注定要在西太平洋发生冲突。原因是美国认为大多数空域和海上航道都是国际开放区域；中国则声称南海岛屿和钓鱼岛等东海岛屿属于中国的固有领土，只是由于西方大国强加给中国的"不平等条约"，他们才失去了对该地区的控制。② 美国国家民主基金会国际研究论坛主任香缇·卡拉提（Shanthi Kalathil）在一份研究报告中，批评了中国的"锐实力"（Sharp Power），即"对目标国家的政治或信息环境进行渗入、渗透或离间的行为"，"从而达到操纵目标群体所能收到的信息而实现对目标群体的影响"③ 这一概念其后被《经济学家》等主流报刊媒体与学者频繁使用。这一轮有关中国"锐实力"的攻击和批判是西方主流媒体和学界根深蒂固的"中国例外论"和"麦肯锡主义"的延续和衍生。本书第二章第四节所介绍的纳瓦罗和白邦瑞的观点，反映的也是上述政策思路。

为上述政策专家对华遏制的战略思维提供理论支撑的除了米尔斯海默

---

① James Holmes, Toshi Yoshihara, *Chinese naval strategy in the 21st century: the turn to Mahan*, London, England: Routledge, 2007.

② Michael Fabey, *Crashback: The Power Clash Between the U. S. and China in the Pacific*, New York, NY: Simon and Schuster, 2018.

③ Shanthi Kalathil, *Sharp Power: Rising Authoritarian Influence*, International Forum for Democratic Studies, Washington, D. C. : National Endowment for Democracy, December 2017.

外，当属《注定一战：中美能否避免修昔底德陷阱？》一书的作者艾利森。[1]
艾利森强调，21 世纪的最大危险是中国对美国及其主导的国际秩序的挑战，
两国领导人都承诺让国家"再度伟大"。"修昔底德陷阱"是理解 21 世纪中
美关系的最佳方法。在过去 500 年里发生的 16 起崛起国家取代现有统治国
家的案例中，有 12 起是以战争的方式解决冲突的。只要中国不放弃"中华
民族伟大复兴"，就将继续挑战美国在各个层面的统治，两国关系"注定会
变得更糟"。《注定一战》与纳瓦罗的《卧虎》和白邦瑞的《百年马拉松》
在 2015 年同时出版，这也就难怪主张对华接触的兰普顿会将当年视为中美
关系的转折点了。

　　上述主张对华实行战略遏制的观点，主要是从美国的军事安全和经济安
全的角度立论。主张继续对华接触交往的观点认为不应该夸大中国对美国的
战略威胁。乔治华盛顿大学教授沈大伟认为"锐实力"概念不能可以运用
于中国案例，可以用"锐实力"这一词汇形容俄罗斯的行为，因为俄罗斯
就是想颠覆美国和西方的制度、民主与价值，但中国没有这样做。中国的目
标是主导国际社会对中国的叙事（control the international narrative on Chi-
na），是具有中国特色的公共外交或新闻工作，而不是软实力或"锐实力"。
面对中国的发展势头，美国应该更加自信。"中国方案"对印度、越南、日
本、中非或许有些影响，但这毕竟是不可转移的（non-transferrable）。[2] 陆
伯彬认为，目前美中关系是 1971 年基辛格访华以来最糟糕的，而且会更糟。
"中国的崛起导致国际秩序失衡"，权力转移难免导致权力冲突。但他反对
对华实行战略遏制，也不认为美中注定将卷入一场军事冲突。美国拥有许多
长期优势，可以长期支撑这一场代价高昂的零和博弈。[3] 美国塔夫茨大学政
治学系助理教授贝克利（Michael Beckley）在其新著《无可匹敌：为什么美
国仍将是唯一的超级大国》中，驳斥了美国权力衰退、中国即将超越美国
的观点。他认为通常衡量国家实力的 GDP 等指标无法真实反映国家实力，

　　① Graham Allison, *Destined for War: Can America and China Escape Thucydides' Trap*, Boston, MA and New York, NY: Houghton Mifflin Harcourt, 2017.

　　② Brookings Policy Debate: The End of U. S. Engagement with China, Washington, D. C. : John L. Thornton China Center, Brookings Institution, March 7, 2018.

　　③ Mitchell Blatt, "America and China: Destined for Conflict or Cooperation? We Asked 14 of the World's Most Renowned Experts," *The National Interest*, July 30, 2018, https://nationalinterest.org/feature/america-and-china-destined-conflict-or-cooperation-we-asked-14-worlds-most-renowned-experts? page = 0%2C6, accessed on August 1, 2018.

扣除国家总成本后的可支配净资源才是实力所在。"中国在生产、行政、军事等方面的效能较低,而美国则持续领先。"美国不应担忧中国会危及美国的霸权地位。① 凯托研究所外交政策研究主任约翰·格拉泽(John Glaser)认为,过去几十年中,美国对中国的态度在傲慢、合作和竞争之间摇摆不定。奥巴马提出"转向亚洲"(Pivot to Asia)战略,试图反击中国在中国南海的主权主张,且过度猜疑中国的"一带一路倡议",突显了地缘政治色彩。而特朗普行政当局以最后通牒的方式跟中国打贸易战,强化了中方立场,在整个太平洋地区激起了更大的不信任。作者认为,中国日益增长的实力"难免转化为更加雄心勃勃的外交政策"。纵观历史,许多大国过于关注国家声望而将自己卷入毁灭性的战争。如果要保持中美和平,就必须把重点放在具体的安全和经济利益上,才能避免全面冲突。②

上述两种观点针锋相对。正如美国对外关系委员会亚洲项目主任易明(Elizabeth Economy)所观察的,③ 第一种观点认为中国意在威胁美国的国家利益,削弱美国的同盟体系,取代美国成为亚洲霸权。主张美国应该像对待苏联一样,对中国采取牵制平衡战略,与盟友建立将中国排除在外的新的贸易关系,对中国采取必要的经济制裁,阻止中国提高先进军事能力,加强与中国周边国家的结盟关系。④ 第二种观点认为中国并没有试图将美国赶出亚洲,中国的强势行为源于不安全感,是美国在亚太地区的强势行为所导致的。美中两国必须进行战略再评估。美国必须考虑自己的优先目标(objective of primacy),中国则要精准评估自己的力量。美国应当允许中国在国际事务和机构中发声的合理诉求,中国则要对其周边国家做出战略再保证,双

① Michael Beckley, *Unrivaled: Why America Will Remain the World's Sole Superpower* (Ithaca, NY: Cornell University Press, 2018); Michael Beckley, "Stop Obsessing about China: Why Beijing Will Not Imperil U. S. Hegemony," Foreign Affairs, September 21, 2018, https://www.foreignaffairs.com/articles/china/2018 - 09 - 21/stop-obsessing-about-china.

② Mitchell Blatt, "America and China: Destined for Conflict or Cooperation? We Asked 14 of the World's Most Renowned Experts," *The National Interest*, July 30, 2018, https://nationalinterest.org/feature/america-and-china-destined-conflict-or-cooperation-we-asked-14-worlds-most-renowned-experts? page = 0%2C6, accessed on August 1, 2018.

③ Elizabeth Economy, *The Third Revolution: Xi Jinping and the New Chinese State*, New York, NY: Oxford University Press, 2018.

④ Robert Blackwill and Ashley Tellis, "Revising U. S. Grand Strategy toward China", *Council Special Report*, No. 72, Washington, D. C. : Council on Foreign Relations, March 15.

方可通过自我约束建立互信。① 居于两者之间的第三种观点是：现在判断中国领导人的战略目标尚为时太早，美国应该做好各种准备。美国应该坚持其在亚太地区的强势作为，并通过外交手段让中国介入地区和国际事务治理。中国对美国军事活动所产生的不安全感有助于其对邻国采取包容性的政策。美国应该增强与中国周边国家的安全、经济与外交关系，同时不阻止他们与中国发展积极的经济和外交关系。②

特朗普上任以来，中美关系在总体上延续着 2010 年以来积极因素逐渐减少、消极因素持续增加的发展轨迹。2018 年开始的中美贸易冲突，意味着中美之间的矛盾已经从军事安全和意识形态领域衍生到经贸领域，同时在经贸、科技、朝核、南海等重大议题上展开大国博弈。中国被称为美国主要的"战略竞争对手"。特别值得注意的是，自二战以来，美国首次宣称"我们竞争激烈的军事优势正在逐渐消失。"③ 美方为了在这种综合博弈中取得优势，难免要在台湾问题上做出不利于中国利益的举动。④ 最突出的例子莫过于第 11 轮中美贸易谈判未果、特朗普宣称对 2000 亿中国出口商品征收 25% 关税的次日，众议院于 2019 年 5 月 7 日无异议通过了"台湾保证法"，既反映了中美关系与美国涉台关系的内在关联，也披露了白宫和国会之间密切互动。特朗普将中国列为"经济上的敌人"，对大量中国产品增加关税。美国军舰在两国贸易冲突加剧的紧张局势下频繁过航台湾海峡。加上台湾地区的分裂势力蠢蠢欲动，与美国的亲台势力遥相呼应，中美之间的摩擦系数明显上升。这意味着未来中美关系在不同领域的对抗性都可能有所增加，确实难以回到以往竞争合作并存、合作为主的轨道。随着中美实力差距的缩小和冲突因素的增加、两岸关系的紧张和台湾"国际空间"的紧缩，美国内部主张对华采取战略遏制的人士正不断加强打"台湾牌"的力度，台湾对

① Lyle J. Goldstein, *Meeting China Halfway*: *How to Defuse the Emerging U. S. - China Rivalry*, Washington, D. C. : Georgetown University Press, 2015; Lyle J. Goldstein, "Is it Time to Meet China Halfway?" *The National Interest*, May 12, 2015, https: //nationalinterest. org/feature/it-time-meet-china-halfway-1286; Michael Swaine, "The real challenge in the Pacific: A response to 'How to Deter China, '" Foreign Affairs. May/June 2015.

② Thomas Christensen, *The China Challenge*: *Shaping the Choices of a Rising Power*, New York, NY: W. W. Norton & Company, 2016.

③ 王伟男：《常态与新常态下中美关系的弹性与韧性》，载《教学与研究》2018 年第 5 期，第 72 页。

④ 王伟男、周文星，"特朗普时代的中美关系与台湾问题"，《中国军事科学》2018 年第 4 期，第 40—47 页。

华盛顿的战略重要性再次受到重视。这与 2009—2014 年期间美国学界一度出现的"弃台论"形成了鲜明的对比。虽然维持台海不统、不"独"、不武的现状,仍是美国国内的主流派声音,中美战略竞争关系的突显和两岸关系的同步恶化,却导致近年美国涉台关系的急剧发展。

第三节 两岸关系的变化

两岸关系的变化是影响美国涉台政策的另一个重要变量。美国的涉台政策目标,在 2008 年 5 月前后发生了比较明显的变化。在 2008 年 5 月以前,美国的主要政策目标是防止台湾走向"法理独立"引发两岸战争,同时也担心中国大陆诉诸武力,强迫台湾接受统一,从而一劳永逸地解决"台独"隐患问题。为此,美方采取"战略模糊"(strategic ambiguity)和"延伸威慑"①(extended deterrence)的政策,以维持由美方所界定的台海现状,并鼓励两岸对话,强调两岸问题和平解决的过程重于双方商定的最后结果。在这一时期,美国在两岸关系中的角色相对比较重要,甚至有中美两国联手"共管"台海危机的说法,尽管这种说法并不准确。2008 年 5 月岛内发生政党轮替后,两岸关系进入和平发展时期,美国在两岸关系中的角色没有那么突显,美方主要关注台湾是否会逐渐甚至自愿被大陆所吸纳的问题,对两岸政治对话的可能结果更感兴趣。

从历史的经验看来,两岸关系处于缓和状态时,美国往往也会同步提升美台关系。例如在 1993 年"汪辜会谈"后,美国就将台湾当局驻美机构"北美协调会"改名为"驻美国台北经济文化代表处",放宽对美台高层官员互访的限制等。正如卜睿哲所表示的,随着两岸关系的改善,今后美国部长级高官访台是预料中事。在陈水扁时期美国没有部长或副部长级官员访台的主要原因,是两岸关系持续紧张和台北对美方人士访台议题的政治炒作。葛来仪预测,在奥巴马执政时期,除了国务卿和国防部长以外,美国的农业

---

① 所谓的"延伸威慑"是指,核大国为了自己的非根本利益(如盟友的安全)而扩大保护范围的威慑。在传统的威慑模式下,威慑实施者在自身生死存亡关头使用核威慑的可信度较高,而当威慑者受到威胁的利益与其自身生死存亡关系不大时,威慑者甘冒自身遭受重大损失甚至毁灭风险的核威慑的可信度就不会很高。但在新军事变革时代,由于导弹防御系统的发展,核大国可以更多地借助这种系统来阻止对手对盟友的核攻击,同时又不损害关乎自身生死存亡的利益。这就使得核大国更愿意通过延伸威慑去捍卫盟友的安全利益,巩固与盟友的关系。参见王公龙:《新军事变革时代的威慑与国际安全》,载《现代国际关系》2003 年第 11 期,第 27 页。

部长、商务部长以至国土安全部长都可能访台。他们都认为，今后马英九"过境"美国将受到高规格的接待，美方将尊重台北对"过境"地点的要求。[①] 国民党和美方原本有意安排马英九在当选之后、就职之前访问美国，只是因为马在胜选之后过早披露访美计划而中止。

对于两岸签署经济合作框架协议（ECFA），美国政府表示欢迎，认为这意味着两岸对话和互动的增加，[②] 同时希望台湾在"世界贸易组织"（WTO）的框架下，与其他国家自由协商双边贸易协议。[③] 容安澜注意到，中国大陆无法接受任何带有"一中一台""两个中国"意涵的安排，并没有明确反对台湾跟第三方做出不带上述政治意涵的类似自由贸易协议的安排。[④] 但美方更关心的是美台经济关系是否也能得到相应提升，从而使美方得以分享两岸关系和平发展的红利。例如，包道格（Douglas Paal）主张积极推动美台自由贸易协议；唐耐心（Nancy Tucker）认为，在两岸签署 EC-FA 之后，美国应该更多地（而不是更少地）参与亚太地区的经济活动，利用亚太地区经济繁荣所提供的机会，重新建立美国在该地区的强势经济地位。为抵销中国大陆在台海事务中的影响，美国可以与台湾签署没有 FTA 之名、但有 FTA 之实的经济协议，即"贸易投资框架协议"（TIFA）。[⑤] 卜睿哲认为，两岸签署 ECFA 有助于台湾与东盟国家实现经济自由化与一体化。美国也应该介入这一进程，在贸易投资框架协议之下与台湾恢复经济谈判，摆脱美国牛肉进口风波的后遗症。[⑥] 美国企业研究所的资深研究员卜大年（Dan Blumenthal）则认为美台若签署自由贸易协议，将有助于美国以台

---

① 作者访谈记录，2009 年 4 月 10 日，美国华盛顿。

② Daily Press Briefing, Department of State, June 29, 2010, http://www. state. gov/r/pa/prs/dpb/2010/06/143757. htm.

③ David Shear, keynote speech at a conference on "Cross – Strait Relations in a New Era of Negotiation," hosted by Carnegie Endowment for International Peace, Washington, D. C. , July 7, 2010, at http://www. carnegieendowment. org/2010/07/07/cross% 2Dstrait% 2Drelations% 2Din% 2Dnew% 2Dera% 2Dof% 2Dnegotiation/21v; Bonnie Glaser, Building Trust Across the Taiwan Strait: A Role for Military Confidence – Building Measures (Washington, D. C. : Center for Strategic and International Studies, 2009), p. 25.

④ Romberg: Ma at Mid – Term: Challenges for Cross – Strait Relations (No. 33, July 2010).

⑤ Nancy Tucker, remarks at a conference on Cross – Strait Relations in a New Era of Negotiation, hosted by Carnegie Endowment for International Peace, July 7, 2010, http://www. carnegieendowment. org/2010/07/07/cross% 2Dstrait% 2Drelations% 2Din% 2Dnew% 2Dera% 2Dof% 2Dnegotiation/21v.

⑥ Richard Bush, "China – Taiwan: Recent Economic, Political, and Military Developments Across the Strait, and Implications for the United States, " at http: //www. brookings. edu/testimony/2010/0318 _ china _ economy _ bush. aspx.

湾为跳板（launching pad）进入大陆市场，亚太其他国家也会更愿意与台湾
签署自由贸易协议，台湾可望成为地区经济中心，展现政治活力，增强自身
的安全感，从而有助于维护台海稳定。① 从以上讨论可以看出，两岸经济合
作的加强可能会对美台经济关系起到催化作用。换句话说，美台经济关系不
可避免地受到两岸关系迅速发展的牵动，不再是完全由美台双方的内部因素
和纯经济考量来设定议事日程。虽然受制于美台经济关系的一些结构性问
题，美国与台湾在"贸易投资框架协议"谈判上进展不顺畅，但"美国在
台协会"前理事主席薄瑞光（Raymond Burghardt）于 2013 年 1 月底访问台
湾后，美台已经恢复了中断多年的协商。

　　自从 1994 年以来，美台已经就"贸易投资框架协议"问题进行了 6 次
会谈，上一次会谈是在 2007 年 7 月。由于台湾内部对进口美国牛肉的反对，
谈判中断，直到台湾在 2012 年允许含有瘦肉精"莱克多巴胺"的美牛进口
之后，美方才同意重启会谈。在整个谈判过程中，谈判议题在名义上由双方
共同商定，但实际上均由美方设定，包括烟酒市场开放、知识产权保护、政
府采购、保健药品价格、美牛进口等。美方的优先目标是打开台湾市场，台
湾则希望借助"贸易投资框架协议"这一美台间唯一的高层次、"跨部会"
的官方协商平台，作为双方签署自由贸易协议的基础，打开加入跨太平洋伙
伴关系协定的大门。在双方经贸实力与谈判筹码都不对等的情况下，台湾显
然处于被动地位。② 台湾美国商会在 2014 年年初公布"2014 年商业景气调
查"指出，外商普遍看好 2014 年全球景气复苏，唯独看衰台湾，明确表态
强烈支持台湾加入由美国主导的跨太平洋伙伴关系协定，同时认为台湾应该
与美国尽速签订投资协议（BIA）。

　　台湾岛内政党政治生态的变化，也影响到美国涉台政策的调整。2008
年 5 月台湾再次发生政党轮替后，美国政府与台湾当局的关系有了明显改
善，但与民进党的关系则由于陈水扁当政时执意推动"法理台独"的前车
之鉴，以及民进党的转型困境，而存有一定隔阂。美方人士从西方民主政治
的理论出发，希望民进党可以成为有力制衡国民党的反对党。葛来仪认为，

---

　　① Dan Blumenthal, "The United States and Cross - Strait Relations," paper presented at a conference on "Cross - Strait Relations in a New Era of Negotiation," hosted by Carnegie Endowment for International Peace, Washington, DC, July 7, 2010.

　　② 《TIFA 与 ECFA 后续协商并进》，（台）"中央日报网路报"，2013 年 3 月 11 日，http://cd-news. biz/cdnews _ site/docDetail. jsp? coluid = 110&docid = 102233568，访问日期:2013 年 3 月 15 日。

奥巴马政府将继续支持台湾的民主体系，但不会和北京合作以确保国民党长期执政，因为美方认为谁执政的问题应该透过民主程序由台湾民众决定。① 她还认为，应该让民进党有中间道路可走，不然该党就会因为边缘化而走极端路线。② 容安澜认为，美国虽然支持台湾的民主制度，避免卷入岛内政治，但当其利益受到影响时还是会采取行动。美国反对民进党所推动的"入联公投"就是一个实例。同时他也暗示，马英九的每一项政策不可能都得到美国的赞同。如果出现这种情况，美国也可能采取相应行动，介入岛内政治，以维护美方利益。③ 卜睿哲认为，岛内政治的理想状态是两党相互制衡，但前提是民进党必须走中间路线，和国民党在如何捍卫"台湾主权"问题上达成共识，而不是为反对而反对。④

但美方人士在 2016 年前对民进党的路线转型普遍不看好。容安澜认为民进党的内斗远甚于国民党。虽然陈水扁的政治影响力明显下降，但基本教义派仍是抗衡党内中间派的力量，迫使党主席蔡英文采取左右逢源的政策，影响了民进党的进一步转型。⑤ 美方对民进党有关"两岸关系的最新发展将危及美国利益"的说辞并不认同。因为美国官方、智库都看得很清楚，唯有两岸和解才能化解台海紧张，提升美中关系。"美国在台协会"前主席薄瑞光 2009 年 3 月访台期间，代表美国政府充分肯定马英九上任之后实行的两岸政策，对马英九推动两岸关系大和解、大交流、大合作表示完全理解，充分肯定两岸经贸关系的进一步密切化，认为两岸经贸合作对美国经济也有利。薄瑞光明确表示，美方对两岸关系的现况感到放心，如果要问美方什么时候对两岸关系不放心，那就是 2008 年 5 月以前，即两岸中止对话、台海局势紧张的时期。美方认为，两岸对话和"三通"对促进两岸关系稳定和避免错估情势大有助益。⑥ 美方智库人士对国民党当局搁置主权争议，谋求

① 《中国大陆、台湾、美国转变中的"三边"关系》，台海网，2009 年 1 月 14 日，http://www. taihainet. com/news/twnews/latq/2009 - 01 -14/364572. html，访问日期:2013 年 1 月 20 日。

② 作者访谈记录，2009 年 4 月 8 日，美国华盛顿。

③ Alan Romberg, "US - Taiwan Relations: Looking Forward," paper presented at CSIS conference on US - Taiwan Relations in a New Era: Looking Forward 30 Years after the Taiwan Relations Act, April 22, 2009, Washington, D. C. .

④ 作者访谈记录，2009 年 4 月 8 日，美国华盛顿。

⑤ 作者访谈记录，2009 年 4 月 7 日，美国华盛顿。

⑥ 《奥巴马高度评价马英九两岸政策支持和解》，央视网，2009 年 4 月 1 日，http://news. cctv. com/china/20090401/102036. shtml，访问日期:2009 年 4 月 2 日。

两岸关系和平发展、拓展台湾"国际活动空间"的做法颇为赞赏。① 在这种认知之下，民进党"逢马必反"的做法，在美国眼中有失反对党的风范，难为美方所接受。陈水扁的贪污案以及民进党在"立法院"的表现又让民进党蒙上"贪腐党"及"暴力党"恶名，更不利于绿营得到美方的支持。

　　由于国民党和民进党的大陆政策有明显的统"独"差异，从而影响到两岸关系的紧张与缓和，美国对于民进党执政的担心是难以避免的。虽然美方一些人士对于马英九促进两岸关系缓和的努力不无疑虑，担心马英九会对大陆做出妥协，接受大陆的和平统一条件，但主流学者还是相信马英九是"亲美派"。美方人士当时更担心的是，民进党一旦重新上台，可能会重蹈陈水扁的覆辙，故对蔡英文、苏贞昌等人所宣导的民进党的两岸政策更不放心。如上所述，美国在 2008 年和 2012 年台湾地区领导人选举中，貌似中立，其实是乐见国民党赢得选举。民进党首次执政八年的历史，为美方和民进党的关系留下了一定的阴影，短期内难以消除。民进党执政之初，布什政府曾对台湾安全予以明确承诺，表示要竭尽所能"协防"台湾，同意出售大批量的武器装备。其后，民进党当局在"立法院"内未能强力主导通过对美军购案，而且不顾美方反对推动"法理台独"，造成民进党当局和美国官方的关系紧张，故在 2004 年台湾"立法院"选举后，美方就开始寄希望于国民党重新执政。② 美方人士坦承，马英九在 2008 年当选的部分原因，是美国明确表示对陈水扁挑衅中国大陆的行为不满。③ 美国前常务副国务卿詹姆斯·斯坦伯格撰文指出，马英九连任台湾地区领导人有助于缓解因美国涉台政策而导致的中美关系内在张力。④

　　基于上述原因，美国对于 2008 年后一度沦为在野党的民进党并不特别眷顾。蔡英文接任民进党主席后，于 2008 年 9 月和 2009 年 5 月两次访问美

---

　　① Alan Romberg,"US – Taiwan Relations：Looking Forward," paper presented at CSIS conference on US – Taiwan Relations in a New Era：Looking Forward 30 Years after the Taiwan Relations Act, April 22, 2009, Washington, D. C.．

　　② 美国学者戈迪温（Thomas Goldstein）和戴蒙德（Larry Diamond）表示，陈水扁当年相信来自美国副总统办公室和国防部的信息，认为夏馨、谭慎格等美方人士的观点代表了美国的官方看法，国务院系统的表态只是做样子给北京看。因此，陈水扁多次无视美方务实派学者的看法，对形势做出了误判。笔者访谈记录，2009 年 5 月 30 日，美国斯坦福。

　　③ Richard Bush & Kenneth Liaberthal,"From Georgia to Taiwan," The Wall Street Journal Asia, http：//www. brookings. edu/opinions/2008/0916 _ taiwan _ bush. aspx.

　　④ James Steinberg,"2012 – A Watershed Year for East Asia?" Asia Policy, No. 14 (June 2012), p. 25.

国，没有受到高规格接待。陈水扁当年以金钱攻势，在华府拉拢前副国务卿阿米蒂奇等退休高官所构筑的人脉，已逐一瓦解。奥巴马政府上台后美国政界重新洗牌，更让民进党难以找到进行政治操作的杠杆支点。阿米蒂奇本人在 2009 年 4 月 22 日主持战略与国际研究中心举办的有关"与台湾关系法"发表 30 周年的研讨会时，也邀请马英九参加这次视频会议，与美方人士进行对话，同时还网罗了不少当年支持陈水扁当局的美国人士参加该次对话会。①

在涉外关系方面，民进党致力于推行亲日政策，以此与国民党的对日政策相区隔。民进党人士认为，台湾 20 岁到 29 岁的青年人对日本比对美国更有好感；民进党在对日交往方面比国民党更有优势。例如，"台独"组织"台湾之友会"于 2013 年 2 月 24 日在岛内举办的"台日河津樱十周年纪念"暨春酒活动中，时任民进党主席苏贞昌就强调，台湾海峡是一条重要防线，台湾与日本应该合作，避免这一"民主防线"遭到破坏。苏贞昌宣称，世界上只有台湾对日本好，台日之间要努力化解东海争议，才不会让第三方有机可乘；维持台日关系很重要，从马六甲海峡、台湾海峡到东京湾是很重要的一条防线。只要台湾海峡防线出现漏洞，日本安全、"民主防线"也会被冲破。② 与此同时，苏贞昌在多个场合表示，民进党愿意配合美国的亚太再平衡战略以牵制大陆。但美国当时并未因为民进党配合美国的战略重心东移而转向支持民进党，认为美国可能从中获得的战略利益，远不及因"台独"引起战争而对美国造成的可能危害。

2012 年蔡英文败选后，苏贞昌接任民进党主席，恢复设立民进党"驻美办事处"和"中国事务部"，并筹备成立"中国事务委员会"。2012 年年底该委员会成立后，在民进党党部所在地华山大楼展开了 9 次会议，就民进党是否应该调整大陆政策以及如何调整的问题，展开党内辩论。但不管是谢长廷的"宪法共识"还是柯建铭的冻结"台独党纲"动议，都未能被党内所采纳。蔡英文在选举后提出的"民进党要处理好与大陆的关系，走完重新执政的'最后一里路'"口号，仍然流于表面。对于民进党内部的政策辩论，美方人士虽然表示感兴趣，但并不看好会有什么积极结果。例如，美国

---

① 《小马向美求售先进战机》，美国中文网，2009 年 4 月 23 日，http://news. sinovision. net/portal. php? mod = view&aid = 81353，访问日期：2009 年 4 月 27 日。

② 《苏贞昌：台日合作避免民主防线被破坏》，中评网，2013 年 2 月 24 日，http://www. crntt. com/doc/1024/4/8/0/102448074. html，访问日期：2013 年 2 月 25 日。

战略与国际研究中心所属费和中国研究中心主任张克斯（Christopher Johnson）在 2014 年 2 月就表示，民进党内部的政策辩论势头是令人鼓舞的，但还没看到民进党如何处理"九二共识"问题，相信他们也难以做到。美方仍在观察民进党领导人发出的讯号，特别是他们能否从反对党迈向执政党。张克斯认为，民进党面临的挑战是如何构建一个既能维护民进党的原则，又要接受区域经济与安全现状的大框架。① "太阳花学运"于 2014 年 3 月爆发后，民进党人士向美方表态，学运与民进党无关。但美国先是由"美国在台协会"理事卜道维（David Brown）在《尼尔森报告》（Nelson Report）上发表文章，批评台湾学运占领立法机构不符民主政治的原则，继而由容安澜发表批评学运的观点，同时让 2013 年 12 月因为大陆反对而未能前往台湾访问的环保署长在 2014 年 4 月间成行，以显示美方对马英九的支持。美国还暗中对民进党表示，如果其想通过学运实现政党轮替，2012 年美国在台湾领导人选举中选边站的戏码就可能重演。② 在同年 9 月的一场研讨会上，战略与国际研究中心（CSIS）资深研究员葛来仪表示，民进党到目前为止达成的唯一共识，就是其大陆政策应基于台湾内部的共识，但其政策检讨过程尚未产生任何新的政策建议，也没有就是否冻结"台独党纲"达成共识。她认为，民进党没有，大概也不会接受一个中国原则，而这恰恰是北京的底线。为此，与会的美日学者均表示，如果民进党上台，大陆很可能改变对台政策，大陆对台湾的经济诱因可能转换为惩罚性措施，两岸关系会出现更大的不确定性。③ 根据英国诺丁汉大学副教授苏利文的分析，2016 年的台湾选举对两岸关系将是一个考验。如果国民党继续执政，有理由相信马英九当局的大陆政策会得到延续；如果民进党获胜，则可能给两岸关系带来一段时期的不确定性，进程可能放缓，尽管不可能改变两岸关系趋于密切的长期趋势。④ 正因为台湾的选举结果对两岸关系的紧张或宽松有不同的影响，美国也就从自身的利益出发，对之表示高度关心。卜睿哲在 2014 年 9 月曾坦承，过去几次台湾选举前，美国政府基于国家利益发表看法，未来还

---

① 《美国智库如何看待张王会？支持两岸对话》，中评网，2014 年 2 月 11 日，http://mcn. zhgpl. com/doc/1030/1/4/3/103014398. html? coluid = 1&kindid = 0&docid = 103014398，访问日期：2014 年 2 月 12 日。

② 作者访谈记录，2014 年 6 月 17 日，台北。

③ 《葛来仪：民进党重掌权两岸关系变数更大》，中评网，2014 年 9 月 17 日，http://www. crntt. com/doc/1_0_103387240_1_0917002027. html，访问日期：2014 年 9 月 24 日。

④ *New York Times*, February 17, 2014.

会这么做。他辩称，美国就台湾的选举发表看法不是选边站，而是根据美国的利益表达观点，由"台湾选民自行决定美国的这些声明代表什么含义，也自行决定这些声明对他们的投票意向有多么重要"。卜睿哲特别澄清，他的意思不是说在未来选举中，美国将继续偏好国民党候选人，他说："如果根据我的谈话就推断我是预测美国政府会在政党之间选边站，那是没有任何根据的。"在卜睿哲看来，民进党虽然也认识到中国大陆近年来快速崛起，实力大幅成长，在国际社会扮演着举足轻重的角色，但民进党缺乏自信，选择把自己封闭起来。① 上述主流派学者的观点反映出美国在 2016 年前对民进党的未来走向仍然抱有疑虑心理，也不排除在未来台湾选举中再次选边站。如果民进党不改变其政策立场，在 2016 年选举中就可能面临来自大陆和美国的不同程度的压力。

鉴于陈水扁执政中后期追求激进"台独"路线而被美国视为"麻烦的制造者"的教训，蔡英文在 2015 年选前赴美"赶考"期间，提出"在中华民国现行宪政体制下""持续推动两岸关系的和平稳定发展"以此向美方交差。美方随之认为蔡英文已经为维持两岸关系的现状做出了很大的努力，要求大陆方面做出善意回应。2016 年蔡英文上台后，拒不接受"两岸同属一个中国"的"九二共识"，两岸关系在政治上陷入"冷和平"状态，台海安全问题再次引起美方相关人士的更多关注。同时，两岸民间层面延续了经济社会融合发展的势头，又引起民进党当局和美方对台海现状难以维系的担心。如果说，中美战略竞争的加剧，诱发了美国以"台湾牌"牵制大陆的政治诱因的话，两岸政治和军事关系的持续紧张，则为美国提供了见缝插针的难得机会。在美国因素的影响下，民进党在 2020 年地区领导人选举中以 57.1% 得票率获胜，在立法机构选举中获得过半席次，意味着未来四年的两岸关系仍不太平。2020 年又是美国的大选年，中美之间的战略竞争关系也很可能因为选情的激烈而被美国国内两大政党大为炒作，在这种形势下美台勾连的趋势还可能进一步发展。

第四节　小　　结

美国的亚太战略、中美关系和两岸关系，是影响美国涉台政策的重要外

---

① 《台湾年底大选美方关切自身利益》，大公网，2014 年 9 月 17 日，http://zy.takungpao.com/2014/0917/158375.html，访问日期：2014 年 9 月 24 日。

部变量。2009 年美国提出战略重心向亚太地区转移的再平衡战略，反映了美国在亚洲和欧洲何者为重问题上的全球战略思考。从现实主义的视角观察，在美国的全球战略中总有一个主要对手，在二战期间是德日法西斯力量，冷战时期是苏联，在后冷战初期一度将中国视为主要威胁，"9·11 事件"后则是以中东地区为中心的国际恐怖主义势力。美国从旷日持久的中东战事中脱身，将战略重心转向亚太地区难免含有以中国为战略对手的意味。从自由主义的视角分析，再平衡战略是基于世界经济重心东移的事实，建立美国主导下的跨太平洋伙伴关系协定，消除美国盟友对中美"两国集团"（G-2）共同主宰亚太事务的担心，带有以多边经济框架冲淡中国经济和中美关系重要性的意味。但不管再平衡战略的重点是军事安全领域还是经济领域，中国总是美国决策者所要考虑的首要因素。美国在提出再平衡战略的同时，开始与中方进行一年一度的战略与经济对话，反映了二者的内在关系。奥巴马总统上任的第一年，中美关系没有像以往那样因为美国政府更替而受到影响，反而呈现良好的发展势头。但从 2010 年开始，两国关系开始较多地受到美国亚太再平衡战略的消极影响。为此，奥巴马政府在其第二任期伊始，对亚太再平衡战略进行了反思，强调中美战略合作的重要性，双方也在 2013 年夏天的习·奥庄园会晤后，探讨中美新型大国关系的建构问题。与此同时，两岸关系在 2008 年后的 7 年中经历了和平发展的黄金时期，双方签署了一系列"低政治"（low politics）层次的协议，在台湾"国际活动空间"问题上达成了一定默契，两岸学界也开始讨论两岸政治关系和军事互信机制问题。

　　美国的亚太再平衡战略、中美新型大国关系的建构和两岸关系的和平发展，对美国涉台政策的变化趋势带来了不同方面的影响。军事安全意义上的再平衡，意味着美国难免将台湾视为隐性的同盟者。虽然美方碍于中美关系的大格局，在提到亚太再平衡战略时有意忽略台湾，但实际上早已开始重新评估台湾在亚太防御中应具有的地位，提升美台军事交流的层次，并告诫台湾当局不得与中国大陆合作应对东海和南海岛屿主权争议问题，侧面敲打台湾，迫其澄清在南海断续线问题上的主张，与美日等国一起对中国大陆实施再平衡战略。经济意义上的再平衡或兰普顿所谓的"合作平衡"，则意味着美国不能忽略中国大陆的角色，而必须加强中美经济和战略对话，缓和中美关系，为此也就不存在"打台湾牌"的政治诱因，在处理对台军售等涉台政策议题上，也必须更多地考虑到大陆方面的政策立场。此外，对于两岸关系的和平发展，美方主要关注的是台湾是否会逐渐甚至自愿被大陆所吸纳的问题，密切关注两岸政治对话的可能结果。因此，美方致力于同步加强美台在经济、政治和防务方面的关系，支持台湾争取扩大"国际活动空间"的努力。鉴于民进党一旦重新执政可能造成两岸关系的紧张与恶化，美国对民进党仍不放心，不排除在2016年选举中再次暗助国民党继续执政。

2016年以来中美关系和两岸关系同步下滑，增强了美国打"台湾牌"诱因和力度。美台勾连的大气候跟1994—1996年期间中美关系和两岸关系同步紧张有几分类似。最典型的例子就是李登辉访美和美国出动两艘航母介入台海危机。如果像在1989—1993年期间那样，中美关系虽然陷入低谷，但两岸关系呈现相对缓和局面，美国打"台湾牌"的力度就会受到影响；如果中美两国关系良好，两岸关系紧张，台湾就可能成为麻烦的制造者而被边缘化，就像陈水扁在中美联合"反恐"时期强行推动"法理台独"路线一样；而如果中美关系和两岸关系都朝良性方向发展，台湾问题就存在较大的和平解决的空间（表6.1）。

表6.1　中美关系和两岸关系对美国涉台关系的影响

两岸关系	中美关系		
	紧张	一般	平稳
紧张	美台加强勾连（1994—1996）		台湾陷于被动（2002—2008）
一般	—	—	—
平稳	美国难以插手（1989—1993）		美国逐步松手（2008—2014）

需要说明的是，作为理想类型（ideal types），表6.1中的四种情况只是一种大致的描述，实际情况更为错综复杂，还有些情况是介于四种可能性之外的。例如在1989—1993年期间，老布什总统趁选举年对台出售了150架F-16战机，为1982年《八一七公报》签署以来的第一次；在2002年到2008年期间，美台间的军事交流也很密切，美国海军陆战队进驻"美国在台协会"台北办事处就是这个时期；在2008—2014年期间，美方学术界虽然一度盛行"弃台论"，但美国政府没有完全放弃介入台海事务，只是力度有所减缓而已。这里所要强调的只是影响美国涉台政策的外部因素，即美国涉台关系是由其对华政策和两岸关系所共同形塑的。

第七章 结 论

本书的重点在于系统研究 2008 年 5 月以来美国的涉台政策，并结合此前中美关系和美国涉台关系的历史，试图总结出一些规律性的东西，据此对美国涉台政策的发展趋势进行粗线条的展望。学术界对美国涉台政策的分析一般是将其区分为政治、经济、军事安全、社会文化、涉台外交等层面。政治层面，主要是美台之间的官方关系，包括官方的互访、协议、声明、表态等。经济层面，主要包括双方之间的贸易、投资、金融关系等。军事安全层面，以美国对台军售为主，同时也包括军事技术合作、情报合作、管理协作等。社会文化层面，主要指民间交流交往、价值观共享等。涉台外交层面，主要包括台湾的所谓"国际空间"问题，也包括台湾与日本、韩国、菲律宾等美国盟国之间的关系。这种传统分析框架的优点是领域分明、层次清晰，不足是缺乏分析和解释的宏观理论框架。本书从新的研究视角，即美国在两岸统与"独"、和与战等重大议题上的立场着手，进一步解构美国的涉台思维与政策。本书假定台海现状乃是海峡两岸与美国三方之间在统、"独"、张、弛所构成的四个象限（即和平统一、武力统一、和平分离和战争分离）之间反复博弈的暂时性结果，美国的政策导向就是在岛内各种力量和两岸的不同立场之间寻求对其有利的最佳平衡点。

中美两国于 1979 年正式建立外交关系后，美国处理涉台事务的政策，即涉台政策，便成为广义上的对华政策的一部分。研究美国涉台政策，可以透过美国对华政策这一中间变量，把握其与美国对外政策和全球战略的关系。美国对华政策属于其全球战略和亚太区域战略的重要环节，中美关系日益被两国政策圈和学术界视为最重要的双边关系。作为美国对华政策的重要组成部分，美国的涉台政策是服从、服务于其对华政策的。美国涉台关系与两岸关系和中美关系之间存在着密切的联动逻辑。如果美国没有足够的能力和意愿对中国实施"遏制"战略，那么，它在涉台政策上就必须充分考虑到中国的利益与感受。从本书以上章节的讨论可以看出，美方学者和政界人士在讨论美国的涉台政策时，其语境无不是置于中美关系和对华政策的大框架里的。而且，与美国对华政策的发展轨迹一样，美国的任何一项涉台政策也是美国国内多种力量辩论与博弈的结果。

如果我们把美国的涉台政策看作一个"因变量"，那么对这个"因变量"的"值"起关键作用的主要"自变量"可以区分为内部"自变量"和外部"自变量"两大部分。内部"自变量"就是影响美国涉台政策的美国国内因素，主要包括美国的政党政治、白宫—国会政治、利益团体政治、媒体政治、民意政治、意识形态等。在不同时期、不同时间节点上，以及在美国涉台政策决策的具体环节或事件上，上述因素发挥的作用大小和方向会有所不同。外部"自变量"是指影响美国涉台政策的更宏观因素，主要包括美国的全球战略、服从并服务于这个全球战略的亚太区域战略、服从并服务于美国全球战略及其亚太区域战略的对华政策、台湾海峡两岸关系的发展态势等。需要指出的是，美国的全球战略及其亚太区域战略更多地取决于世界范围内的大国力量对比；美国的对华政策也更多地取决于美中两国之间的战略互动；而两岸关系的发展态势则主要取决于中国大陆的对台政策和台湾当局的大陆事务政策。

从宏观的角度观察，美国在台海的利益是从属于美国在亚太地区的更大利益的，后者包括中国大陆对国际经济体系的继续参与，对西方自由国际秩序的接受，尤其是在一系列地区和全球议题上美国与中国的竞合关系。美国亚太再平衡战略和印太战略的相继推出、两岸关系的缓和和紧张，对美国涉台政策的变化趋势带来了不同方面的影响。在奥巴马亚太再平衡的框架下，军事安全意义上的再平衡，意味着美国难免将台湾视为隐性的同盟者。虽然美方碍于中美关系的大格局，在论及亚太再平衡战略时有意忽略台湾，但实际上早已开始重新评估台湾在美国的亚太战略布局中应有的地位。美国致力于提升美台军事交流的层次，提高售台武器的数量和质量，并告诫台湾当局不得在东海和南海岛屿争端问题上与中国大陆合作，而要与美、日等国一起对中国大陆实施再平衡战略。经济意义上的再平衡或兰普顿所谓的"合作平衡"，则意味着美国不能忽略中国大陆的角色，而必须加强中美经济和战略对话，缓和中美关系。为此，也就不存在"打'台湾牌'"的政治诱因，在处理对台军售等涉台政策议题上，也必须更多地考虑到大陆方面的政策立场。台湾在奥巴马政府的亚太战略布局中的明显缺席，美国在售台 F - 16 战机上的变通做法，美国部长级官员迟至 2014 年 4 月才访问台湾，说明美国涉台关系毕竟是服从并服务于其全球战略和中美关系的。

　　与此相反，在特朗普印太战略的框架下，台湾已经俨然成为美国的重要伙伴（vital partner），美国在与中国政府打交道中，将"台湾牌"发挥得淋漓尽致。美台实质上的军事防御关系不断强化，除了对台军售（包括进攻性武器）的常态化外，美台之间的联合军事演习、军方人员交流也日益频繁，目的是提升台湾的"非对称"作战能力，对"陆强台弱"的形势进行"再平衡"。美台关系的急剧发展，对中美建交的三大前提，即美国与台"断交""撤军""废约"构成了严峻的挑战。2008 年国际金融危机客观上加快了中国经济的赶超速度。在中国超越日本成为仅次于美国的第二大经济体后，美方人士难免产生战略焦虑，担心中国终将超越美国，将其视为美国最大的战略对手。而作为经济全球化的最大受益者，中国在经历"引进来"阶段后，已经进入"走出去"阶段，即通过产品、资金、技术、劳力的大量输出，扩大国际市场，从外部获取包括能源在内的稀缺资源，提高人民币的国际结算能力，并在国际社会弘扬中国的软实力，提供国家发展和全球治理的中国方案和中国智慧。这一发展过程和运作模式，难免被美方人士视为对美国全球利益特别是其对世界能源和货币市场操控能力的冲击。中国维护自身在东海和南海领土、领海固有权益的能力的提高，则使美国担心中国终将成为亚太地区的强权国家，亚太再平衡到印太战略的相继推出，意味着美方将更多地借助地区盟友，延缓或阻止中国走向复兴之路。此外，中国在赶超先进的复兴之路中，借助公私混合经济、国家强力主导的发展模式和产业政策，大力吸纳国外先进技术和科研成果，迅速进行技术与产能的转换，进而占据国际市场，对西方社会的市场发展模式和自由民主制度构成了一定的挑战，中美之间的价值制度和综合国力的双重竞争互为表里，成为新时期中美关系的主要矛盾。在中美关系紧张的情况下，美台勾连具有必然性。

　　美国涉台政策的变化趋势既受制于中美关系，也跟两岸关系的变化息息相关。中美关系和两岸关系共同形塑着美国在台湾问题上的政策思维。2008—2016 年期间两岸关系的和平发展，使美国在摆脱了台海危机的周期性困扰后，将其涉台政策的重点由防"独"、促和、避战，转变为同步提升美台政治、经济和军事关系，以维持美国在台湾问题最终解决方式上的话语权。在 2008 年 5 月之前两岸关系的动荡期，美方为防止两岸发生军事冲突，采取了战略清晰、策略模糊的两手并用政策，明确表示不支持台湾"独立"，反对台海任何一方单方面改变现状，以维系台海两岸"不统、不独、不战"的"冷和平"状态。在 2008 年 5 月国民党重新执政后的两岸关系和平发展时期，美国涉台政策的重点一是维系美台军事关系，增强对台军售，以提高台湾面对大陆时的抗压能力和在两岸政治对话中的筹码，美国不再担心"台独"的风险，更担心的是大陆凭借军事优势胁迫台北在政治上做出重大让步，导致美国对台军售的规模不断刷新纪录。二是支持台湾扩大"国际空间"，启动与台湾的贸易和投资协议谈判，以平衡两岸经济、文化交流迅速发展对美台关系的影响。三是密切关注两岸关系和平发展的可能结果，对两岸对话虽然仍持鼓励态度，但预期心理是两岸即使展开政治对话，也只会限定于谈终结敌对状态，不可能将统一列入谈判议程。同时，美国为两岸对话设定了两条政策底线：一是美国涉台关系不会受到两岸关系和平发展的影响，美国在台湾问题上的作用不能被边缘化，两岸走向统一必须符合美方所能接受的前提条件，即不改变台湾地区民主政权的性质，不影响美国涉台政治、经济和军事关系的延续。二是台湾不会被迫与大陆签署和平协议，特别是以和平统一为导向的和平协议。随着"台独"现实危险性的下降，美国更担心的是大陆凭借军事优势迫使台湾接受统一，或签署有利于大陆的和平协议。这跟美国在1979年通过"与台湾关系法"防止大陆武力统一台湾的初衷倒有几分相似。

两岸关系的和平发展，难免导致台湾问题在美国决策者和专家学者心目中地位的下降。2008—2016年期间两岸关系的缓和与中美关系的磨合，为美国涉台政策勾勒出新的外部环境。对于美国的涉台政策，美国内部存在着三种不同的意见。一是"现状派"，也算是"主流派"，主张维系台海"不统、不独、不战"的现状；二是"冷战派"，将台湾视为美国遏制中国大陆和平崛起的"准同盟"者；三是"弃台派"，主张美国放弃对台湾的安全承诺。虽然主张维持台海"不统、不独、不战"的现状仍是美国国内的主流声音，但随着中美实力差距的缩小与合作前景的扩大、两岸关系的和平发展及台湾总体实力的相对下降，更多美方人士开始在不同程度上接受"弃台论"，其根本原因包括中美战略合作的需要，避免中美为台湾而战，对两岸终归要走向统一的认知等。与美国官方在20世纪70年代和80年代初出于"联中制苏"战略需求而私下考虑放弃台湾不同的是，2009—2014年期间公开登场的不同形式的"弃台论"只是部分人士的非官方看法，但在学术圈和媒体的曝光度反而超过当年，从而引起了各方的关注，也因此导致"维持现状派"和"冷战派"的强烈批评与反弹。为此，"弃台论"尚未反映在美国的对台政策中，就在中美关系进入"转折点"的2015年后戛然隐退。

随着台湾地区民进党重返执政，两岸关系迅速下滑，美台勾连迅速发展。虽然美国仍主张维持台海现状，不接受台湾立法机构负责人游锡堃在美国参众两院通过"台北法案"后提出的恢复美台"外交"关系的要求，但不等于美国现行涉台政策就会一成不变。如本书所说，美台关系的升级将不断对中美关系和两岸关系的既有格局构成新的挑战。

美国的对外政策位于国内政治和国际政治的交叉点。从国内政治的视角观察，美国的涉台政策是政党政治、白宫—国会政治、利益团体政治、媒体政治和民意政治相互激荡的产物，政策幕僚和专家学者的意见也会影响美国涉台政策的形塑、决定、执行和评估。一般说来，行政部门对涉台政策的影响力超过了国会，知识精英的作用也高于普通民众。美国总统在对外关系中占据着轴心位置，总统人选的更替也就难免影响美国涉台政策的微妙变化。共和党籍的里根、小布什和民主党籍的克林顿在入主白宫之初，均不同程度地采取了对台湾较为有利的倾斜政策，而后又基于国际政治和中美关系的现实，更加重视与中国大陆的关系，反映出美国国内政治与国际政治现实之间所固有的内在张力。民主党籍的奥巴马上台后的政策导向出现偏离台湾的迹象，客观上鼓励了"弃台论"的风生水起。而共和党籍的特朗普的政策导向，又跟"冷战派"声音的鹊起相互呼应。美国国内政治日益受到利益团体、媒体和民意政治以及意识形态的影响，通过国会这一中介，影响行政部门的对华和涉台政策；行政系统和知识精英则对国际政治的利益博弈有着更为深刻和敏感的把握。台湾当局的对美政治游说，以国会和智库为主要对象，而且从某种意义上说确实达到了一定的目的。不过，美国涉台政策的变化趋势，还同时受到美国全球战略、中美关系和两岸关系等外部因素的影响，政治公关的作用毕竟有其局限性。

基于中国国家战略和美国对华政策的变化，新时期中美关系以及美国涉台关系将呈现何种发展态势？中国的改革开放和经济建设得益于中美关系的正常发展和有利的国际环境。如果说，20 世纪 80 年代末的国内政治风波和国际上的苏东巨变曾经一度从意识形态和战略层面削弱了中美合作的基础的话，那么在经历了 90 年代中期的台海危机后，以江泽民主席和克林顿总统的互访为标志，中美两国曾经再次走向建设性的战略伙伴关系。这一主旋律并未因 1999 年"炸馆"事件和 2001 年"撞机"事件的插曲而变调，经贸关系也一直被视为稳定中美关系的压舱石。在美国发生次贷金融危机后，中国政府不但没有减持美国国债，而且发挥了稳定世界经济秩序、拉动经济增长的火车头作用。在奥巴马当局推出亚太再平衡战略后，中美两国地区安全领域的矛盾上升，但在经贸方面一直是合作大于竞争。只是因为特朗普上台后中美贸易冲突的加剧，中美之间的矛盾才从军事安全和意识形态领域衍生到经贸领域，同时在经贸、科技、朝核、南海、台海等重大议题上展开大国博弈。中国被称为美国主要的"战略竞争对手"。但这并不意味着美中关系注定只有悲观的前景，因为这两个大国是全面相互依存的。用艾利森的话来说，两国在经济上处于相互确保摧毁（mutual assurance of economic destruction）的状态。没有中国在战略层面的合作，美国在全球事务中只能取得有限的成果。

新时期中美关系的发展态势是呈现更多的竞争性以至对抗性抑或延续过去四十年来中美关系竞争合作并存、合作为主的路径？自从中美关系正常化以来，中国政府历来重视中美关系的发展，将其视为对外关系中的重中之重，美国政府也是将对华关系视为美国对外最重要的双边关系之一，延续了对华接触的既定政策。特朗普时期中美关系的矛盾上升是事实，但尚难断言美国已经决定对华采取全面遏制的政策。所谓中美"全面脱钩"的说法本身就是不全面的。台湾问题一直是中美关系中最具爆炸性的问题，属于中国的核心利益。如果美方坚持利用台湾这一个战略棋子，遏制中华民族的伟大复兴和统一大业的最终实现，很可能将中美关系带入兵戎相见的局面。而如果美国最终选择与中国在一系列重大议题上继续战略合作，台湾问题在美国决策者心目中的地位则将进一步下降，美国在台湾问题上的政策积极面可望增多。历史经验表明，美方越是需要中方在朝鲜核问题、伊朗核问题、中东局势、乌克兰危机等传统安全与经济、金融、能源、环境、气候、"反恐"等非传统安全议题上与其合作，就越有可能尊重中国政府在台湾问题上的核心利益；海峡两岸越是可能搁置争议，结束敌对状态并达成和平协议，美国就越难阻挠两岸逐渐经由经济、社会、文化的整合走向最终的政治整合之途。毕竟，中美两个大国在一系列重大议题上的利益交汇要远大于美国在台湾的既得利益，而两岸最终实现某种形式的和平统一与美国政府有关和平解决台湾问题、不支持"两个中国""一中一台"的政策宣示并不矛盾。事实上，保证台海相安无事的根本途径，是积极探讨和平解决台湾问题的最终方案，解决中国内战和东西冷战所遗留下来的这一历史问题，这对中美关系和两岸和平都是一件幸事，也是符合两岸人民根本利益的。

参考文献

一、学术著作:

1. 包宗和、吴玉山编:《争辩中的两岸关系理论》,台北:五南图书出版股份有限公司,1999 年版。

2. 林冈:《台湾地区政党政治研究:以社会分歧与选举制度为分析视角》,北京:中国社会科学出版社,2014 年版。

3. 林冈:《台湾政治转型与两岸关系的演变》,北京:九州出版社,2010 年版。

4. 林利民:《遏制中国:朝鲜战争与中美关系》,北京:时事出版社,2000 年版。

5. [美]阿拉斯泰尔·伊恩·约翰斯顿、罗伯特·罗斯著,黎晓蕾、袁征译:《与中国接触》,北京:新华出版社,2001 年版。

6. [美]卜睿哲著,林添贵译:《未知的海峡:两岸关系的未来》,台北:远流出版事业股份有限公司,2013 年版。

7. [美]节里尔·A. 罗赛蒂著,周启明、傅耀祖等译:《美国对外政策的政治学》,北京:世界知识出版社,1996 年版。

8. 苏格:《美国对华政策与台湾问题》,北京:世界知识出版社,1998 年版。

9. 苏嘉宏:《中国的自许与美国的期待:美国晚近的美中关系研究之取向》,台北:五南图书出版公司,1998 年版。

10. 陶文钊:《中美关系史》上、中、下卷,上海:上海人民出版社,2004 年版。

11. 王伟男:《中美关系中的台湾问题(1948—1982)》,济南:山东人民出版社,2007 年版。

12. 魏镛主编:《美国政府对华政策之可能演变及政策因应分析》,台北:前瞻政策研究中心,2002 年版。

13. 袁明、[美] 哈里·哈丁主编:《中美关系史上沉重的一页》,北京:北京大学出版社,1989 年版。

14. 张清敏:《美国对台军售政策研究:决策的视角》,北京:世界知识出版社,2006 年版。

15. 周建明主编:《美国国家安全战略解密文献选编 (1945—1972)》(第一册),社会科学文献出版社,2010 年版。

16. Allison, Graham. *Destined for War: Can America and China Escape Thucydides' Trap*, Boston, MA and New York, NY: Houghton Mifflin Harcourt, 2017.

17. Bader, Jeffrey A. , *Obama and China's Rise: An Insider's Account of America's Asia Strategy*, Washington, D. C. : Brooking Institution Press, 2012.

18. Beckley, Michael. *Unrivaled: Why America Will Remain the World's Sole Superpower*, Ithaca, NY: Cornell University Press, 2018.

19. Bernstein, Richard & Ross H. Munro, *The Coming Conflict with China*, New York: Alfred A. Knopf, 1997.

20. Bush, Richard. *Uncharted Strait: The Future of China – Taiwan Relations*, Washington, D. C. : Brookings Institution Press, 2013.

21. Bush, Richard. *Untying the Knot: Making Peace in the Taiwan Strait*, Washington, D. C. : Brookings Institution Press, 2005.

22. Carpente, Ted Galen. *America's Coming War with China: A Collision Course over Taiwan*, Palgrave Macmillan, 2006.

23. Chen, Dean P. *U. S. Taiwan Strait Policy: The Origins of Strategic Ambiguity*, Boulder, Colorado: First Forum Press, 2012.

24. Clark, Cal. ed. , *The Changing Dynamics of the Relations among China, Taiwan and the United States*, Newcastle upon Tyne, NE6 2XX, UK: Cambridge Scholars Publishing, 2011.

25. Crawford, Timothy. *Pivotal Deterrence: Third – Party Statecraft and the Pursuit of Peace*, Ithaca: Cornell University Press, 2003.

26. Christensen, Thomas. *The China Challenge: Shaping the Choices of a Rising Power*, New York: W. W. Norton & Company, 2016.

27. Economy, Elizabeth. *The Third Revolution: Xi Jinping and the New Chinese State*, New York, NY: Oxford University Press, 2018.

28. Fell, Dafydd. *Government and Politics in Taiwan*, London & New York: Routledge 2012.

29. Glaser, Bonnie, *Building Trust Across the Taiwan Strait: A Role for Military Confidence – Building Measures*, Washington, D. C. : Center for Strategic and International Studies, 2009.

30. Goldstein, Lyle. *Meeting China Halfway: How to Defuse the Emerging U. S. – China Rivalry*, Washington, D. C. : Georgetown University Press, 2015.

31. Haig, Alexander Jr. , *Caveat, Realism, Reagan and Foreign Policy*, New York: Macmillan, 1984.

32. Hastedt, Glenn. *American Foreign Policy: Past, Present, Future*, Upper Saddle River, New Jersey: Prentice Hall, 1997.

33. Hickey, Dennis Van. *Taiwan's Security in the Changing International System*, Boulder & London: Lynne Rienner Publishers, 1997.

34. Hilsman, Robert, *The Politics of Policy – Making in Defense and Foreign Policy* , Englewood Cliffs, N. J. : Prentice – Hall, Inc. , 1987.

35. Hua, Shiping. ed. , *Reflections on the Triangular Relations of Beijing – Taipei – Washington since* 1995, New York: Palgrave MacMillian, 2006.

36. Krasner, Stephen. *Sovereignty: Organized Hypocrisy*, Princeton: Princeton University Press, 1999.

37. Krasner, Stephen. *Defending the National Interest*, Princeton: Princeton University Press, 1978.

38. Navarro, Peter and Greg Autry, *Death by China: Confronting the Dragon – A Global Call to Action.* Upper Saddle River, NJ: Pearson Prentice Hall, 2011.

39. Navarro, Peter. *Crouching Tiger: What China's Militarism Means for the Word*, New York, NY: Prometheus Books, 2015.

40. Rigger, Shelley. *Why Taiwan Matters: Small Island, Global Powerhouse.* Boulder: Rowman and Littlefield, 2011.

41. Rigger, Shelley. *From Opposition to Power: Taiwan's Democratic Progressive Party.* Boulder: Lynne Rienner Publishers, 2001.

42. Rigger, Shelley. *Politics in Taiwan: Voting for Democracy.* London: Routledge Publishers, 1999.

43. Romberg, Alan D. *Across the Taiwan Strait: From Confrontation to Coopera-

tion 2006 – 2012, Henry L. Stimson Center, 2012.

44. Romberg, Alan D. *Rein In at the Brink of the Precipice: American Policy toward Taiwan and U. S. – PRC Relations*, Washington, D. C. : Henry L. Stimson Center, 2003.

45. Sutter, Robert. *U. S. Policy toward China: An Introduction to the Role of Interest Groups*, Lanham, MD: Rowman & Littlefield, 1998.

46. Tucker, Nancy Bernkopf. *Strait Talk: United States – Taiwan Relations and the Crisis with China*, Cambridge, Mass. : Harvard University Press, 2009.

47. Tucker, Nancy Bernkopf. *Dangerous Strait: The U. S. – Taiwan – China Crisis*, New York: Columbia University Press, 2005.

48. Wachman, Alan. *Why Taiwan? Geostrategic Rationales for China's Territorial Integrity*, Stanford: Stanford University Press, 2007.

二、学术论文、研究报告：

1. 包宗和：《战略三角角色转变与类型变化分析——以美国和台海两岸三角互动为例》，载包宗和、吴玉山编：《争辩中的两岸关系理论》，台北：五南图书出版股份有限公司，1999 年版。

2. 毕吉耀等：《美国推进跨太平洋伙伴关系协议及对我国的影响》，载《中国战略观察》2012 年第 1—2 期。

3. 陈健：《中美关系发展的思考》，载《世界经济与政治》2012 年第 6 期。

4. 郭拥军：《以稳为主：奥巴马如何看台湾》，载《世界知识》2009 年第 20 期。

5. 林冈：《美国对解决台湾问题的政策取向》，载《美国研究》2008 年第 3 期。

6. 刘建华、于水欢：《多边施压：美国对华外交策略新动向》，载《现代国际关系》2010 年第 10 期。

7. 刘金质：《从遏制战略到超越遏制战略》，载《国际政治研究》1989 年第 4 期。

8. 罗致政：《美国在台海两岸互动所扮演的角色——结构平衡者》，载（台）《美欧月刊》，第 1 卷第 1 期（1995）。

9. 牛新春：《中美关系的八大迷思》，载《现代国际关系》2011 年第

5 期。

10. 潘同文：《超越遏制战略初析》，载《国际问题研究》1990 年第 1 期。

11. 钱文荣：《奥巴马政府的全球战略重心东移初探》，载《外交》季刊 2011 年第 2 期。

12. 陶文钊：《近来美国智库关于美对台政策的争论》，载《现代国际关系》2012 年第 2 期。

13. 陶文钊：《特朗普现象剖析》，载《国际关系研究》，2016 年第 6 期。

14. 王帆：《不对称相互依存与合作型施压——美国对华战略的策略调整》，载《世界经济与政治》2010 年第 12 期。

15. 王公龙：《新军事变革时代的威慑与国际安全》，载《现代国际关系》2003 年第 11 期。

16. 王光厚：《美国与东亚峰会》，载《国际论坛》2011 年第 6 期。

17. 王湘穗：《从大西洋同盟到太平洋世纪——全球力量重心转移的历史趋势》，载《现代国际关系》2012 年第 1 期。

18. 王伟男、周文星：《特朗普时代的中美关系与台湾问题》，载《中国军事科学》2018 年第 4 期。

19. 王伟男：《接触中国：美国对中国崛起的初步反应》，载《江南社会学院学报》2007 年第 4 期。

20. 王伟男：《试析影响美国对台决策的若干基本因素》，载《台湾研究集刊》2007 年第 1 期。

21. 吴玉山：《非自愿的枢纽：美国在华盛顿—台北—北京之间的地位》，载（台）《政治科学论丛》，第 12 卷第 7 期（2000）。

22. 郗润昌：《论美国对苏的"和平演变"（超越遏制）战略》，载《世界经济与政治》1990 年第 1 期。

23. 张光、刁大明：《美国国会"台湾连线"成员分布决定因素实证分析》，载《台湾研究集刊》2009 年第 3 期。

24. 张光、刁大明：《美国国会议员涉华提案初探》，载《国际政治科学》2008 年第 1 期。

25. 朱锋：《奥巴马政府"转身亚洲"战略与中美关系》，载《现代国际关系》2012 年第 4 期。

26. Benson, Brett & Emerson Niou, "Comprehending Strategic Ambiguity: U. S. Policy toward the Taiwan Strait Security Issue," March 7, 2000, accessed at www. duke. edu/web/pass/pdf/working/strategic ambiguity. pdf.

27. Blackwill, Robert D. and Ashley J. Tellis. "Revising U. S. Grand Strategy Toward China," Council Special Report, No. 72, Washington, D. C. : Council on Foreign Relations, March 2015.

28. Blumenthal, Dan. "The United States and Cross – Strait Relations," paper presented at a conference on *Cross – Strait Relations in a New Era of Negotiation*," hosted by Carnegie Endowment for International Peace, Washington, D. C. , July 7, 2010.

29. Brzezinski, Zbigniew. "Balancing the East, Upgrading the West," *Foreign Affairs*, Vol. 91 (2012), No. 1.

30. Burghardt, Raymond F. *NCAFP Trip to Taipei, Beijing, Seoul and Tokyo November 27 – December 11, 2018*, New York, NY: National Committee on American Foreign Policy, December 2018.

31. Burghardt, Raymond F. *Cross – Strait Trilateral Meeting Report*, New York, NY: National Committee on American Foreign Policy, April 7, 2016.

32. Clinton, Hillary. "America's Pacific Century," *Foreign Policy*, November 2011, No. 189.

33. Christensen, Thomas. "The Contemporary Security Dilemma: Deterring a Taiwan Conflict," *The Washington Quarterly*, Vol. 25, No. 4, Autumn 2002.

34. Cossa, Ralph A. *A NCAFP Trip to Taipei, Beijing, and Seoul December 6 – 16, 2017*, New York, NY: National Committee on American Foreign Policy, December 2016.

35. Dittmer, Lowell. "Washington between Beijing and Taipei: A Triangular Analysis," in Cal Clark ed. , *The Changing Dynamics of the Relations among China, Taiwan and the United State*, 2011.

36. Dittmer, Lowell. "Bush, China, Taiwan: A Triangular Analysis," in Shiping Hua, ed. *Reflections on the Triangular Relations of Beijing – Taipei – Washington since 1995*, 2006.

37. Dittmer, Lowell. "Policy Implications of Cross – Strait Relations for the United States," paper presented at a Conference on "Cross – Straits Relations

and Policy Implications for the Asia – Pacific Region," sponsored by Institute for National Policy Research, International Convention Center, Taipei, March 27 – 29, 1995.

38. Fargo, Thomas. "The Military Side of Strategic Rebalancing," *Asia Policy*, No. 14 (June 2012).

39. Fiedberg, Aaron. "The Next Phase of the 'Contest for Supremacy' in Asia," *Asia Policy*, No. 14 (June 2012).

40. Freeman, Chas W. "Preventing War in the Taiwan Strait," *Foreign Affairs*, Vol. 77, No. 4, July/August 1998.

41. Friedberg, Aaron. "The Debate Over US China Strategy," *Survival*, Vol. 57, No. 3, June – July 2015.

42. Gilley, Bruce. "Not So Dire Straits: How the Finlandization of Taiwan Benefits U. S. Security," *Foreign Affairs*, Vol. 89 (2011), No. 1.

43. Glaser, Charles. "Will China's Rise Lead to War?" *Foreign Affairs*, March/April 2011.

44. Glaser, Bonnie. "Building Trust Across the Taiwan Strait: A Role for Military Confidence – Building Measures," *Washington, D. C. : Center for Strategic and International Studies*, 2009.

45. Goldstein, Lyle. "A Rapidly Changing Military Balance: A National Security Perspective on Richard Bush's Untying the Knot," *Asia Policy*, No. 2 (July 2006).

46. Goldstein, Steven. "Cross – Strait CBMs: Like a Fish Needs a Bicycle?" in Roger Cliff, Phillip Saunders, Scott Harold, *New Opportunities and Challenges for Taiwan's Security*, Washington, D. C. : Rand Corporation, 2011.

47. Gong, Gerrit W. "Thinking the Thinkable: George W. Bush Administration Approaches toward Taiwan and Cross – Straits Relations," in Yung Wei, ed. , *US Policy toward Mainland China and the "ROC" on Taiwan*, Taipei: Vanguard Institute for Policy Studies, November 2002.

48. Hickey, Dennis V. Taiwan and the Rising Tensions in the East China Sea: A Mouse That Roared, *Asian Survey*, Vol. 54, No. 3.

49. Kan, Shirley. "Taiwan: Major U. S. Arms Sales since 1990," *Congressional Research Service Report RL30957*, October 21, 2011.

50. Klingberg, Frank. "Cyclical Trends in Foreign Policy Revisited in 1990," *International Studies Notes*, 15 (1990).

51. Lee, Shyu – tu, Douglas Paal and Charles Glaser, "Disengaging from Taiwan: Should Washington Continue Its Alliance With Taipei?" *Foreign Affairs*, July/Aug. 2011.

52. Lieberthal, Kenneth G. "Cross – Strait Relations," paper presented at the International Conference on "The PRC after the Fifteenth Party Congress: Reassessing the Post – Deng Political and Economic Prospects," Taipei, INPR and MAC, February 19 – 20, 1998.

53. Lin Gang, "U. S. Strategies in Maintaining Peace across the Taiwan Strait," *Issues and Studies*, Vol. 43 (2007), No. 2: 217 – 236.

54. McDevitt, Michael. "Alternative Futures: Long – Term Challenges for the United States," in Roger Cliff, Phillip Saunders, Scott Harold, *New Opportunities and Challenges for Taiwan's Security*, Washington, D. C. : Rand Corporation, 2011.

55. Mead, Walter Russell. "The Jacksonian Revolt: American Populism and the Liberal Order," *Foreign Affairs*, Vol. 96, No. 2, 2017.

56. Revere, Evans J. R. *U. S. Policy in East Asia: Growing Challenges*, New York, NY: National Committee on American Foreign Policy, December 2016.

57. Rigger, Shelley. *Taiwan's Rising Rationalism: Generations, Politics and "Taiwanese Nationalism"*, East West Center, Washington D. C. , 2006.

58. Paal, Douglas. "Accommodation Will Not Work," *Foreign Affairs*, July/August 2011.

59. Perry, William F. "Defense in an Age of Hope", *Foreign Affairs*, Vol. 75, No. 6 (1996).

60. Romberg, Alan. "Ma at Mid – Term: Challenges for Cross – Strait Relations," *Chinese Leadership Monitor*, No. 33, Stanford University, July 2010.

61. Romberg, Alan. "All Economics Is Political: ECFA Front and Center," *Chinese Leadership Monitor*, No. 32, Stanford University, May 2010.

62. Romberg, Alan. "2010: The Winter of PRC Discontent," *Chinese Leadership Monitor*, No. 31, Stanford University, 2010.

63. Romberg, Alan. "U. S. – Taiwan Relations: Looking Forward," paper

presented at CSIS conference on "U. S. – Taiwan Relations in a New Era: Looking Forward 30 Years after the Taiwan Relations Act," April 22, 2009, Washington, D. C.

64. Saunders, Phillip C. and Scott L. Kastner, "Bridge over Trouble Water? — Envisioning a China – Taiwan Peace Agreement," *International Security*, Vol. 33, No. 4 (Spring 2009).

65. Shambaugh, David. "A New China Requires a New Strategy," *Current History*, Vol. 109, No. 728 (2010).

66. Smeltz, Dina et al. *America Engaged: American Public Opinion and US Foreign Policy*, Chicago, IL: The Chicago Council on Global Affairs, 2018.

67. Dina Smeltz, et al. , *2014 Chicago Council Survey of American Public Opinion and U. S. Foreign Policy*, Ann Arbor, MI: Inter – university Consortium for Political and Social Research [distributor], 2015.

68. Steinberg, James. "2012 – A Watershed Year for East Asia?" *Asia Policy*, No. 14 (June 2012).

69. Sutter, Robert "Taiwan's Future: Narrowing Straits," *NBR Analysis*, Seattle, Washington: The National Bureau of Asian Research, May 2011.

70. Sutter, Robert. "China's Power and the Fading U. S. Goal of ' Balance' in the Taiwan Strait," *Asia Policy*, No. 8, July 2009.

71. Tucker, Nancy Bernkopf. "If Taiwan Chooses Unification, Should the United States Care?" *The Washington Quarterly*, Vol. 25, No. 3, summer 2002.

72. Twomey, Christopher. "Limits of Coercion: Compellence, Deterrence, and Cross – Strait Political – Military Affairs," in Roger Cliff, Phillip Saunders, Scott Harold, *New Opportunities and Challenges for Taiwan's Security*, Washington, D. C. : Rand Corporation, 2011.

73. White, Lynn. "PRC, ROC, and U. S. Interests: Can They Be Harmonized?" in ShipingHua, ed. , *Reflections on the Triangular Relations of Beijing – Taipei – Washington since 1995*, New York: Palgrave MacMillian, 2006.

74. Wu, Yu – Shan. "Exploring Dual Triangles: The Development of Taipei – Washington – Beijing Relations," *Issues & Studies*, Vol. 32, No. 10 (December 1996).

75. Young, Stephen M. NCAFP Conference on U. S. – China and Cross –

Strait Relations, New York, NY: National Committee on American Foreign Policy, June 2014.

三、文章、评论:

1. 郭拥军:《强调稳定:奥巴马如何看台湾》,《世界知识》2009 年 10 月 16 日。

2. 何思慎:《走出历史困境的中日关系》,载《台北论坛》2019 年 12 月 12 日。

3. 洪德谕:《入籍美国籍写台湾苏贞昌:台湾与中国不同》,中评网, 2019 年 10 月 4 日。

4. 胡志勇:《美印 2 + 2 机制化强化双边安全合作》,中评网,2020 年 1 月 3 日。

5. 黄筱筠:《AIT 郦英杰出席世界台商联合总会年会批中国》,中评网, 2018 年 9 月 25 日。

6. 江音:《特朗普政府借 TRA 强化美台"实质关系"》,载《台湾周刊》2019 年第 16 期。

7. 林冈:《美国在两岸间扮演的角色正在改变》,海外网,2016 年 5 月 17 日。

8. 林冈:《台湾政党保钓立场面面观》,《社会观察》2012 年第 9 期。

9. 林红:《美国智库视野中的美台军售问题》,《中国评论》2011 年 10 月号。

10. 陈建利:《美国为何高调重返亚太》,载《南方都市报》2012 年 1 月 15 日。

11. 刘永涛:《美国国会管外交》,载《解放日报》1996 年 6 月 22 日。

12. 卢宝康:《跨大西洋伙伴关系正经受考验》,载《文汇报》2012 年 3 月 28 日。

13. 史书华:《台湾与美国建立更紧密国防合作》,英国《金融时报》中文网,2018 年 5 月 14 日。

14. 史雨轩:《美众院通过"台湾保证法",外交部提出严正交涉》,观察者网,2019 年 5 月 8 日。

15. 翁嫣珺:《北约前司令:台湾参与印太战略不一定要激怒大陆》,东森新闻云,2018 年 8 月 30 日。

16. 吴钊燮：《美邀请台湾"外交"代表第一次進联合国》，中评网，2019 年 9 月 24 日。

17. 余东晖：《习特会和谐落幕特朗普称进展巨大》，中评网，2017 年 4 月 8 日。

18.《思想者论坛：奥巴马上台对两岸政策展望》，载（港）《中国评论》2009 年第 4 期。

19. 袁林：《美国"亚太再平衡"，中国作何反应?》，载《青年参考》2013 年 3 月 13 日，第 3 版。

20. 张心怡等：《薛瑞福：中美双方应正确管理竞争关系》，载《中国评论》2018 年 9 月 14 日。

21. Bader, Jeffrey. "U. S. – China Relations: Is It Time to End the Engagement?" September 2018, at https://www. brookings. edu/research/u-s-china-relations-is-it-time-to-end-the-engagement/.

22. Bader, Jeffrey. *Changing China Policy: Are We in Search of Enemies?* Washington, D. C.: Brookings Institution, 2015.

23. Bader, Jeffery. "Georgia's Lessons for Taiwan," accessed at http://www. brookings. edu/articles/2008/09 _ Taiwan _ bader. aspx.

24. Beckley, Michael. "Stop Obsessing about China: Why Beijing Will Not Imperil U. S. Hegemony," Foreign Affairs, September 21, 2018, https://www. foreignaffairs. com/articles/china/2018 – 09 – 21/stop-obsessing-about-china.

25. Blatt, Mitchell. "America and China: Destined for Conflict or Cooperation? We Asked 14 of the World's Most Renowned Experts," The National Interest, July 30, 2018, https://nationalinterest. org/feature/america-and-china-destined-conflict-or-cooperation-we-asked-14-worlds-most-renowned-experts? page = 0% 2C6.

26. Blumenthal, Dan, etc. "Asian Alliances in 21st Century," accessed at http://www. aei. org/docLib/Asian – Alliances – 21st – Century. pdf.

27. Bush, Richard. "Cross – Strait Relations Improve; China Still Deploys Missiles," June 27, 2009, accessed at http://www. brookings. edu/opinions/2009/0627 _ cross _ strait _ relations _ bush. aspx.

28. Bush, Richard. "Taiwan Faces Growing Threat: Communist China Un-

dermines Rapprochement," *The Washington Times*, September 8, 2010, accessed at http://www. brookings. edu/opinions/2010/0908_taiwan_bush. aspx.

29. Bush, Richard. "Taiwan Comes Between the U. S. and China Again," February 11, 2010, accessed at http://www. brookings. edu/opinions/2010/0211_taiwan_security_bush. aspx.

30. Bush, Richard. "China – Taiwan: Recent Economic, Political, and Military Developments Across the Strait, and Implications for the United States," accessed at http://www. brookings. edu/testimony/2010/0318_china_economy_bush. aspx.

31. Bush, Richard & Kenneth Liaberthal. "From Georgia to Taiwan," *The Wall Street Journal Asia*, accessed at http://www. brookings. edu/opinions/2008/0916_taiwan_bush. aspx.

32. Goldstein, Lyle J. "Is it Time to Meet China Halfway?" The National Interest, May 12, 2015, https://nationalinterest. org/feature/it-time-meet-china-halfway-1286.

33. Cole, Bernard D. Remarks on a roundtable discussion at the conference of "Cross – Strait Relations in a New Era of Negotiation," hosted by Carnegie Endowment for International Peace, July 7, 2010, accessed at http://carnegieendowment. org/2010/07/07cross-strait-relations-in-new-era-of-negotiation/lz7k; accessed on September 16, 2012.

34. Corn, David. "Capitol Games, The Nation," accessed at http://www. thenation. com.

35. Gertz, Bill G. and Rowan Scarborough, "No Policy Shift", *The Gertz File*, accessed at http://www. gertzfile. com/gertzfile/ring123104/html.

36. Thomas Wright, Glaser, Bonnie S. "Debunking Myths about U. S. Arms Sales to Taiwan," *PacNet* No. 6, Honolulu, Hawaii: Pacific Forum CSIS, February 17, 2010.

37. Kane, Paul. "To Save Our Economy, Ditch Taiwan," *The New York Times*, Nov. 10, 2011, accessed at http://www. nytimes. com/2011/11/11/opinion/to-save-our-economy-ditch-taiwan. html? r = 1&sq = paul% 20V. % 20Kane &st = cse.

38. Kalathil, Shanthi. "Sharp Power: Rising Authoritarian Influence," Inter-

national Forum for Democratic Studies, Washington, D. C. : National Endowment for Democracy, December 2017.

39. Lawrence, Susan. "United States – Taiwan: Diplomatic But Triumphal Progress," *Far Eastern Economic Review*, November 13, 2003.

40. Liaberthal, Kenneth. "U. S. Policy Toward China," accessed at http: // www. brookings. edu/papers/2001/03china _ lieberthal. aspx.

41. Mazza, Michael. "Why Taiwan Matters" (March 8, 2011), accessed on July 10, 2013; accessed at http: //www. aei. org/article/foreign-and-defense-policy/regional/asia/why-taiwan-matters.

42. Mearsheimer, John J. "Say Goodbye to Taiwan," *The National Interest*, February 25, 2014, accessed at http: //blog. sina. com. cn/s/blog _ 56e1f2250 101i8bt. html, accessed on March 18, 2014.

43. Navarro, Peter. "America Can't Dump Taiwan," The National Interest, July 19, 2016, http: //nationalinterest. org/feature/america-cant-dump-taiwan-17040.

44. Owens, Bill. "America Must Start Treating China as a Friend," *Financial Times*, November 17, 2009.

45. Paal, Douglas. *The Rise of China and Alliance in East Asia: Implications for Diplomatic Truce*, 2010, https: //carnegieendowment. org/2010/12/09/rise-of-china-and-alliance-in-east-asia-implications-for-diplomatic-truce-pub-42110.

46. Paal, Douglas. "Taiwan: Doubled – Edged Victory," Carnegie Commentary, November 30, 2010, accessed at http: //www. carnegieendowment. org/2010/11/30/taiwan-double-edged-victory/21s.

47. Rigger, Shelley. "Donald Trump is No Friend of Taiwan," E – Note, March 16, 2017, https: //www. fpri. org/article/2017/03/donald – trump – is – no – friend – of – taiwan/

48. Swaine, Michael. "The real challenge in the Pacific: A response to 'How to Deter China,'" *Foreign Affairs*, May/June 2015.

49. Wright, Thomas. "Four Disappointments in Obama's West Point Speech," May 28, 2014, Brookings, accessed at http: //www. brookings. edu/blogs/up-front/posts/2014/05/28-four-disappointments-obama-west-point-speech-wrigh.

四、演讲、发言：

1. 韩国瑜. 韩国瑜在美国哈佛大学费正清研究中心的演讲稿（“The Power of Down to Earth – They Talk the Talk, I Walk the Walk”），2019 年 4 月 11 日，美国波士顿，http：//lapost. us/? p = 16130.

2. 美国副国务卿佐利克（Robert B. Zoellick）2006 年 5 月 10 日在美国众议院国际关系委员会的证词，accessed at http://www. fnsg. com/transcript. html.

3. Brookings Institution. Brookings Policy Debate: The End of U. S. Engagement with China, Washington, D. C. : Brookings Institution, March 7, 2018.

4. Bush, Richard. "The Significance of the Republic of China for Cross – Strait Relations," remarks presented at an event titled *The Down of Modern China*, The Brookings Institution, May 20, 2011, accessed at http：//www. brookings. edu/speeches/2011/0520 _ china _ bush. aspx.

5. Bush, Richard. "The Social Foundation of Taiwan's Future: Guns, Wheelchairs and Shark's Fin Soup," speech delivered at Columbia University Symposium on "Taiwan in the 21 st Century," June 13, 2010, accessed at http：//www. brookings. edu/speeches/2010/0613 _ taiwan _ bush. aspx.

6. Christensen, Thomas. Luncheon speech at an international conference on "U. S. – China Relations and Northeast Asian Security," hosted by the National Committee of American Foreign Policy, November 10, 2006.

7. Freeman, Chas Jr. , "Beijing, Washington, and the Shifting Balance of Prestige," remarks to the China Maritime Studies Institute, Newport, R. I. , May 10, 2011, accessed at http：//www. mepc. org/articles-commentary/speeches/beijing-washington-and-shifting-balance-prestige.

8. Lampton, David M. "A Tipping Point in US – China Relations is Upon Us," Speech given at the Conference China's Reform: Opportunities and Challenges, hosted by The Carter Center and the Shanghai Academy of Social Sciences, Shanghai, May 6 – 7, 2015, http：//www. uscnpm. com/model _ item. html? action = view&table = article&id = 15789.

9. Moy, Kin. "The Promise of the Taiwan Relations Act", *Written Statement before the House Foreign Affairs Committee*, U. S. Department of State, accessed at

http：//www. state. gov/p/eap/rls/rm/2014/03/223461. htm.

10. Paal, Douglas. "The Rise of China and Alliance in East Asia：Implications for Diplomatic Truce," keynote remarks at the 39th *Taiwan – American Conference on Contemporary China*, Taipei, December 9, 2010, accessed at http：//www. carnegieendowment. org/2010/12/09/rise-of-china-and-alliance-in-east-asia-implications-for-diplomatic-truce/s6#.

11. Pence, Mike. Vice President Mike Pence's Remarks on the Administration's Policy Towards China, The Hudson Institute, October 4, 2019, https：//www. hudson. org/events/1610-vice-president-mike-pence-s-remarks-on-the-administration-s-policy-towards-china102018.

12. Pompeo, Mike. "Travel act 'very important legislation,' Pompeo says," *Taipei Times*, March 29, 2019, http：//www. taipeitimes. com/News/taiwan/archives/2019/03/29/2003712398.

13. Joseph Prueher, remarks at the meeting on "The Way Ahead with China," March 29, 2011, Washington, D. C. ：Center for Strategic and International Studies and Miller Center of Public Affairs at University of Virginia, accessed at http：//eventful. com/washington/events/way-ahead-china – /E0 – 001 – 037859132 – 5 (accessed on March 31, 2011); Charles Glaser, "Will China's Rise Lead to War," *Foreign Affairs*, Vol. 90 (2011), No. 2, pp. 80 – 91.

14. Rigger, Shelley. remarks at a forum hosted by Center for Taiwan Studies, Shanghai Jiao Tong University, July 17, 2013, Shanghai.

15. Shear, David. keynote speech at a conference on "Cross – Strait Relations in a New Era of Negotiation," hosted by Carnegie Endowment for International Peace, Washington, D. C. , July 7, 2010, accessed at http：//www. carnegieendowment. org/2010/07/07/cross% 2Dstrait% 2Drelations% 2Din% 2Dnew% 2Dera% 2Dof% 2Dnegotiation/21v.

16. Swaine, Michael. remarks at the Conference on "The Future of U. S. Posture towards Cross – Strait Relations," September 28, 2011, Washington, D. C. ：Atlantic Council, accessed at http：//www. acus. org/event/future-us-posture-towards-cross-strait-relations (accessed on October 1, 2011).

17. Tucker, Nancy. remarks at a conference on "Cross – Strait Relations in a New Era of Negotiation," hosted by Carnegie Endowment for International Peace,

July 7, 2010, accessed at http://www. carnegieendowment. org/2010/07/07/
cross% 2Dstrait% 2Drelations% 2Din% 2Dnew% 2Dera% 2Dof% 2Dnegotiation/21v.

18. "Prepared Statement of Dr. Peter Lavoy, Acting Assistant Secretary of
Defense for Asian and Pacific Security Affairs," Testimony before House Foreign
Affairs Committee, October 4, 2011.

19. Remarks by National Security Advisor Thomas Donilon, November 15,
2012.

20. Statement by Senators McCain and Graham on Secretary Panetta's Letter
Detailing Devastating Impact of Sequester, U. S. Senator Lindsey Graham, Press
Release, November 14, 2011.

五、公报、法律、文献、档案资料:

1. 北京市台湾事务办公室等编:《台湾问题重要文献资料汇编》,北京:
红旗出版社1997年版。

2. 中美上海公报

3. 中美建交公报

4. 中美《八一七公报》

5. "与台湾关系法"

6. *American Foreign Policy Current Documents 1982*, Washington, D. C. :
Government Printing Office, 1985.

7. *Background Briefing*: *Adjustments to U. S. Policy toward Taiwan Explained*,
State Department of United States, September 7, 1994.

8. Peking 237, "Full Transcript of December 15 Meeting with Teng," Decem-
ber 15, 1978, Carter Library.

9. The White House, "National Security Strategy," May 2010.

10. The White House, National Security Strategy of the United States of
America, Washington, D. C. : The White House, December 2017.

11. The White House, National Security Strategy of the United States of
America, Washington, D. C. : The White House, February 2015.

12. The White House, National Security Strategy of the United States of
America, Washington, D. C. : The White House, May 2010.

13. U. S. Department of Defense, Summary of the National Defense Strategy

of the United States of America, Washington D. C. , January 2018, https: // www. defense. gov/Portals/1/Documents/pubs/2018 – National – Defense – Strategy – Summary. pdf.

14. U. S. Department of Defense, 2018 Nuclear Posture Review, Washington D. C. , February 2018, https: //media. defense. gov/2018/Feb/02/2001872886/ – 1/ – 1/1/2018 – NUCLEAR – POSTURE – REVIEW – FINAL – REPORT. PDF.

15. U. S. Department of Justice. Reports of the Attorney General to the Congress of the United States on the Administration of the Foreign Agents Registration Act, Washington, D. C. : U. S. Department of Justice, June 30, 2018.

16. U. S. Department of State, A Free and Open Indo – Pacific: Advancing a Shared Vision, Washington, D. C. : Bureau of East Asian and Pacific Affairs, 2019.

17. U. S. Congress. Asia Reassurance Initiative Act of 2018, Washington, D. C. : U. S. Government Publishing Office, 2018, pp. 132 STAT. 5387 – 5411.

18. U. S. Congress. National Defense Authorization Act for Fiscal Year 2018, Washington, D. C. : U. S. Government Publishing Office, 2017.

19. U. S. Congress. John S. McCain National Defense Authorization Act for Fiscal Year 2019, Washington, D. C. : U. S. Government Publishing Office, 2018.

20. U. S. Congress. National Defense Authorization Act for Fiscal Year 2020, Washington, D. C. : U. S. Government Publishing Office, 2019.

21. U. S. Congress. Taiwan Allies International Protection and Enhancement Initiative (TAIPEI) Act of 2019, Washington, D. C. : U. S. Government Publishing Office, 2020.

22. U. S. Congress. Taiwan Assurance Act of 2019, Washington, D. C. : U. S. Government Publishing Office, 2019.

23. U. S. Congress. Taiwan Travel Act, Washington, D. C. : U. S. Government Publishing Office, 2018, pp. 132 STAT. 341 – 342.

24. U. S. Congress. Taiwan Symbols of Sovereignty (SOS) Act of 2020, Washington, D. C. : U. S. Government Publishing Office, 2020.

10. William Burr, ed. , *The Beijing – Washington Back – Channel and Henry*

Kissinger's Secret Trip to China: *September 1970 – July 1971*, National Security Archive Electronic Briefing Book, No. 66, accessed at http://www.gwu.edu/~nsarchiv/NSAEBB/NSAEBB66.

六、学术期刊：

1. 国际论坛
2. 台湾研究
3. 台湾研究集刊
4. 台海研究
5. 现代台湾研究
6. 世界经济与政治
7. 国际问题研究
8. 国际政治科学
9. 江南社会学院学报
10. 美国研究
11. 世界知识
12. 现代国际关系
13. （台）美欧月刊
14. （台）问题与研究
15. （台）政治科学论丛
16. *Issues & Studies*
17. *Foreign Affairs*
18. *Foreign Policy*
19. *Survival*
20. *Asia Policy*
21. *Asian Survey*
22. *The Wall Street Journal Asia*

七、报纸：

1. 参考消息
2. 中国时报
3. 金融时报

4. 世界日报

5. 环球时报

6. 自由时报

7. 联合报

8. 侨报

9. 旺报

10. *China Daily*

11. *Taipei Times*

12. *Strait Times*

13. *Washington Post*

14. *New York Times*

八、网站：

1. 新华网：http://www.xinhuanet.com/

2. 中国网：http://www.china.com.cn/

3. 环球网：http://www.huanqiu.com/

4. 台海网：http://www.taihainet.com/

5. 央视网：http://www.cntv.cn/

6. 中国新闻网：http://www.chinanews.com/

7. 中国台湾网：http://www.taiwan.cn/

8. 你好台湾网：http://www.nihaotw.com/

9. 中评网：http://www.crntt.com/

10. 凤凰网：http://www.ifeng.com/

11. 大公网：http://www.takungpao.com/

12. 盖洛普新闻：https://news.gallup.com/home.aspx

13. 观察者网：https://www.guancha.cn/

14. 哈佛大学费正清研究中心：https://fairbank.fas.harvard.edu/zh/

15. 海外网：http://www.haiwainet.cn/

16. 东森新闻国际中心：https://news.ebc.net.tw/

17. 星岛环球网：http://www.stnn.cc/

18. "中央日报网络版"：http://www.cdnews.biz/cdnews_site/

19. 中时电子报：http://www.chinatimes.com/index.htm/

20. 中国国民党官网：http://www.kmt.org.tw/

21. 早报网：http://www.zaobao.com/

22. 美国白宫官网：http://www.whitehouse.gov/

23. 美国国务院官网：http://www.state.gov/

24. 美国国防部：http://www.defense.gov/

25. 美国商务部：http://www.doc.gov/

26. 美国财政部：http://www.treasury.gov/

27. 美国中文网：http://www.sinovision.net/

28. FT中文网：http://www.ftchinese.com/

29. 布鲁金斯学会：http://www.brookings.edu/

30. 美国企业研究所：http://www.aei.org/

31. 卡内基国际和平基金会：http://carnegieendowment.org/

32. 战略与国际研究中心：http://csis.org/

33. 威尔逊国际学者中心：http://www.wilsoncenter.org/

34. 传统基金会：http://www.heritageofthomasville.org/

35. 凯托研究所：http://www.cato.org/about/

36. 美国和平研究所：http://www.usip.org/

37. 史汀生中心：http://www.stimson.org/about/

38. "台湾人公共事务会"：http://www.fapa.org/

39. 美国以色列公共事务委员会：http://www.aipac.org/

索　引

后　　记

本书是第一作者主持的教育部人文社会科学研究项目"美国对台政策的走向分析及对策研究"（项目批准号为 2009JJD810014）的最终成果。其中第三章和第四章的部分内容得益于第一作者已发表的阶段性成果，主要是《奥巴马政府的两岸关系政策》（《国际问题研究》2010 年第 1 期）、《新时期的美国涉台关系及其制约因素》（《台湾研究集刊》2012 年第 2 期）、《"弃台论"与美国台海政策争论》（《台海研究》2014 年第 2 期）、《"弃台论"及其批评者：美国对台政策中的利益与价值之辩》（《江苏行政学院学报》2019 年第 4 期）四篇论文。

在 2015 年初版定稿过程中，吸收了第二作者的前期研究成果，体现在第二章第一节和第二节。其中第一节主要是在以下论文的基础上修改而成：《"超越接触"：美国战略调整背景下的对华政策辨析》，作者为王伟男和周建明，发表于《世界经济与政治》2013 年第 3 期。第二节主要是在以下论文的基础上修改而成：《美国"重返亚太"战略的实施路途及其制约性因素》，作者为王伟男，发表于《教学与研究》2013 年第 1 期。此外，第二作者参加了本书第六章第一节和第七章的写作，并对全书文字做了校订增删。

本书再版过程中，第一作者根据近年中美关系、两岸关系和美国涉台政策的变化，增加了数万字内容，新增加的章节包括第二章第三节第二目和第四节和第三章第三节第二目。其他章节内容中凡是涉及 2015 年以来的新发展，都进行了资料和论述上的补充。作者感谢上海交通大学台湾研究中心博士生周文星、田弘、王晓笛、李肖肖和蒋沁志在再版过程中对美国智库资料的更新、参考文献的整理以及文字校对，更感谢教育部的基金资助和九州出版社的大力支持。唯文责自负，不当之处敬请同行指教。

林冈、王伟男谨识于

2024 年 4 月